On Modern Torts
現代不法行為論
——判例と理論——

井 上 英 治 著

中央大学出版部

は　し　が　き

　民法の不法行為規範（Tort Law）は、わずかに16箇条にすぎないうえに、いずれも抽象的規定となっている。ところが、現実の不法行為事例は、交通事故をはじめ公害、医療過誤、薬害、製造物責任など多様であり、かつ、複雑を極めたものである。しかも、社会の価値観も民法制定当初に比べ大きく変化しているので、これらの不法行為事例の処理の仕方もこれに応じて変わらなければならない。特に1950年代以降の不法行為事例の複雑化はめざましく、これに対応するため不法行為理論も急速に発展し、今日では民法の中でも最も難解な分野を形成している。不法行為法を専門的に研究する者のみが、その現状を把握できるといった状況に立ち至っているとさえいえるであろう。このような状況の中で不法行為事例を扱う実務家の苦労は並大抵のものではない。というのは、不法行為訴訟においては、分散する証拠の収集・整理や複雑な損害額の計算、そして膨大な数にのぼる類似判例の調査にほとんどの時間をとられるのが普通であり、理論的につめて考える時間的余裕などあまり残されていないのが実情なのである。

　かねてより私は、不法行為理論の現状把握と私なりの理論的体系化を試みる機会をもちたいと考えていた。しかし、不法行為理論の現状を把握するといっても、判例と論文、体系書の数はあまりに膨大である。折しも、1983年、四宮和夫博士の『不法行為』（青林書院）が出版された。同書は当時の不法行為理論の到達点の整理と体系化を試みたものである。ただ、私個人としては同書の「後続侵害」などの概念には抵抗があり、その有用性に疑問を抱かざるをえず、よりシンプルですっきりした不法行為理論の体系化を望んでいた。そういう中にあって、1992年に平井宜雄教授の『債権各論II　不法行為』（弘文堂）が出版された。同書は、1971年公刊の同氏の『損害賠償法の理論』（東京大学出版会）をベースに不法行為理論を体系化したものであるが、その洞察力に富むシンプルな理論は、これまでにないものだったといえよう。本書『現代不法行為論——判例と理論——』は、この平井理論に負

うところが非常に多く、損害賠償理論や過失概念、さらには難問の一つである共同不法行為論などは、いずれも平井理論をベースとしている。ただ、不法行為要件論において、平井教授は「権利侵害」の要件の撤廃を主張されているが、不法行為の事例によっては、あるいは、今後、不法行為事例がますます複雑化していくことを考えると、「権利侵害（違法性）」の要件はなお存置し、この要件に、過失概念では十分に果たしえないであろう不法行為の成立範囲の適正な限定化機能を託してもよいのではないかと考えている。また平井教授は、過失概念につき、1940年にアメリカの Learned Hand 判事が打ち出したいわゆるハンドの定式によるべき旨を主張されている。本書も基本的にはこれに賛成であるが、ただ沢井・淡路教授らが指摘しているように、この定式が加害者保護に傾斜することを危惧しないわけにはいかない。また、平井教授は、故意不法行為と過失不法行為とを別類型の不法行為として捉え、特に効果面で全く異なった扱いをすべきだと主張されている。この二つの不法行為を別類型のものとして捉えることには賛成であるが、教授が認める故意不法行為の効果のすべてに賛成というわけではない。故意不法行為には過失相殺を一切認めないとする平井理論はいささか不法行為制度の制裁的機能の面を強調しすぎるきらいがあるように思われる。もう一点付け加えたいことは、これは実務家の多くが抱いていることであるが、わが国においては不法行為における賠償額が極めて低いということである。不法行為制度の機能の一つに損害塡補機能があることは争いのないところであるが、実際には、賠償額が低いために損害の塡補は十分とはいえず、ときには訴訟提起自体を断念せざるをえないことすらあるのが現状である。不法行為理論の構築にあたっては、賠償額の高額化を図るための工夫も重要ではないかと思っている。その意味で、死者への損害賠償請求権の発生とその相続性をほぼ一貫して認めてきている判例理論を批判し、遺族は自己固有の損害賠償請求権を取得するにすぎないとする近時の学説の傾向には疑問を禁じない。

　本書は、どちらかというと、私自身が多種多様な不法行為事例の処理において私なりの理論的整理を行うために執筆したものであって、不法行為理論を新たに体系化しようなどという大それた意図ははないが、これによって、今日の不法行為における判例法が何であるか、その判例法の理論的基礎づけ

は何であるかについての最少限度の紹介はできたのではないかと思っている。

　ところで、不法行為論を全体的に観察して思うことは、今なお不法行為制度の目的ないし機能についての十分な議論がなされていないということである。法律学において最も重要なのは、当該制度がどのような目的で、またどのような機能を果たすために設けられているのかということであって、この点が個々の問題の解釈に大きく影響する。ところが、不法行為制度の目的・機能論については、これを本格的に正面から論ずることが少ない。確固たる制度目的論をもたずに個々の問題の解釈を行おうとするのは、羅針盤をもたずに大海に向けて出航するのに等しいというべきである。今後は、個々の解釈論争を意識しながらこの点を議論していく必要があろう。

　最後に、本書の刊行にあたっては、中央大学出版部の方々、特に矢崎英明氏に一方ならぬお世話をいただいた。ここに記して感謝の意を表したい。

2002年1月

　　　　　　　　　　　　　　　　　　　　多摩の研究室にて
　　　　　　　　　　　　　　　　　　　　井　上　英　治

目　次

はしがき ………………………………………………………………… i
略語表 …………………………………………………………………… xi

第1章　不法行為制度の目的・機能

第2章　一般不法行為の要件

第1節　総　　説 ……………………………………………………… 6
第2節　過失責任主義 ………………………………………………… 8
第3節　故意不法行為 ………………………………………………… 10
　1　故意の意義 ……………………………………………………… 10
　2　過失不法行為との異質性 ……………………………………… 11
　　(1)　通　説 ………………………………………………………… 11
　　(2)　有力説 ………………………………………………………… 11
第4節　過失不法行為 ………………………………………………… 12
　1　過失の意義 ……………………………………………………… 12
　　(1)　心理的状態説（主観的過失説） …………………………… 12
　　(2)　規範的概念説（客観的過失説）（判例・通説） ………… 13
　2　過失の立証の負担を軽減する工夫 …………………………… 24
　　(1)　総　説 ………………………………………………………… 24
　　(2)　過失の事実上の推定法理（一応の推定ないし表見証明） … 24
　　(3)　過失の不特定認定 …………………………………………… 26
第5節　権 利 侵 害 …………………………………………………… 28
　　(1)　起草者の立場 ………………………………………………… 28
　　(2)　判例・学説 …………………………………………………… 28
　　(3)　権利侵害（違法性）の要件が意味をもつ事案 …………… 31

第6節　損害の発生 …………………………………………………… 41
第7節　因果関係 ……………………………………………………… 43
　(1)　相当因果関係説批判 …………………………………………… 43
　(2)　事実的因果関係の立証とその負担の軽減 …………………… 47
第8節　責任能力 ……………………………………………………… 51
　(1)　総説 ……………………………………………………………… 51
　(2)　責任能力の意義 ………………………………………………… 52
　(3)　未成年者 ………………………………………………………… 53
　(4)　精神障害者 ……………………………………………………… 54
第9節　不法行為成立阻却事由 ……………………………………… 54
　(1)　責任能力 ………………………………………………………… 54
　(2)　正当防衛 ………………………………………………………… 54
　(3)　緊急避難 ………………………………………………………… 55
　(4)　被害者の承諾・正当業務行為・自力救済 …………………… 56
　(5)　体系的位置づけ ………………………………………………… 57

第3章　不法行為の効果

1　総説 …………………………………………………………………… 59
　(1)　原則——損害賠償・金銭賠償の原則 ………………………… 59
　(2)　例外——原状回復・差止 ……………………………………… 60
2　差止請求権 …………………………………………………………… 62
　(1)　公害・生活妨害・名誉侵害などの分野 ……………………… 62
　(2)　(1)以外の分野 …………………………………………………… 64
　(3)　権利説と不法行為説 …………………………………………… 65
3　損害賠償の範囲 ……………………………………………………… 66
　(1)　総説 ……………………………………………………………… 66
　(2)　判例——§416類推適用説 …………………………………… 66
　(3)　学説——§416を不法行為に類推適用しない説 …………… 67
4　賠償額の減額事由 …………………………………………………… 91
　(1)　総説 ……………………………………………………………… 91

(2)　損益相殺 …………………………………………………… 91
　(3)　過失相殺 …………………………………………………… 101
5　損害賠償債務の遅延利息発生時期……………………………… 114
6　損害賠償請求権者の範囲………………………………………… 115
　(1)　総　説 ……………………………………………………… 115
　(2)　生命侵害と損害賠償請求権者の範囲…………………… 117
　(3)　慰謝料請求権の相続性…………………………………… 123
　(4)　父母・配偶者・子以外の者の固有の慰謝料請求権・傷害の場合の被害者の父母・配偶者・子の固有の慰謝料請求権…………… 126
　(5)　間接被害者………………………………………………… 130
7　損害賠償請求権の消滅…………………………………………… 135
　(1)　総　説 ……………………………………………………… 135
　(2)　3年の時効期間の起算点………………………………… 135
　(3)　不法行為性の認識の要否………………………………… 139
　(4)　20年の期間の性質………………………………………… 140
　(5)　20年の期間の起算点……………………………………… 141
8　債務不履行責任と不法行為責任の関係………………………… 142

第4章　特殊不法行為

第1節　責任無能力者の監督者の責任……………………………… 143
1　加害者が責任無能力者のときの監督義務者の責任…………… 143
　(1)　監督者が責任を負う根拠………………………………… 143
　(2)　監督者が責任を負う要件………………………………… 143
　(3)　効　果 ……………………………………………………… 145
2　加害者が責任能力者のときの監督義務者の責任……………… 146

第2節　使用者責任 ………………………………………………… 149
1　責任の法的性質と根拠…………………………………………… 149
　(1)　総　説 ……………………………………………………… 149
　(2)　使用者責任の法的性質――自己責任か代位責任か…… 149
　(3)　使用者責任の根拠――報償責任か危険責任か………… 152

    2　使用者責任の要件……………………………………………… 152
     (1)　総　説……………………………………………………… 152
     (2)　「ある事業」のために「他人を使用」していること（使用関係）… 152
     (3)　「事業の執行に付き」の判断基準………………………… 154
     (4)　「第三者」に損害を加えたこと ………………………… 160
     (5)　被用者の行為が§709の一般的不法行為の要件を備えること……… 160
     (6)　使用者が§715但書の主張・立証をしないこと……………… 161
    3　§715と損害賠償責任の主体……………………………………… 162
    4　使用者の求償権…………………………………………………… 163
     (1)　求償権の法的性格………………………………………… 163
     (2)　求償の範囲………………………………………………… 163
     (3)　被用者の逆求償…………………………………………… 164
     (4)　使用者に対する第三者の求償権の有無………………… 165
    5　法人の被用者の不法行為について法人に帰責させる理論構成……… 166
    6　§715と隣接する規定・制度との関係………………………… 167
     (1)　民法§44 …………………………………………………… 167
     (2)　民法§110…………………………………………………… 167
     (3)　国家賠償法§1 …………………………………………… 168
     (4)　自動車損害賠償保障法…………………………………… 169
 第3節　注文者の責任 ………………………………………………… 172
 第4節　土地工作物責任 ……………………………………………… 173
     (1)　総　説……………………………………………………… 173
     (2)　土地の工作物の意義……………………………………… 174
     (3)　「設置または保存」の「瑕疵」とは何か ……………… 175
     (4)　瑕疵と損害との間の因果関係…………………………… 176
     (5)　工作物の瑕疵が原因となって火災を発生させた場合と
         失火責任法の適用……………………………………… 176
     (6)　§717による責任負担者…………………………………… 177
     (7)　§717 II III………………………………………………… 179
     (8)　国家賠償法§2 …………………………………………… 179

第5節　製造物責任 …… 180
 (1) 総　説 …… 180
 (2) 製造物責任法の制定と概要 …… 183
第6節　動物占有者の責任 …… 186
第7節　共同不法行為 …… 187
 1　総　説 …… 187
 2　§719 I 前段の「共同」の意義 …… 187
  (1) 従来の通説・判例 …… 187
  (2) 従来の通説・判例の問題点 …… 189
  (3) 有力説 …… 190
 3　§719 I 前段の「連帯」の意味 …… 199
  (1) 共同不法行為者間の債務の性質 …… 199
  (2) 共同不法行為者間の求償権 …… 201
 4　不法行為の競合（競合的不法行為） …… 202

略　語　表

【文　献】

淡路・公害	淡路剛久・公害賠償の理論（増補訂）（昭53年）
幾代	幾代通・不法行為（昭52年）
石田・再構成	石田穣・損害賠償法の再構成（昭52年）
内田	内田貴・民法Ⅱ債権各論（平8年）
加藤	加藤一郎・不法行為〔増補版〕（昭49年）
川井・研究	川井健・現代不法行為法研究（昭53年）
川井・不法行為法	川井健・民法教室不法行為法（昭58年）
倉田・課題	倉田卓次・民事交通訴訟の課題（昭45年）
四宮	四宮和夫・不法行為（昭60年）
平井	平井宜雄・債権各論Ⅱ不法行為（平4年）
平井・理論	平井宜雄・損害賠償法の理論（昭46年）
広中	広中俊雄・債権各論講義第5版（昭54年）
前田	前田達明・民法V_2（不法行為法）（昭55年）
民法講義6	高木多喜男ほか・民法講義6不法行為等（昭52年）
森島	森島昭夫・不法行為法講義（昭62年）
我妻	我妻栄・事務管理不当利得不法行為（新法学全集）（昭15年）

【判　例】

大判（決）	大審院判決（決定）
最判（決）	最高裁判所判決（決定）
東京高判	東京高等裁判所判決（決定）
民録	大審院民事判決録
民集	大審院（最高裁判所）民事判例集
判決全集	大審院判決全集
裁判集民	最高裁判所裁判集（民事）

裁判例	大審院裁判例
高民集	高等裁判所民事判例集
下民集	下級裁判所民事裁判例集
新聞	法律新聞
刑録	大審院刑事判決録

最大判Ｓ45・6・24民集24－6－587＝最高裁判所大法廷昭和45年6月24日判決、最高裁判所民事判例集24巻6号587頁登載（明治＝Ｍ、大正＝Ｔ、昭和＝Ｓ、平成＝Ｈと表記した）

【雑　誌】

金法	金融法務事情
金商	金融商事判例
ジュリ	ジュリスト
判時	判例時報
評論	判例評論
判タ	判例タイムズ
法協	法学協会雑誌
法時	法律時報
民商	民商法雑誌
交民	交通事故民事裁判例集
訟月	訟務月報

【条　文】

§12Ⅰ①＝12条第1項第1号

第1章　不法行為制度の目的・機能

　不法行為規定の解釈に入る前に重要なことは、不法行為制度の目的ないし機能をどのようなものとして考えるかである[注(1)]。
　① 損害塡補機能
　損害塡補機能が不法行為制度の主たる目的ないし機能であることは学説上異論がない。しかし、被害者は不法行為の成立を立証しなければならず、これが被害者にとって負担となるし、また、加害者に賠償する資力がないときは、被害者救済を果たすことができないという限界がある。
　損害塡補機能の上記の限界は、保険制度の充実、究極的には社会保障制度の充実によってカバーされる[注(2)]。即ち、損害保険制度は、加害行為が不法行為の要件を充たさなくともよいし、そもそも加害者が存在しない場合でも、損害保険に加入していれば損害を塡補してくれる。但し、被害者が保険に加入していなければ意味がない。また、自動車損害賠償責任保険（自賠責）のような責任保険制度は、加害者に不法行為責任が成立する場合に（被害者はこの点の立証を要する）、加害者の資力を担保してくれる。但し、これも加害者が保険に加入していなければ意味がない。
　以上に対して、労働者災害補償保険法が定める補償保険給付制度は、労働者に労働災害による損害が生ずれば、不法行為責任の成立を問題とせず、その損害を塡補する。公害健康被害の補償等に関する法律や、薬害に関する医療品副作用被害救済・健康振興調査機構法なども、同種の制度を定めている。これらの制度は、損害の全部または一部をカバーするために、使用者などの潜在的（可能的）加害者群に、一定額の保険料を負担させて損害の分散を図ろうとするものである。これに対して、犯罪被害者等給付金支給法（昭和55年）は、加害者が不明であったり、加害者に資力がないという場合に備えて、犯罪にまき込まれて死亡した者の遺族等に一定額を給付しようというもので、その給付金は一般国民からの税金によってまかなわれる社会保障制

度の一つである。外国には、事故によって生じた身体傷害による損害については、民事上の救済を廃止して、統一的な事故補償制度に統合している例さえある（ニュージーランドの Accident Compensation Act, 1972）。究極的には、このように社会保障制度の充実によって被害者の救済は万全なものとなるが、ただ、社会保障の給付額は実際の損害額に比べて格段に少なく（上述の犯罪被害者等給付金の場合）、民法の不法行為制度による被害者の救済の必要性がなくなるわけではない。

このように、損害保険制度、責任保険制度、労災保険などの公的救済制度、社会保障制度などは、今日では被害者の損害塡補にとって不可欠となっているが、以上から分かるように、不法行為制度によって被害者の救済を図るという意義は依然として失われてはいない。

なお、損害塡補機能は、被害者に受けた損害以上を塡補してはならないという等価塡補の原則の意味も含んでおり、これを強調して、例えば生命侵害の場合において、死者の逸失利益を内容とする損害賠償請求権を相続人が承継することは絶対に認めるべきではないと説く見解が多いが、この見解は賠償額の低額化を招く点で問題がある。

②　損失分散機能（損害の公平な分配）

不法行為制度は、被害者に生じた損失を加害者に転嫁する制度である。過失責任主義の下では、加害者には過失という非難可能性があるから、加害者に損失を負担させるのが公平であり、無過失責任主義の下では、損失分散方法をもつ加害者に損失を負担させるのが妥当だという判断がある。即ち、損失を転嫁された加害者は、その損失を加害活動によって生産される製品の価格に上乗せしたり、保険をかけたりすることで、さらに損失を分散することが可能であり、そのような損失分散方法をもたない被害者に損失を負担させるよりも妥当だといえる。ただ、損失分散によって個々の加害者の損失負担が著しく軽くなると、加害者は加害行為を行っても痛痒を感じず、加害行為を回避しようとするインセンティブ（誘因）がなくなり、不法行為の抑止効果は働かなくなる。

ところで、不法行為システムにおいて被害者に生じた損害を加害者に転嫁するにあたって、損害の配分は公平に行われなければならないという要請が

ある。加害者の責任が不当に過酷なものにならないようにすべきだという責任制限的要請や、過失相殺制度はその現れである。

③ 制裁的機能

古くから不法行為に基づく賠償責任を加害者に課する制裁と捉え、特に慰謝料を私罰と性格づけ、「損害賠償の色彩に被われた刑罰」とする見解があった（戒能「不法行為に於ける無形損害の賠償請求権（一）（二・完）」法協50巻2号18頁以下、3号116頁以下）。そして近年では、故意不法行為においては、故意に対する制裁として損害賠償義務が発生するという観点から、また、故意不法行為には社会的有用性も認められないことから、それを特に抑止する解釈論が望ましいとして、故意不法行為と過失不法行為とで損害賠償の範囲につき異なる扱いをしたり、慰謝料の算定にあたって加害者の行為態様の悪質さを強く反映させるべきだとする見解が主張されている（平井6頁、124頁）。ただ、現代では加害者への制裁権能は被害者から国家へと移行しており（刑事責任と民事責任の分化）、これを不法行為制度の主たる目的に加えることはできないであろう[注(3)]。

④ 加害行為抑止機能

これは、加害者に賠償責任という制裁を課することで、加害者の将来の不法行為回避への動機づけを期待しようというものである[注(4)]。かつて田中英夫・竹内昭夫両教授は、わが国では賠償額が低く、損害賠償というサンクションが加害行為の抑止機能を発揮していないのに対して、アメリカ法では、悪性の強い加害者に制裁を課することを正面から目的とする「懲罰的損害賠償」(exemplany damages) や「2倍・3倍賠償」(multiple damages)、あるいは事実上損害の発生しない場合に極めて少額の損害賠償を言渡す「名目的損害賠償」(nominal damages) の制度が違法行為の抑止に大いに役立っていると指摘した（田中＝竹内「法の実現における私人の役割（四・完）」法協89巻9号1033頁以下）。近年、民事賠償という制裁による加害行為の抑止機能というこの考え方に賛同する者は少なくない。賛同者は、刑事罰が必ずしも社会的非行の抑制に機能しているとはいえないこと、刑事罰の拡大は人権侵害の可能性があることから謙抑的でなければならないこと、わが国では生命・身体・名誉・信用・プライバシーなどの人格的法益に対する金銭的評価が低く

それを高める必要があること、プライバシーの侵害などのように、非難されるべき多くの行為が刑法上罰せられないままになっていること、企業による加害行為に対して刑事罰も行政法規も現実に抑止的効果をもたないこと、などを理由に、損害賠償という制裁による加害行為の抑制を図るべきだと主張している（三島「損害賠償と抑制的機能」立命館法学105・106号666頁以下、108・109号112頁以下、淡路・不法行為法における権利保障と損害の評価13頁、104頁以下、後藤・現代損害賠償論158頁、163頁以下、森島474頁、内田303頁）。そして、その中でも後藤弁護士は抑止機能を徹底し、加害者に故意・重過失があるなど行為の違法性が高い場合は、本来の慰謝料額とは別に加害者に制裁的慰謝料を課すべきであり、その額は加害者を制裁するに足りる額であり、具体的には本来の慰謝料額の3倍以上を目安とすべきだとする。

ところで、前述の損害塡補機能に由来する等価塡補の原則からは、死者の逸失利益を内容とする損害賠償請求権の発生とその相続は否定されるべきだとされるが、これでは、死者に被扶養者が存在しなければ、加害者は一切賠償義務を負わなくてすむことになる（「笑う加害者」の出現）。不法行為の抑止効果を期待するならば、逆に相続肯定説に傾く。もっとも、各種保険制度、社会保障制度の充実は、逆に不法行為の抑止にとってマイナスに作用するものであることは否めない。特に、全国民に損害の分散を図り加害者個人に負担を強いない社会保障制度の下では、ほとんど不法行為の抑止効果は期待できない。

以上、不法行為制度の機能を複数あげたが、どれか一つの機能を考えておけば足りるというものではなく、いずれの機能も不法行為制度の機能として考えておく必要があり、今日の学説もどれか一つの機能で割り切っているわけではない。

注(1) 不法行為制度の目的ないし機能を正面から論じる文献は、意外にも少ない。体系書としては、四宮262頁以下、森島451頁以下などがある。論文では、有泉「損失のshift distribution」我妻栄追悼論文集・私法学の新たな展開383頁以下、山田「過失責任と無過失責任」現代損害賠償法講座(1)91頁以下、前田「不法行為法の制度と理論」ジュリ691号20頁以下などがある。

注(2) 被害者救済システムとしては、一般に、不法行為システム、災害保険（ノ

ー・フォールト）システム、社会保障システムに分類される。この点については文献が多い（四宮271頁掲載の文献を参照）。

注(3)　もっとも、後述するように、制裁的機能を認めることに消極的な立場でも、故意不法行為と過失不法行為とを別の類型の不法行為ととらえ、同様の結論を導く見解もある（内田311頁以下、331頁、337頁、398頁）。

注(4)　なお、加害行為抑制機能は、経済学者からも経済学理論の応用として主張されている（市場メカニズムによる抑制機能。イーエル大学のカラブレイジ教授、シカゴ大学のコース教授）。その評価については、森島「損害賠償責任ルールに関するカラブレイジ理論」我妻栄追悼論文集・私法学の新たな展開405頁以下、浜田・損害賠償の経済分析に詳しい。

第2章　一般不法行為の要件

第1節　総　　説

民法は、
① 責任能力のある者が（§712、§713）
② 故意または過失（§709）
③ に因りて（因果関係、§709）
④ 他人の権利を侵害し（§709）
⑤ これに因りて（因果関係、§709）
⑥ 損害を生じさせたこと（§709）
⑦ 正当防衛・緊急避難が成立しないこと（§720）
を不法行為の成立要件とし、

　その効果として、加害者は被害者に損害賠償責任[注(1)]を生じる（§709。精神的損害を含む（§710・§711））と定める。

　①⑦は、加害者側が（責任能力の欠如、正当防衛等の成立を）主張・立証しなければならない抗弁事由であるのに対して、②〜⑥はすべて、被害者が主張・立証しなければならない要件である。⑦は、従来「違法性阻却事由」と呼ばれてきたが、①⑦をあわせて、単に「不法行為成立阻却事由」と説明すれば足りるとの見解が有力である（平井91頁、内田307頁、本書の立場）。

　判例と従来の通説は③と⑤を区別せずともに「相当因果関係」の基準で判断するが、近時の通説（本書の立場）は、不法行為の成立要件としての因果関係は③のみであり、これを事実的因果関係（条件関係）とよび、損害賠償の範囲を画する概念たる⑤の因果関係と区別する。

　①〜⑦の不法行為の成立要件は原則的要件であり、これを一般不法行為と呼び（平井教授は基本型不法行為と呼ぶ）、その特色は、加害者に過失がなけ

れば不法行為は成立しないとする過失責任主義である（→②）。これに対して、この過失責任主義に修正を施した規定がある（§714〜§719）。これを特殊不法行為という（平井教授は複合型不法行為と呼ぶ）。即ち、§714には責任無能力者の不法行為による監督義務者の責任を、§715には被用者の加害による使用者の責任を、また、§717には工作物等の瑕疵による占有者・所有者の責任を、§718には動物占有者の責任を、§719には共同不法行為者の責任を、規定している。いずれも責任負担者の故意・過失が損害の発生の直接原因でない場合である点で共通するが、§719は別として、責任負担者の無過失を免責事由として認めているので（但し、§717Ⅰ但書の場合は無過失でも免責されない）、責任負担者の過失が間接的に損害発生につながっていると評価されて責任が追及されているといえる。従って、その意味でこれらの場合も全くの無過失責任とはいいきれず、中間責任と呼ばれている。

　さらに、不法行為については、製造物責任法、国家賠償法、自動車損害賠償保障法、公害に関する諸立法など、民法の規定を大幅に修正する特別法が存在する。

　ところで、わが国の伝統的な不法行為要件論は、故意過失・責任能力を主観的要件、権利侵害（違法性）・因果関係・損害の発生を客観的要件としてきた（我妻103頁、加藤30頁）。ドイツ民法学の影響である。

　しかし、後述するように、今日では、過失とは、損害の発生を回避すべき行為義務があるのに、これに反したことと理解されているから（判例）、もはや過失は主観的要件ではなく客観的要件であるというべきである。つまり、故意は今日でも主観的要件であるが、過失は客観的要件なのである（平井25頁以下、内田313頁）。

　さらに近時は、権利侵害とは違法性を意味し、ほとんどの「権利」に不法行為が成立するとされているから、もはや違法性という要件によっては不法行為の成立を限定することが困難になった（その点でもはや「違法性」に法技術的意味はない）点を直視して、不法行為成立の限定的機能（損害が発生すれば、すべて不法行為が成立するというわけにはいかないから、その成立には何らかの歯止め・限定が必要となることは当然である）の大部分は過失の要件に託さざるを得なくなったとして、違法性を不法行為の要件として独立に挙げる

必要はないとする見解も主張されている（平井19頁以下）。この見解は、不法行為の要件は、故意・過失、損害の発生、因果関係の三要件であるが、従来権利侵害ないし違法性の問題として扱われてきた問題は、過失か損害の発生のどちらかの要件に吸収されてよいというのである（平井41頁）。例えば、日照権の侵害において、違法性の有無の判断基準として用いられてきた受忍限度の判断は、行為義務違反＝過失の成否にかかわるものとして位置づけるべきだとするなどがその例である（平井47頁）。これに対して、例えば、日照権侵害における受忍限度の判断は過失の要件の中で行うことは可能であるが、なお権利侵害＝違法性の問題として扱い、権利侵害＝違法性を不法行為成立の独立の要件として残しておくべきとする見解も有力である（幾代114頁、内田336頁、本書の立場）。

注(1)　損害賠償の用語

本来は、損害賠償の用語は、債務不履行や不法行為のような違法行為によって他人に損害を与えた場合に、その損害を塡補するときに使われる用語であって、適法な公権力の行使によって損害が生じた場合にそれを補塡するときに使われる損失補償の概念（憲法§29Ⅲの「補償」はこれをさす）とは、根本的に異なる。しかし、各種特別法によって、無過失でも損害賠償責任が発生する場合が認められるようになった今日では、行為が違法か適法かという点は、損害賠償と損失補償（compensation）との決定的な違いとはいえなくなった（両概念の接近）（内田308頁）。

第2節　過失責任主義

過失責任主義（§709）とは、結果責任主義（原因主義）に対する概念である。結果責任主義は、ゲルマン法の原因主義にみられるように、およそ結果として侵害が生じた場合は当然に責任を負わなければならないという原則であるが、過失責任主義は、個人はただ彼の意思活動、即ち、その故意・過失の認められる行為についてのみ責任を負えばよいという主義である。過失責任主義の下では、人は一定の注意義務をはらって活動していれば、責任を問われることはないから、予めどの程度の注意を尽くせば責任を負わなくてすむかを予測でき、市民の行動、特に経済活動の自由が確保され、資本主義社

会の発展に寄与してきた。また過失責任主義は、責任の根拠を意思に求めるものであり（そのため意思の緊張の欠如が過失だと従来理解されてきた）、近代私法の根本思想である意思主義に付合する原則である。

　過失責任主義は、人は自己の行為についてのみ責任を負い、他人の行為の結果については責任を負わされることはない、という「自己責任（個人責任）の原則」もその内容に含んでいる。§714、§715は自己責任原則に修正を加え、他人の行為の結果につき不法行為責任を負う場合（特殊不法行為）を規定しているが、これらも責任負担者の相当の注意により責任を免れるようになっているので、自己責任の原則の建前は放棄されてはいない。§717についても、工作物の占有者もしくは所有者としての管理責任が問われているから、自己責任原則の枠から全く外れているわけではない。

　ところで、§714、§715などの立証責任の転換規定（加害者が無過失を立証しないと責任を問われる）は無過失責任主義への接近であるし、また、近時は、立証責任の軽減などにより、事実上無過失責任に近い扱いをする傾向がある。また、正面から無過失責任を規定する多数の特別法が存在する（鉱業法§109、大気汚染防止法§25、水質汚濁防止法§19、原子力損害賠償法§3、製造物責任法§3など）。そして、民法の解釈としても、無過失責任論が一部に主張されている。無過失責任論の下では、故意・過失は不法行為成立の基準となりえないから、これに代わる新たな基準（責任負担を正当化する基準）が示されなければならない。この基準を示す理論としては、報償責任主義と危険責任主義が有力である。報償責任主義は、「利益の帰するところに損失もまた帰する」とする（§715はこの主義を基礎としている）。危険責任主義は、「自ら危険をつくり出した者は、その結果について責任を負うべきだ」とする（§717はこの主義を基礎としている）。しかし、これらの抽象的な基準を直接の根拠として責任を肯定することは§709の文言と抵触するのであり、十分な注意を払っていれば責任を問われないとする過失責任主義の合理性を簡単に否定すべきではない。過失責任主義を適用することが被害者の救済として不適当な場合には、それぞれの事態に応じて、報償責任や危険責任の理論を援用して妥当な結果を導けばよいし、また、民法§715や§717などの解釈の中で、報償責任や危険責任の趣旨を最大限活かす形で責任の拡大を図っていく工夫を

する方が望ましいと思われる。

　最後に、無過失責任主義と保険・基金制度ないし賠償の履行確保措置の制度との関連について一言しておく（四宮252頁以下など）。無過失責任主義は責任の加重であって、加害者の負担が重くなるというふうに理解される向きがあるが、特別法をみる限り必ずしもそうではない。というのは、特別法が無過失責任主義を採用する際には、同時に保険・基金などの損失分散制度を採用し、それが加害者の負担の軽減化に役立っているからである。例えば、無過失責任主義に近い重い責任を自動車の運行供用者に課する自動車損害賠償保障法は、運行供用者に責任保険の積み立てを強制し、この保険の給付によって損害が賠償される仕組みとなっている。また、公害立法である大気汚染防止法や水質汚濁防止法は無過失責任主義を採用しているが、公害健康被害の補償等に関する法律は、健康被害者の補償（療養費・遺族補償・葬祭料など）を可能的原因者群の拠出する基金から行うことによって損失の分散を図っている。同様に、無過失責任主義を採用する鉱業法は、賠償金の支払いを担保するために、鉱業権者等はその前年中に採掘した石炭等の数量に応じて毎年一定額の金銭を供託させ、賠償金の確実な支払いと加害者の負担の軽減化を図っている。原子力損害賠償法についても基本的に同様である。かくして、「無過失責任とは、不法行為責任から道徳的非難の要素を排除し、誰が保険をかけて損失分散を図るかを法定するという意味あいを、政策的には持っている」（内田466頁）といえる。

第3節　故意不法行為

1　故意の意義

　故意とは、自己の行為により権利侵害の結果が発生することを認識しながらそれを認容して行為するという心理状態をいう（加藤67頁、幾代25頁など通説）。

　加害の意思や違法性の認識までは不要とするのが通説である。従って、例えば、債権者が、無効な債務名義を有効と信じて強制執行した場合、債権者には違法性の意識はないが、故意は認められる。

2　過失不法行為との異質性

(1) **通説**　刑法では、故意と過失とでは全く法律構成も効果も異なる。民法上の不法行為ではどうかというと、故意不法行為と過失不法行為を別個の類型とする例も外国には少なくないが、わが国の通説・判例は、伝統的にこの両者を区別して論ずる実益はないと考えてきた。というのは、故意でも過失でも同じ§709の不法行為が成立し、損害賠償という効果の点でも同じだと考えられてきたからである。もちろん、通説・判例も、故意不法行為と過失不法行為とでは、次の点で異なることを認めている。

① 第三者の債権侵害のように、故意がなければ不法行為が成立しない類型が存在する。

② 損害賠償の範囲は相当因果関係（§416）によって定められるが、故意の場合は特別事情による損害（§416Ⅱ）を予見していたとされる場合が多いために、過失の場合よりも損害賠償の範囲が拡大する場合がある。

③ 故意の場合の方が慰謝料額が多額になることがある。

このように通説は、故意と過失とで効果面で異なる場合があることを認めるものの、両者は「非難可能性における連続した程度の差の問題」（幾代28頁）にすぎず、本質的な違いはないとする。

(2) **有力説**　これに対して、最近では、不法行為においても制裁的要素を重視すべきだという見解が登場しており、この見解の下では、故意不法行為においては故意（この説は故意を損害を加えようとする意思＝「加害の意思」に限定する）に対する制裁として損害賠償義務が発生する（故意不法行為は意思に基づく責任であって、過失不法行為とは帰責の根拠が異なる）という観点から、また故意不法行為には社会的有用性も認められないことから、それを特に抑止する解釈論が望ましいとして、ⅰ　故意があれば、損害の発生と因果関係が肯定される以上、被侵害利益の重大さの程度を問題とせず、常に不法行為が成立するとされるべきであるし、ⅱ　損害賠償の範囲をことさら制限すべきではない（制限賠償主義の考えを排除）として、異常な事態の介入によって生じた損害以外は、事実的因果関係のある全損害に対して賠償責任を負わせるべきだとし、過失不法行為よりも賠償額の範囲を拡大すべきだとし、ⅲ　故意のほうが過失よりも慰謝料額が多くなることを認めるべきだとする

見解が登場している（平井73頁、125頁）。

　これに対して、不法行為において制裁的機能を認めることに消極的な立場からも、故意と過失を別類型の不法行為として位置づけるべきだとする見解が主張されている。即ち、内田教授によれば（内田311頁以下、330頁以下、337頁以下、398頁以下）、第一に、今日の過失概念は結果回避義務違反と捉えられており、もはや主観的な要件ではなく、客観的な要件となっており、あくまで加害者の主観的意思を問題とする故意とは質が違っていること、第二に、効果面においても、第三者の債権侵害にみられるように、不法行為を構成するための要件として、過失では足りず、故意（ケースによっては故意よりも狭い「害意」）が必要と解される場合があること、を理由として挙げている。そして教授は、効果として、故意不法行為においては、平井教授と同様、損害賠償の範囲を事実的因果関係のある全損害にまで拡大すべきだとしている。そしてさらに、教授は、故意不法行為には、このような過失不法行為にはみられない効果があることから、故意概念はそのような効果ないし責任を正当化できる程度に限定されたものであることが望ましく（但し、前記平井説ほどには限定しない）、その概念を拡大すべきではないとして、前述の通説の故意の定義を支持する（加えて、今日では、過失は結果回避義務違反と捉えられ、およそ不法行為責任を認めるべき場合はすべて過失でカバーできるから（これを統一的要件主義という）、あえて不法行為の成立範囲を拡大するために故意概念を拡大する必要もないという）。

第4節　過失不法行為

1　過失の意義

　過失の概念は、不法行為の要件の中で最も重要な概念であり、過失概念によって不法行為の成立範囲が大きく左右されるといっても過言ではない（平井教授は、これを不法行為成立の限定的機能と呼ぶ）。以下では、平井25頁〜59頁を参考に、判例理論と最新の理論の概略を紹介する（詳細は平井該当頁を参照されたい）。

(1) **心理的状態説（主観的過失説）**　伝統的理論によれば、過失とは、結

果が発生することを知るべきであるのに、不注意のためそれを知り得ないで、ある行為をするという心理状態、と解されてきた（我妻103頁、加藤64頁）。つまり、過失を意思に関係させ、意思の緊張を欠いた心理状態と捉えるもので、もっぱら主観的に構成されている（主観的要件）。例えば、判決では、「漫然同一速度で進行し……狼狽のあまり……」（最判S43・8・2民集22－8－1525の一審判決）というような心理描写がなされる。しかし、今日の不法行為が極めて高度な企業活動をも含んでいることを考えると、内心の心理状態を問題とする主観的過失概念ではとうてい対応できない。

(2) 規範的概念説（客観的過失説）（判例・通説）　今日の判例理論は、損害の発生が予見でき、それを回避すべき行為義務があったのに、それを怠ったというのが過失だと捉えており（過失の客観化）、過失を心理状態とは捉えてはいない。即ち、判例は、ある特定の事実関係において、損害の発生を回避するためにとるべき行為と実際に加害者がとった行為との間に食い違いがあるとき、過失を認定している。これは、過失概念に規範的判断を持ち込むもので、過失を心理状態と捉える限り、行為の危険度や被侵害利益の大小への配慮は理論的には無理である。また、訴訟における立証方法としても、加害者の心理状態を立証する必要はない。要するに、行為の危険度が非常に高いとき、被侵害利益が例えば生命などのように重大なものであるとき、損害の発生を回避するためにとるべき行為義務としては高度のものが要求されなければならないのであって、加害者が行った当該行為がそれと一致しない場合は、過失があるとされるということである。

〈歩行者がいる横断歩道に運転中の車がさしかかったが一時停止を怠り死亡させたケース〉
　自動車の運転自体が損害発生の危険性の高い行為であるし、それによって侵害される利益は、生命・身体といった非常に重大な利益であることから、高度の損害回避義務が発生すると考えられる。このような場合、それ自体が高度の危険性をはらむ自動車の運転行為そのものを一時中止する義務（一時停止義務）が発生し、それを怠れば過失ありと判断される。

```
予見義務………予見可能性………損害回避義務        加害者の行為
                              ⋮                    ⋮
一時停止を怠ると歩行者に衝     一時停止義務≠一時停止をしなかった
突することを予見でき、かつ              ↓
そのことを予見すべきである             過失あり
```

　つまり、過失とは、損害の発生を回避すべき行為義務に反する行為といえる。もちろん、結果回避義務を課すには行為者が損害発生の危険を予見しえたこと（予見可能性）が前提となる。予見が不可能ならば、回避措置を期待できないからである（義務は可能を前提とする）。そしてまた、予見可能性は、予見すべきであったかどうかという規範的判断が必然的に要求されるから、予見可能性を裏づける予見義務の存在が必要とされなければならない。

　以上により、予見義務に裏づけられた予見可能性の存在を前提として、ある具体的状況の下で損害発生の危険を回避する措置をとる義務が生じ、実際に行われた行為がこれと一致しないときに過失があるという判断になる[注(1)]（東京地判Ｓ53・8・3判時899-48（東京スモン判決）など判例の立場、前田34頁、森島196頁、四宮304頁、平井28頁、内田312頁など通説）。

　このように、過失は行為義務（予見義務及び損害回避義務）に反する行為であり、これを分解すると、(A)加害行為の存在、(B)行為義務の存在、(C)加害行為と行為義務によって定立されるあるべき行為態様との不一致、だといえる。

(A)　（加害）行為の存在

　不法行為責任を問うには自由な意思に基づいてなされた挙動が必要である。不作為も行為であるが、作為義務の存在が前提となる。

(B)　行為義務の存在

　いかなる場合に、いかなる内容の行為義務がどの程度発生するか、であるが、アメリカ法における negligence の概念（過失）を規定する因子として、1940年にラーニッド・ハンド（Learned Hand）裁判官が打ち出した三つの因子が参考になる（ハンドの定式（フォーミュラ）と呼ばれる）。その三つの因子とは、次のようなものである。

① 問題となっている行為から生じる損害発生の蓋然性（危険）(the likelihood of harm)

② 被侵害利益の重大さ（seriuosness of injury）

③ 上記二つの因子と損害回避のためのコスト（行為義務を課すこと——加害行為を制限すること——によって犠牲にされる利益（value of the interest to be sacrificed））との比較衡量＝加害行為の社会的有用性への配慮

例えば、医師の手術においては、損害発生の蓋然性が高く、かつ、生命という被侵害利益の重大さを考えると、高度の損害回避義務が容易に肯定されるが、損害回避のためのコストが予想される被害を上回るときは、損害回避義務を否定し、過失を否定しなければならないということになる。

損害の回避のためのコスト＞損害発生の蓋然性×被侵害利益の重大性
　　　　　　　　　　　　　　　　　　　　……過失なし

① 問題となっている行為から生じる損害発生の蓋然性（危険）　これも、㋑自動車の運転行為のように、それ自体が危険な行為と、㋺道路工事現場の管理のように、行為それ自体は危険ではないが、損害発生の危険を創出し、その危険を継続させ、またはその危険の支配・管理に従事する行為とに分けて考えなければならない。

　(a) それ自体が危険な行為　自動車の運転行為に典型的にみられるように、それ自体が危険な行為の場合は、単純に行為自体を中止する義務、または損害発生を回避する義務が発生する。

例えば、横断歩道に歩行者がいる場合の徐行義務ないし一時停止義務（東京高判Ｓ48・7・23判時718−55）、先行者との間の車間距離保持義務（松江地判Ｓ53・8・30判タ375−123）、運転中の前方注視義務と交差点通過時の徐行義務（最判Ｓ34・11・26民集13−12−1573）、優先通行権のない道路から交差点に入ろうとするときの停車義務（大阪地判Ｓ43・5・9判時525−74）、ワンマンバスの運転者が乗客の乗り降りに安全な場所に停車して安全確認のうえ開扉する義務（京都地判Ｈ元・9・6判タ723−236）などである。以上は、直接には刑罰ないし行政処分の根拠法規となっている道路交通法上の義務

を、不法行為上の行為義務の根拠として用いることが可能であるという考えを前提としている。また、汽車・電車等の自動車以外の交通機関についても、以上の行為義務が基本的に妥当するが、ただ、これらは軌道を走行する点で、行為義務の程度は自動車の運転に比べて軽度と解されるべき場合もある。

それ自体危険な行為の例としては、自動車の運転以外にも、次のようなものがある。

第一は、危険性の高い機械を操作する行為である。例えば、高圧の石油液化ガスを許容量以上に過充填してはならない義務(京都地判S53・10・24判タ378-119)、周囲の安全を確かめることなくクレーンにスイッチを入れてはならない義務(大阪地判S51・9・16判時849-102)などがある。

第二は、手術・注射等を行う医療行為がある。即ち、施術者はガーゼ等の異物を手術創内に残留させてはならない義務(千葉地判S32・11・15新聞91-18)、注射行為に際しては注射部位・器具等の消毒を完全にする義務(最判S39・7・28民集18-6-1241)、適切な注射量・注射薬・注射部位を選定する義務(東京地判S41・2・26訟月12-7-977)などがある。また、レントゲン照射においては、過照射による皮膚障害を起こさないように分割照射する義務を負う(最判S44・2・6民集23-2-195)。また、薬剤投与にあたっては、危険時にはこれを中止すべき義務を負おう(東京地判S53・9・7判時901-43)。

第三は、スポーツ中の競技者の行為がある。例えば、混雑しているプールで飛び込みをしようとする者は遊泳者の有無を確認する義務を負う(大津地判S41・9・24判時473-53)。

　　(b) 行為それ自体は危険ではないが、損害発生の危険を創出し、その危険を継続させ、またはその危険の支配・管理に従事する行為　　この場合は、危険の存在を知らせ、危険から遠ざかるよう警告する義務、危険の内容を説明する義務、安全措置を講ずる義務、安全のための検査・調査をする義務、危険を減少させるために一定の措置をとる義務など、多用かつ複雑な義務が生ずる。例えば、――

第一に、人の交通が予想される往来に危険を生ぜしめる行為を行った者、

例えば、道路に面した軒先に木材を立てかけた者は、それが倒れないようにする義務を負い（東京地判T8・12・17評論8－民法1301）、タイヤを公道に置いた者は、これを固定するなどの措置をとる義務を負い（宮崎地判S47・2・9判タ282－375）、冬季に自宅前の私道に水をまく者は、凍結により転倒する者のないよう、水まきをさし控える義務を負い（東京地判S45・10・23判時618－53）、道路工事をする者は、その危険を指示する立て看板及び防護柵を設置する義務を負い（大阪地判S41・6・10判時466－37）、工事により道路に穴をつくった者は、危険を知らせるため照明をする義務を負う（神戸地判S2・5・20新聞2734－5）。

第二に、危険の発生源を流通におく者は、危険の発生に対する防止措置を講じる義務、危険の存在を指示警告する義務が生じる。いわゆる製造物責任といわれるものがこれで、特に製造物が食品や薬品のように、人の生命・身体の侵害を伴うような場合には、行為義務は一層容易に認められる。例えば、整腸剤のキノホルム剤の服用により、下肢麻痺・視力障害などの神経障害（スモン）が多くの患者に発症したいわゆるスモン事件において、一連の判決（東京地判S53・8・3判時899－48など多数）は、医薬品の製造業者は、副作用の存在を調査研究すべき義務、その危険を指示警告すべき義務、当該医薬品を回収する義務を負うとしている。

第三に、人を来集させる場所ないし施設を提供する行為は、多数の人が一箇所に来集することから生ずる危険を防止すべき義務を負う。従って、多数の観客の来集したコンサートの責任者は、警備員を配置したり、通路に柵を設置したりして、観客を安全に観覧させる義務を負う（札幌地判S58・4・27判タ502－145）。いわゆる学校内での事故もこれに属し、例えば、自習授業中の鉛筆の取り合いによる事故については、その場にいた担当教師の過失が認められる（仙台地判S55・12・15判タ433－124）。病院も人が来集する施設であるが、病院に来る人は損害発生の危険にさらされやすい人だから、一層高度の危険防止義務が発生する。従って、病院の管理者は、病院内における伝染病の感染を防止するため、早期に病気を発見し患者の隔離等をなすべき義務を負う（東京地判S49・4・2下民集25－1＝4－226）。

第四に、それ自体危険な行為を創出・組織・支配・管理する行為をした者

は、そのような危険の発生を回避すべき義務を負う。例えば、自動車のドアに鍵をかけずにキーを差し込んだまま駐車していたところ、この自動車を盗んだ者が事故を起こしたという場合、自動車の所有者はこの行為義務に違反する（最判地判Ｓ48・12・20民集27-11-1611）。排水溝で水中ポンプを使用する者は、漏電防止のための検査や接地線を設けるべき義務を負う（横浜地判Ｓ57・10・27判タ489-88）。手術等によって危険を創出する者は、危険の実現を調査すべき義務（問診義務）を負い、その危険に接近する者に対して危険の内容（手術の内容とその危険性）を説明する義務を負う（最判Ｓ56・6・19判時1011-54）。また、患者のアレルギー反応を念頭において問診する義務（東京高判Ｓ58・7・20判時1087-70）、副作用を予知して説明する義務などを認める（神戸地判Ｓ56・2・24判時1026-121）[注(2)]。また、術後管理義務も認められる。例えば、小児頭大の腫瘍摘出の手術をした医師は、十分な術後観察を行うべき義務がある（新潟地判Ｓ56・10・27判時1053-150）。

　第五に、スポーツを組織・支配・管理する行為にも、危険発生防止義務が生じる。例えば、幼児の入場を認めているプールの監視員は、幼児が大人用プールに接近するのを発見・防止する義務を負い（福岡地小倉支判Ｓ47・12・28判タ302-230）、スキューバーダイビングの講習の指導者は、受講者の位置・動静に気を配る義務を負う（東京地判Ｓ61・4・30判時1231-117）。

　② 被侵害利益の重大性　被侵害利益が重大であれば、高度の行為義務が容易に導かれる。むしろ判例は、被侵害利益が重大であるときは、「権利侵害」の要件を問題とせず、損害が発生し、過失ありと判断したならば、直ちに不法行為の成立を認めるのが常である。被侵害利益が重大であるときは、不法行為による保護を与える必要性が高いからである。もっとも、日照権などのように、歴史が浅い法益で他の利益（所有権など）と対立するような場合には、受忍限度を超えているかどうかといった特別の要件を要求して不法行為の成否を判断していることは、後述のとおりである。

　いずれにしても、行為義務の存在と程度は、前述の行為の危険性の大小と被侵害利益の重大性との相関関係によって決せられるというのが、ハンドの定式である。即ち、

　　　(a) 行為の危険性が高い＋被侵害利益は重大——高度の損害回避義務

が容易に肯定される。特に手術がそうである。最判Ｓ36・2・16民集15－2－244（東大梅毒輸血事件）も、職業的売血者からの採血に際して、潜伏期の梅毒感染の危険性についてどこまでの問診義務があるかが争われた事件で、「危険防止のために実験上必要とされる最善の注意義務を要求される」と判示している。医薬品も「安全性について最も深い配慮を払うべき義務」（福岡地判Ｓ53・11・14判時910－33）、「科学として最高の水準で調査研究をして安全性を確保する注意義務」（前掲地判Ｓ54・8・21）を負う。食品供給者も同様の義務を負う（福岡地小倉支判Ｓ53・3・10判時881－17）。

　(b)　行為の危険性が低い＋被侵害利益は重大——高度の行為義務が肯定される。例えば、不動産売買の仲介行為は、それ自体危険な行為ではないが、不動産所有権という重大な利益にかかわるから、高度の損害回避義務が容易に肯定され、仲介物件の権利関係についての高度の調査義務・説明義務を負う（東京地判Ｓ55・7・15判時996－86、最判Ｓ55・6・5判時978－43）。

　(c)　行為の危険性が低い＋被侵害利益は重大ではない——特段の理由がない限り、原則として行為義務は否定される。日照権の侵害などはこのカテゴリーである。

　(d)　行為の危険性が高い＋被侵害利益は重大ではない——行為義務が認められるとしても、低度の行為義務にとどまる。

　さて、被侵害利益の重大なものから順に挙げると、生命・身体・自由が第一番目、次いで、所有権・担保物権などの物権、その次が債権、という順になる。名誉・プライバシー、日照・通風・眺望を享受する利益は、歴史も浅く重大さの程度においては、以上のものに劣る。

　これに関して、若干の問題点をみると——

　不動産の二重売買において、判例（最判Ｓ30・5・31民集9－6－774）・通説（加藤107頁、四宮312頁、前田75頁）は、登記を具備した第二譲受人が悪意でも、背信的悪意でない限り、第一譲受人に対して不法行為責任を負わないとする。これに対して、§177の第三者は悪意であっては保護されないとする立場（内田339頁は、第三者に過失があれば不法行為が成立するとする）ではもちろん、悪意でも保護されるという立場に立っても、不動産所有権という重大な利益を侵害している以上、悪意の第二譲受人は不法行為責任を負うとす

る見解もある（平井42頁）。

　占有権に対する侵害、抵当権侵害と不法行為の成否の問題については、それぞれ、拙著『現代民法コンメンタール2・物権法』304頁、『同3・担保物権法』123頁以下を参照されたい。

　第三者の債権侵害が不法行為を構成することは今日では争いがない。但し、債権の存在の認識困難性、排他性の欠如、債権の実現が債務者の意思に依存すること、自由競争原理などから、現在の判例理論は、債権自体を消滅させた場合は過失でも不法行為が成立するが、そうでない場合（債権は消滅しない場合）は、単なる過失では足りず、故意の存在、しかも第三者と債務者との通謀があるなど、特に違法性が強度であることを要するとしている（詳細は拙著『現代民法コンメンタール4・債権総論』65頁以下参照）。

　日照・通風・眺望侵害の場合は、判例（最判S47・6・27民集26－5－1067）は、被害が社会生活上一般的に被害者において忍容するのを相当とする程度、即ち、受忍限度を超えたと認められるときでなければ、不法行為は成立しないとしている。そして、受忍限度の判断にあたっては、侵害の程度、侵害行為の態様、地域が商業地域かどうか、行為が建築基準法などに違反するかどうか、侵害者の防止措置の有無等が考慮されなけばならないとする。これらの特別の要件が特に要求されるのは、日照などの利益の保護が他人の所有権と衝突し、それとの調整が必要なためである。この受忍限度の要件を違法性の要素として捉えるのが一般的であるが、行為義務違反、即ち、過失の成否にかかわるものとして位置づけるべきだというのが平井説である。即ち、平井説によれば、既に述べたように、権利侵害あるいは違法性は、不法行為成立の限定的機能を果たしておらず、むしろ今日では、これを果たすのは過失の要件であって、受忍限度を超えてはいないと判断されたときは、そもそも行為義務が発生しないと捉えているようである（平井47頁）。

　名誉の侵害、特にマス・メディアによる侵害の場合、マス・メディアの有する表現の自由との調整のための特別の要件が付加される。判例（最判S41・6・23民集20－5－1118）によれば、不法行為の要件を充たしていても、i　摘示事実が公共の利害に関すること、ii　もっぱら公益目的で行われたこと、iii　摘示事実の真実が証明されたこと、iv　真実であることが証明さ

れなくても、行為者がそれを真実と信ずるについて相当の理由があること、の要件を加害者が立証すれば、不法行為の成立が否定される。前掲最判は、ⅰ～ⅲが証明されたときは、違法性がなくなり、ⅳが証明されれば、故意もしくは過失がないと述べている。私見によれば、これを過失の要件で説明することは適当ではなく、むしろ違法性の欠如か、それとも特別の要件として位置づけるしかないように思われる。

　　③　行為の危険性・被侵害利益の重大性と損害回避のためのコスト（行為義務を課すこと——加害行為を制限すること——によって犠牲にされる利益）との比較衡量＝加害行為の社会的有用性への配慮　　ハンドの定式によれば、損害発生の蓋然性と被侵害利益の重大性から一定の損害回避義務が帰結される場合でも、当該損害回避のためのコストが予想される損害を上回るときは、損害回避義務は否定されるべきであるとされる。その根本には、当該行為の社会的有用性への配慮がある。一定の損害回避義務を課することによって、当該行為の社会的有用性が不当に減殺されてはならないという配慮である。

　この第三の因子を挙げることに対する批判については後述するとして、平井教授は、理論上も判例の現実の姿を理解するためにも、この因子を挙げないわけにはいかないと述べる。即ち、過失は不法行為成立の限定的機能を営むことを期待されており、それは、この因子によって果たされるからである。損害発生の蓋然性と被侵害利益の重大性から、一定の損害回避義務を課すことが正当化される場合であっても、当該損害回避行為をさせることによって、犠牲になる利益があまりに大きく、当該行為のもつ社会的有用性を大幅に減殺するときは、過失を否定する必要性がある。また、わが国の判例も、行為の社会的有用性を度外視して過失の判断をしているわけではない。例えば、スモン訴訟に関する一連の判決（東京地判Ｓ53・8・3判時899－48など）は、薬剤の副作用の危険のみならず、薬剤の治療上の価値を無視すべきではなく、両者の比較衡量により過失を判断すべきだとしている。また、大阪アルカリ事件の差戻審判決である大阪控判Ｔ8・12・27新聞1659－11は、経済上さほど困難とはいえない煙害防止設備を施さないで、農作物に甚大な損害を与えたと述べて、過失を認めた。これは裏を返せば、煙害防止設

備の設置に経済上大きな困難があるならば、過失は否定されるべきであるという趣旨を含むものであり、上告審判決（大判Ｔ5・12・22民録22－2474）が、相当な設備を施したならば損害を与えても責任はない、と述べたのを受けたものである。

この第三の因子は、自動車の運転行為における危険の配分に関する具体的な規範の定立にあたっても考慮されている。即ち、優先通行権がある場合には徐行義務はない（最判Ｓ45・1・27民集24－1－56）、他車が交通法規に違反することまでも予想して運転行為を行う義務はないとする信頼の原則の承認（最判Ｓ43・9・24判時539－40）などがそれである。

以上のハンドの定式に対しては、以下のような無視できない批判がある（沢井「新潟水俣病判決の総合的判決5」法時44巻14号158頁、淡路・公害99頁、内田317頁以下。なお、これに対する反論として森島203頁以下がある）。本書もこれに同調したい。

ハンドの定式は、損害発生の蓋然性と被侵害利益の重大性の相関関係によって損害回避義務が帰結されても、損害回避コストが損害を上回るときは、損害回避義務を否定するというものである。しかし、――

第一に、損害発生の蓋然性を正確に把握することも困難であるし、被侵害利益の重大性や損害回避コストも正確には割り出すことができないものであって、多分に比喩的な側面がある。

第二に、損害回避コストの方がたとえ大きくても、現に被害が発生しているならば、賠償義務を肯定するのが我々の正義感に合致するというべきであって、損害回避コストの大きさを決定的なファクターとして位置づけるべきではない。新潟水俣病事件における新潟地判Ｓ46・9・29判時642－96は、企業の操業停止まで要求している。つまり、この因子を単純に考慮することは、加害者保護に傾くおそれがある。

第三に、「損害回避コスト」はその内容として、「行為義務を課すことによって犠牲にされる利益」と説明されることがあり、加害行為の社会的有用性を考慮すべきだとする意見がある。損害回避コストということの中に行為の社会的有用性まで含めるとなると、どこまでの社会的コストを考慮しなければならないのかの問題を生じ、例えば、大阪アルカリ事件では、もし加害者

の工場が日本で唯一の硫酸製造工場であって、その操業停止が関連企業の操業不能などを招来したとき、そこまでの社会的コストを考慮に入れるということになってしまう。

(C) 加害行為と行為義務によって定立されるあるべき行為態様との不一致

行為義務は規範的判断であるのに対して、現実の加害行為は事実認定の問題である。両者の間に食い違いがあるとき過失が肯定されるが、一般的には、その判断は困難ではない。しかし、医療過誤などにおいては、現実の加害行為が実際にたどった経過に即して細分化され、それぞれの加害行為に対応する個別の行為義務に違反しているかどうかが争われることが多い。例えば、未熟児網膜症に関する裁判では、酸素供給を管理すべき義務、薬物療法を試みる義務、定期的に眼底検査をすべき義務、光凝固法という治療方法についての説明義務等がそれぞれ争われている。

ところで、両者の間の食い違いを判断するにあたって、どの程度まで行為者の個人的特性を考慮すべきかが問題となる。ⅰ　行為者の知識・経験・技術・職業・年令・肉体的・精神的能力といった行為者の個人的特性を考慮すべきだとすれば、行為者にとって可能な限度に行為義務は画される。これに対して、ⅱ　平均人ないし合理人を基準として行為義務を画する考え方が一方にある。従来から、過失の判断基準として、当該行為者の本人の能力を基準とする場合を具体的過失、平均人ないし合理人を基準とする場合を抽象的過失と呼んできたが、これに相応する議論である（ⅰが具体的過失、ⅱが抽象的過失）。

この点に関する判例の立場を医療過誤からひろうと、医師の行為義務は、「危険防止のために実験上必要とされる最善の注意義務」（東大梅毒輸血事件最判）であるが、その判断にあたっては、当該医師個人の知識ではなく、また医学の先端的知識でもなく、「診療当時のいわゆる臨床医学の実践における医療水準」が基準となるとされている（未熟児網膜症に関する最判Ｓ57・3・30判時1039－66）。未熟児網膜症とは、極小未熟児が保育器で一定濃度の酸素投与を受けた際に、網膜に障害を生じて失明するという病気で、昭和40年代後半に光凝固法という治療法が開発されたが、この治療法は最先端の治療技術としてまず大病院で導入され、次第に全国に普及していったため、そ

のころに生まれて失明した未熟児について、この治療法を施さなかった医師に過失があるかどうかが争われたのである。

このほか、下級審判決ではあるが、専門外の分野について診療する場合も、その頻度と必要性とに応じ、その分野の医療水準の要求する知見及び診療技術の獲得に勤める義務、専門医への転医を助言監督する義務を負う（釧路地網走支判Ｓ54・1・19判時924－92）、一般の開業医と異なり、大学病院等の医師は高度の水準的知識にしたがった診療義務を負う（東京地判Ｓ53・5・29判時905－77）などとしたものがある。

以上の考え方は、まだ判例は不十分であるが、基本的には、弁護士、税理士、司法書士、建築家、金融・保険業者、不動産業者など、高度の知識・経験・技能を要求される専門的職業にも妥当しよう。

2 過失の立証の負担を軽減する工夫

(1) **総説** 立証責任の法律要件分類説によれば、①§709は故意・過失を不法行為の積極的な成立要件として規定しているから、不法行為の成立を主張する被害者がこの点の立証責任を負うが（最判Ｓ30・2・11民集9－164、通説）、②§714・715・717・718などは、加害者が自己に故意・過失がなかったことの立証を負担する形式の規定をしているから、立証責任が転換されていることになる（法律による過失の証明責任の転換）。②の場合には、過失の存否不明の場合のリスクを加害者が負担することになるので、過失責任の建前の下で無過失責任に近い結果が得られる。②のような立証責任の転換は、法律要件分類説によれば、法文の規定があって初めて可能となることであって、§709の規定からすれば加害者に立証責任を負わせることはできない。証明責任の転換なき場合には、被害者が過失を証明しなければならないわけだが、それは容易なことではない。特に証拠が加害者の手中にあり、原告に専門的知識や情報を欠く医療過誤訴訟においてはそうである[注(3)]。そこで、以下のような過失の証明責任を軽減する工夫が判例上もなされている。

(2) **過失の事実上の推定法理（一応の推定ないし表見証明）** 被害者が加害者に過失のあったことを直接証明せずとも、加害者に過失が存することを経験則上推測させるような事実を証明すれば、加害者側の反証がない限り、過失を認めてよいという法理である。東京地判Ｓ42・6・7下民集18－5＝

6－616は、この点を次のようにいう。

「施術者にどのような注意義務違反があったかについては原告らは主張立証するところがないのであるが、当裁判所は、医学の如き高度の専門的分野における施術上の過失の有無が、その施術者を雇傭する者を被告として使用者責任の問われているような場面において、判断の対象となる場合には、施術者の不手際とその直後における症状の悪化とが原告により立証されれば、一応施術上の過失とそれに基づく傷害とを推認して差支えなく、当該施術に関する医学上の専門的知識と資料とを保有する被告側において、その不手際がむしろ医術の限界を示すものであることを明らかにするなどして過失の証明につき反証をあげるか、もしくはその不手際と症状の悪化との間には因果関係のないことを証明するしかない限り、被告の責任を肯定すべきであると考えるものであって、本件において、施術後の症状の悪化が、右の認定および後段判示のように肯定しうる以上、その余の立証の負担は被告国に移ったと見るべきである。」

また、1歳のAは、東京都の勧めにより、保健所でインフルエンザ予防接種を受け、翌日死亡したが、その原因は、Aが接種の1週間前ぐらい前から間質性肺炎および濾胞性大小腸炎に罹患していたため、接種の副作用がでたことによるものであったが、接種時はとくに身体的な異常は見られず、接種前日にやや硬便であった程度であったという事件で、最判S51・9・30民集30－8－816は、医師は問診をし、予防接種をすべきではない者（禁忌者）を発見すべき義務があり、適切な問診を尽くさなかったために禁忌者を識別できず、予防接種の異常な副反応によって接種対象者が死亡したときは、「担当医師は接種に際しその結果を予見しえたのに、過誤により予見しなかったものと推定するのが相当」と判示した[注(4)]。

そのほか、他人の所有する山林を勝手に伐採した場合には、被告が故意・過失の反証を提出しない限り、故意・過失を認定するのは不法でないとする判決（大判T9・4・8民録26－482）、実体法上権利がないのに仮差押・仮処分をした場合には、反証なき限り過失を推定するのが相当であるとする判決（大判T10・4・4民録27－682）、食品の出荷前に生じまたは存在した原因によって食品に生命・健康を害する欠陥が生じ、それを摂取したことによりその

人の生命身体に被害が及んだ場合は、それだけで、その食品を製造販売した者の過失が事実上強く推定されるとする判決（福岡地判Ｓ52・10・5判時866−21）などがある。この方法は、事実上、立証責任の転換を認めたのに近い機能をもつ。この意味で、立証責任の事実上の転換と呼ばれることがある。

(3) **過失の不特定認定**　過失があることは事実だが、具体的に「過失」を特定しえない場合でも、「何らかの過失がある」として責任を負わせることができるとするものである。最判Ｓ39・7・28民集18−6−1241は、「これらの消毒の不完全は、いずれも、診療行為である麻酔注射にさいしての過失とするに足るものであり、かつ、医師の診療行為としての特殊性にかんがみれば、具体的にそのいずれの消毒が不完全であったかを確定しなくても、過失の認定事実として不完全とはいえない」と判示している。

注(1)　これまで過失の本質は何かにつき、予見可能性説と結果回避義務説があった。予見可能性説は、損害発生の予見可能性があれば過失があるとしてよいとするもので、いわゆる大阪アルカリ事件の原審はこの立場に立っていた。事案は、硫酸を製造する工場の煙突から排出された流煙によって近隣の農作物が被害を受けたが、工場は被害の発生を予見可能であったというものである。原審は、工場は損害を予見できた以上、被害の防止が可能であったか否かにかかわらず、過失があるとした。これに対して、大判Ｔ5・12・22民録22−2474は、相当な被害防止設備を施した以上は、損害を与えても責任はないから、そのような設備をしたか否かが問題だとして、原審を破棄した。これが結果回避義務説と呼ばれる考えである。本文で述べた過失概念は、予見可能性を結果回避義務の前提として位置づけるものである。

注(2)　判例は、医師に高度の問診義務を課している。東大梅毒輸血事件（事案の概要は後述参照）で、最判Ｓ36・2・16民集15−2−244は、問診が梅毒感染を予見する上で有効な手段であったかどうか、問診を省略する慣行が行われていたことなどが争われたが、これまで医師が一般的に行っていなかった高度の問診義務を要求し、過失を認めた。この点につき、内田教授は次のように指摘する。本件の被告は国であり、過失を認めて賠償義務を課すと、事実上社会保障的救済となるのであって、もし被告が個人病院だったら、判決は過失を否定した可能性もある。判決は、このような政策的観点から過失を認めたという見方も可能ではあるが、仮にそうみたとしても、過失を認めて賠償義務を課するという解決を支持できる。

なぜなら、第一に、医師は責任保険に入ることによりコストを分散できるし、第二に、事故を抑止しうる立場にあるのは医師だけであり、医師に賠償責任を負わせた方が、より注意深くなって、将来本件のような事故が減少することが期待できるからである（将来の不法行為の抑止）（内田321頁以下）。

注(3) 医療過誤訴訟における不法行為構成と契約（債務不履行）責任構成

　損害賠償請求をするにあたって、その責任が債務不履行責任（§415）か不法行為責任（§709）かで、効果面でいくつかの違いがある。詳細は、拙著『現代民法コンメンタール4・債権総論』122頁で論じたように、消滅時効の期間、過失相殺、相殺などの点で違いが生ずるが、何といっても大きな違いは、過失の立証責任についてである。債務不履行では、債務者（加害者）が過失の不存在を立証しなければならないが、不法行為では、被害者がその存在を立証しなければならないとされているから、債務不履行責任の方が被害者に有利だといえる。この点では、医療過誤訴訟においても診療契約を準委任契約とみて、債務不履行責任の構成をする実益があるといえる。しかし、単純にそう決めつけるわけにはいかない。というのは、債務不履行構成では、確かに被害者は債務者（加害者）の過失を立証する必要はないが、債務不履行があったという事実は被害者が立証しなければならないし、また医療契約上の医師側の債務は、手段債務であることがほとんどだからである。手段債務とは、ある特定の結果の実現が目的なのではなく、ある目標に向かって適切な行為をすることが債務の内容となっているのであって、手段債務では、病気の回復という結果が生じなくても、客観的に適切な行為をすれば債務不履行とはならない（詳細は前掲拙著『債権総論』12頁参照）。従って、債務不履行責任構成をしても、被害者は医師の治療が適切ではなかったこと、つまり、委任契約の善意注意義務（§644）を果たさなかったことを立証しなければならないのである。まして、次に述べるように、不法行為構成でも、特に医療過誤訴訟では一応の過失の推定がなされており、被害者の立証の負担は軽減しているから、不法行為構成と契約責任構成とで違いはあまり大きくない（内田329頁）。

注(4) この事件の一審、二審は、問診をしても異常を発見できなかったのだから、問診しなかった担当医師に過失はないとした。これに対して、最高裁は、事実上過失を推定したが、これに対しては医師側から医師に酷だとして強い反発があった。しかし、この事件を契機に予防接種法等が改正され、予防接種に起因する事故の被害者救済が大きく前進した。さらに、この最高裁判決後、インフルエンザ以外の国や自治体によって行われる各種の予防接種の副作用による事故の被害者による訴訟が相次いだが、これらの訴訟で、憲法§29Ⅲの適用または類推適用という法律構成で損失補償を認める判決が現れた（東京地判S59・5・18判時1118-

28、福岡地判H元・4・18判時1313-17など）。これは、予防接種が伝染のおそれのある疾病の発生・蔓延を予防し、公衆衛生の向上と増進を図るという公益目的も併せ有しており、これには不可避的に重大な副作用を伴うものであるという見方から、私有財産に強いられた公共のための犠牲に対して補償するという発想である。現在では、政府は予防接種を抜本的に見直し、集団接種から任意の個別接種へと政策転換を行ってきている。

第5節　権利侵害

(1) **起草者の立場**　§709によると、故意または過失によって他人に損害を加えただけでは不法行為は成立せず、「権利を侵害」することが要件となっている。旧民法では、「過失又は懈怠に因りて他人に損害を加えたる者」となっていたのを、現行民法は、それでは権利を侵害せずしておよそ他人に損害を与えれば不法行為が成立することになって（例えば、ある地域に大型スーパーができたために付近の小売店が大損害を被った場合、「権利侵害」を要件としないと不法行為が成立することになりそうである）、その成立範囲が不明瞭になってしまうという理由から、「権利侵害」が要件に加えられたという経緯があり、従って、起草者によると、§709の「権利」とは広い意味であって、債権はもとより生命・身体等も含むものと理解されていた。要するに、起草者には、「権利」概念によって不法行為の成立を限定しようとする意図はなかったことは明らかである。

(2) **判例・学説**

① **判　例**　ところが、当初判例は、§709の「権利」の意義を狭く理解した。即ち、雲右衛門浪曲レコード事件——桃中軒雲右衛門の浪花節を吹込んだ蠟盤（レコード）を無断で複製販売した事件——では、浪花節は「低級音楽」「瞬間創作」なので著作権法上の著作権が成立せず、従って、無断で雲右衛門の浪曲をレコード化しても、§709の「権利侵害」といえないから、不法行為とはならないとした（大判T3・7・4刑録20-1360）。しかし、§709の「権利」を、法律上の「〇〇権」という名称のある権利に限ると、社会通念上明らかに違法とみるべき行為であっても不法行為とならない可能性

が出てくる。そこで、判例も、大学湯事件——大学湯という建物を賃借して、その名称で湯屋を営業してきた者が、賃貸借終了後に当該湯屋営業に伴って生じた「老舗」を他へ売却する機会を不当に喪失せしめられたとして、家主に対して損害賠償を請求した事件——において、原審が、「老舗」は権利ではないから不法行為は成立しないとしたのに対して、§709の「権利」は、そのように狭く理解すべきではなく、侵害に対して不法行為による救済を与える必要があると思われる「利益」を侵害すれば、不法行為が成立するとし（大判T14・11・28民集4-670）、ここに「権利」概念を広く理解する準則が判例上確立した。

② **違法性論（＋相関関係説）**　大学湯事件の大審院判決を支持する理論として、§709が「権利侵害」を要件に挙げたのは、それが違法な行為の最も大きな部分を占めているためであり、「権利侵害」とはいわば「違法性」の徴表であって、権利侵害がなくても違法に損害を与えれば不法行為が成立すると主張する違法性論が主張された（末川『権利侵害論』（昭和5年））。これは明文で「違法性」を要件に掲げるドイツ民法の影響を受けたものである。

そして次に、学説は、この説を前提に、違法性の判断基準として、次のようないわゆる相関関係説を主張した（我妻126頁）。即ち、違法かどうかは、被侵害利益における違法性の強弱と加害行為の態様における違法性の強弱との相関関係で判断される。例えば、既存の法律体系において絶対的な権利と認められるものを法規違反行為によって侵害するとき、違法性は最も強くなり、逆に、新たに生成しつつある権利を権利の行使によって侵害するときは、違法性は最も弱くなる。被侵害利益の強弱は、物権的または人格権的なものから債権的なものへ至る利益として順序づけられ、侵害行為の態様の強弱は、刑罰法規違反から取締法規違反を経て公序良俗違反へ至るものとして順序づけられる（加藤38頁同旨）。

③ **違法性論批判の登場**　以上の違法性論に対しては、以下のような批判がある（平井・理論377頁以下、平井21頁以下）。

　ⅰ　上記の相関関係説は、現実の判決例の姿を反映したものではなく、判例が相関関係説を一定の結論を導くために用いる例は極めて稀であ

ⅱ 違法性に言及する判決例は少なくないが、それは不法行為の成立を肯定しまたは否定するという最終判決の表現として用いられているにすぎず（「違法でないから不法行為は成立しない」というように）、違法性を客観的要件として位置づけ、主観的要件である過失と対比して用いているわけではない。

ⅲ 今日の過失概念は、行為義務違反というふうに客観的に理解されており、そこで既に侵害行為の態様も被侵害利益の種類も判断されており、相関関係説でいう違法性判断とほどんど同じ判断がなされており、そうすると、違法判断と過失の判断とは区別が困難になっているといえる。

ⅳ 「権利侵害」を「違法性」に置き換えて理解し、保護の対象を拡大した結果、「違法性」概念には不法行為成立の限定的機能を期待できなくなったといえ、むしろその機能は過失概念に移さざるをえない。

④ 私見　この問題は、不法行為成立の限定的機能を権利侵害＝違法性に期待するのか、それともそれ以外の要件に期待するのかという問題である。権利侵害を違法性として理解すると、ほとんどの権利に不法行為が成立するから、もはや違法性という要件によっては不法行為の成立を限定することは困難となったことは認めざるを得ないし、同時に今日では、過失概念は行為義務違反と理解されており、過失判断においてさまざまな要素が考慮されるから、不法行為成立の限定的機能の大部分を過失概念に期待することが適切となったことは確かである。このことを根拠に、平井教授は、不法行為の要件は故意・過失、損害の発生、因果関係の三要件であって、従来違法性の問題として扱われてきた問題は、過失か損害の発生かのどちらかの要件に吸収されるべきであって（平井25頁、41頁）、例えば、日照権侵害における受忍限度論などは、行為義務違反＝過失の成否にかかわるものとして位置づけるべきだとされる（平井47頁）。このように、違法性を過失の要件に一本化する考えを過失一元論という。これに対して、過失の判断を違法性判断に一本化する違法性一元論もある。一方、今日でも、不法行為上の救済を与えるのが妥当と認められる利益というほどの意味で、権利侵害または違法性要件を過失と並ぶ要件として残すべきだとする見解もある（幾代114頁）。

以上の三説のうち、故意・過失の判断をすべて違法性の判断に一本化して理解しようとする違法性一元論は、明文で違法性を掲げるドイツ民法においてならばいざ知らず、そのような明文をもたないわが国の民法の解釈としては、あまりに違法性という要件に大きな役割を期待している点で無理があろう（内田335頁）。結局、違法性判断を過失の判断に一本化する過失一元論か、違法性判断と過失判断とは今日ではある程度重複することを認めながらも、裁判例の現実からみて、権利侵害＝違法性要件を残すべきだという見解のどちらかが支持されるべきだということになるが、本書は後説に与したい。この点、内田教授も次のように指摘し、権利侵害（違法性）を過失と並ぶ要件として残すべきだとされる（内田335頁以下）。即ち、日照権の侵害においては、損害が生じていることは確かであるが、日照の遮断はある程度都市生活を営む上ではやむを得ない事態であって、これを従来受忍限度と呼んできた。平井説のように、受忍限度内と判断されるときは、そもそも加害者に行為義務が発生しない、従って過失はない、とすることも理論的には可能であるが、しかし、被侵害利益が法律上の保護に値するかどうかという評価は、まさに§709に「権利侵害」の要件が入れられた際に期待されていた役割であって、この種の事案に特有の判断を行う要件として、「権利侵害」（違法性）を特に問題とすることをあえて排除する必要もないとする。そして、用語の使い方としても、§709に明文のある「権利侵害」の方が、明文のない「違法性」よりも適当であるが、あまりこだわる必要もない、と。

(3) 権利侵害（違法性）の要件が意味をもつ事案

① **総　説**　他人を故意で殴り怪我をさせたり、他人の自動車を故意で毀損したり、また、過失で他人に自動車を衝突させ怪我をさせたというような事案では、特に権利侵害（違法性）の要件を問題とする必要はない。そのような行為自体が本来許されない行為だからである。これに対して、三階建の建物を築造した結果、隣家の日当たりが悪くなったというような場合は、隣家に損害を与えていることは確かであるが、建物を築造する行為そのものは許された行為である。そのような場合、いかなる結果を生じても不法行為とはならないとすることはできないが、逆に、隣家の日当たりが悪くなれば常に不法行為責任を負うとすることもできない。このようなケースで

は、どのような事情があるときに他人の権利を侵害したことになるか、違法と評価されるか、を問題とせざるをえない。以下では、権利侵害（違法性）を過失とならぶ独立の要件として取り上げる必要性を示す事案をいくつか紹介する。その際、被侵害利益にも、特に保護されなければならない重大なものから、必ずしもそうではないものまであり、被侵害利益が重大かどうかということが権利侵害（違法性）の有無の判断に影響することに注意しなければならない。既に述べた点であるが、被侵害利益の重大なものから順に挙げると、第一番目が生命・身体・自由、第二番目が所有権・担保物権などの物権、第三番目が債権という順になる。名誉・プライバシー、日照・通風・眺望を享受する利益は、歴史も浅く重大さの程度においては以上のものに劣る。

② 物　権　　物権に関して特に問題となるのは、不動産の二重売買である。Bが既にAから買い受けた不動産を、Bに登記がないことを知りながらCがAから買い受け、先に登記を具備した場合、§177の判例・通説の解釈によれば、Cは悪意でも所有権を取得できる。自由競争原理を主な理由とする。自由競争だから、CがBの所有権侵害を認識していても、Cの行為は特に違法ではないとみるのである。これに対して、§177の第三者は悪意であっては保護されないとする立場では、第三者に過失があれば、物権侵害による不法行為が成立するとされる（内田339頁）。自由競争原理は、どちらが先に不動産を買うかという段階において作用するものであって、既にBが買い受けた不動産を横取りして先に登記した者まで保護する原理ではないとするのである。通説は、登記を先にすれば勝つことは自由競争原理によって保障されているとするが、それはあくまで民法が登記を対抗要件とする建前をとっている結果にすぎないのであって、自由競争原理が元来そこまでの保障を含んでいるわけではないというのである。さらに、§177の第三者は悪意でも保護されるという立場に立ちながら、所有権の帰属と不法行為の成否とは別だとし、CはBの不動産所有権という重大な利益を侵害している以上、悪意のCは所有権は取得するが不法行為責任は負うとする見解もある（平井42頁）。登記を対抗要件とする法制度の下において、第二譲受人の行為は第一譲受人の所有権を侵害する行為かどうか、つまり違法かどうかという問題である。

さらに、物権侵害の例としては、抵当権侵害が不法行為を構成するかどうかが争われるが、これは、抵当物が毀損されてもなお被担保債権額を担保する価値が残っていれば、抵当権者は債権の回収に困らないこと、また、抵当権には物上代位制度があり、抵当権設定者が不法行為者に対して取得する損害賠償請求権に対し、抵当権者は物上代位権を取得することなどから問題となる点である。この点は、拙著『担保法の理論と実際』で詳論した。

③ 債　権　　債権侵害が不法行為を構成することについては、今日では異論がない。債権も物権と同様、権利として法的に保障された財産権である以上、その侵害に対して保護を与えなければ、権利として保障した意味がなくなってしまうからである。不可侵性は権利一般に共通するものであり、相対権である債権にも認められる性質だといえる（大判T４・３・10刑録21－279）。

しかし、不法行為の成立要件に関して物権侵害とはかなり異なる。債権はその存在を外部から認識しづらい、債権には排他性がなく複数の同一内容の債権の同時併存が可能である、債権の実現は債務者の意思に依存する、といった債権の特殊性と自由競争原理がかかわるためである。債権侵害が不法行為を構成する要件については、学説の対立が激しく、今日では流動的であるが、ただ共通して言えることは、以上述べた債権の特殊性と自由競争原理に照らし、単なる過失では不法行為は成立しないとされるケースがあるなど、特に強い違法性が必要とされている点である。例えば、ある会社の社員を引き抜いてその会社に損害を与えた場合、社員が会社を辞めることについては、その社員の自由意思が介在しているし、転職の自由は憲法§22で保障されていることを考えると、単なる転職の勧誘を超えて社会的相当性を逸脱した引き抜き行為があった場合にのみ権利侵害（違法性）が肯定され、不法行為を成立させるとみなければならない（詳細は拙著『現代民法コンメンタール４・債権総論』65頁以下参照）。

④ 生活妨害　　生活妨害とは、英語のニューサンス（nuisance）、ドイツ語のインミッシオーン（Immission）に相当する概念で、騒音・震動、粉塵、煤煙、排気、廃汚水、日照・通風妨害、電波障害など、周囲の人々の生活に様々な妨害や悪影響を与える行為のことである。この生活妨害型不法

行為において特徴的なのは、侵害行為が適法で社会的に有用な行為であって、被害者も社会における共同生活者としてある程度の被害を甘受しなければならないということである。共同生活を営んでいる以上、生活の中で一定程度他人に迷惑をかけることは致し方ないことであって、少しでも迷惑をかければ賠償責任が発生すると考えることはできない一方で、どんな迷惑に対しても被害者は我慢しなければならないというのも、これまた行き過ぎなのである。この種の不法行為のリーディングケースとなったのは信玄公旗掛松事件である。これは、付近を走る国鉄の汽車の煤煙によって信玄公が旗を掛けたといわれる由緒ある松が枯死したために、松の所有者が国を相手に損害賠償請求をしたという事件である。大判Ｔ８・３・３民録25－356は、権利の行使は法律で認められた適当な範囲内でしなければならず、適当な範囲を超えると、権利の濫用となり不法行為責任が生じ、適当な範囲とは、社会的共同生活の必要から考えて、社会観念上被害者において認容すべきものと一般に認められる程度をいうと判示した。今日のいわゆる受忍限度論の基礎となった判決である。受忍限度論とは、被害が社会生活上一般的に被害者において認容するのを相当とする程度、即ち、受認限度を超えたと認められるときでなければ不法行為は成立しないとする理論で、その判断にあたっては、侵害の程度、侵害行為の態様、地域が商業地域かどうか、行為が建築基準法などの法令に違反するかどうか、侵害者の防止措置の有無等が考慮される。受忍限度論は、今日では、煤煙や騒音などによる積極的生活妨害のみならず、日照・通風の遮断のような消極的生活妨害についても適用されるに至っている。最判Ｓ47・6・27民録26－5－1067は、日照侵害について次のように判示している。

「日照・通風を妨げた場合は、もとより、それだけでただちに不法行為が成立するものではない。しかし、すべての権利の行使は、その態様ないし結果において、社会観念上妥当と認められる範囲内でこれをなすことを要するのであって、権利者の行為が社会的妥当性を欠き、これによって生じた損害が、社会生活上一般的に被害者において忍容するを相当とする程度を越えたと認められるときは、その権利の行使は、社会観念上妥当な範囲を逸脱したものというべく、いわゆる権利の濫用にわたるものであって、違法性を帯

び、不法行為の責任を生ぜしめるものといわなければならない」。

　ところで、この受忍限度か否かの判断が不法行為のどの要件にかかわっているかについては、既に述べたように、争いがある。即ち、この判断を過失の成否（行為義務の程度）にかかわるものとして位置づけ、受忍限度を超えてはいないと判断されるときは、行為義務が発生せず、過失が否定されるとする見解もあるが、一般には、これは権利侵害（違法性）の要素として捉えられている。もっとも、実際の裁判例をみると、この判断は不法行為の成否に関する総合的判断の表現として位置づけることもできる（内田342頁）。

　なお、§709の「権利」を「法的名称の与えられた○○権利」を意味するというふうに狭く理解すると、「日照権」とか「眺望権」といった権利が法的に認められることが不法行為成立の大前提となってくるが、今日では、保護に値する生活利益であれば、不法行為による保護を与えるべきだと考えられていることは、既に述べたとおりである。

　日照権侵害などのケースでは、差止を求める訴訟も提起されることが多いが、差止請求が可能かどうかについては、「不法行為の効果」の箇所で後述する。

　⑤　**身分権**　　身分権とは、身分上の地位に基づいて与えられる権利をいい、これを侵害すれば不法行為となる。その典型が、配偶者の貞操に対する権利を第三者が侵害した場合であり、例えば、配偶者を強姦した者には不法行為が成立することについては異論がない。問題は、合意による不貞行為の相手方に不法行為が成立するかどうかである。現在の最高裁の立場は、次のとおりである。

　　　ⅰ　配偶者と肉体関係をもった第三者は、故意または過失がある限り、たとえ両名の関係が自然の愛情によって生じた場合でも、違法性を帯び、配偶者の一方に対して不法行為による損害賠償義務を負う。但し、不貞関係をもった配偶者と第三者が同棲するに至った結果、その配偶者の子が日常生活において父親から愛情をそそがれ、その監護、教育を受けることができなくなったとしても、父親がその子に対し愛情をそそぎ、監護、教育を行うことは、他の女性と同棲するかどうかにかかわりなく、父親自らの意思によって行うことができるから不貞行為と結果との間に相当因果関係を欠き、

不貞行為を行った第三者は、子に対しては不法行為責任を負わない（最判 S 54・3・30民集33－2－303）。

　　　ⅱ　婚姻関係が既に破綻していた夫婦の一方と肉体関係をもった第三者には、婚姻共同生活の平和の維持という権利または法的保護に値する利益が存在せずこれに対する侵害がない以上、特段の事情がない限り、不法行為は成立しない（最判 H 8・3・26民集50－4－993）。

　不貞行為の相手方に対して配偶者からの慰謝料請求を認めることについては、今日学説は揺れ動いている。肯定説は、家族的な愛情利益は法の保護に値すること、婚姻家族関係は尊重すべきこと、不貞の自由は認めるべきではないこと等を根拠とする。否定説は、夫婦相互間に人格的支配権を認めることへの疑問、いわゆる美人局（つつもたせ）を合法化するおそれがあること、既婚男性に対する強制認知の提訴を妨害するおそれがあること（あるいは、相手の女性から婚外子の養育費を請求された夫に加勢すべく、本妻が相手の女性に慰謝料を請求するなど）、ヨーロッパではこのような慰謝料請求権を現在では認めていない国が多いこと等を根拠とする。全面否定はしないまでも慰謝料請求権を制限する学説も存在し、①夫婦が事実上の離婚をしている場合には不法行為は成立しないとする見解、②婚姻関係が破綻している場合には成立しないとする見解、③第三者が他方配偶者を積極的に害しようとした場合に限り成立するとする見解、④暴力や強迫などの違法手段によって不貞行為を実行させた場合に限り成立するとする見解があり、上記最判のⅱは②説に従ったものである（以上、平成8年度重要判例解説77頁（水野）参照）。

　⑥　**名　誉**　§710や§723からも明らかなように、他人の名誉を侵害（毀損）すれば不法行為になる。もっとも、名誉も、社会から受ける客観的評価（社会的名誉）と、人が自分自身に対して有する主観的な評価（名誉感情）とに区別できる。いずれについても、これを侵害すれば不法行為が成立する。大阪高判 S 54・11・27判時961－83は、タクシーの乗客が運転手に「運転手は昔は駕篭かきやないか」などと20分あまりにわたって侮辱的発言を続けたというケースで、不法行為の成立を認めているが、これは名誉感情の侵害のケースである。但し、効果の面で、§723の「名誉を回復するに適当なる処分」（謝罪広告等）が認められるのは、社会的名誉が侵害された場合に

限られる。名誉回復処分をすることで、毀損された被害者の客観的な社会的評価自体を回復する必要があるからである（平井47頁、内田345頁）。同様の理由から、プライバシーの侵害についても、名誉回復処分は認められない。

　さて、社会的名誉の侵害が不法行為を構成するための要件については、名誉に対する個人の利益と表現の自由・報道の自由・知る権利（憲法§21）とが衝突する点をふまえなければならない。そして、名誉毀損行為についても、事実を摘示して行う場合と、論評（意見表明）によって行う場合とを区別して考える必要がある。

　　　ⅰ　事実の摘示による名誉毀損　　最判Ｓ41・6・23民集20－5－1118は、行為者が、(a)摘示事実が公共の利害に関しており、(b)もっぱら公益目的で行われ、(c)摘示事実の真実性を証明すれば、違法性を欠き、(d)真実であることが証明されなくても、行為者がそれを真実と信ずるについて相当の理由があるときは、故意もしくは過失の要件が欠ける、とする。

　　　ⅱ　論評（意見表明）による名誉毀損　　今日のマスメディアでは、事実の報道よりも論評、即ち、自己の意見や評価を発表することが多く、これも表現の自由（憲法§21）の保障に含まれる。これは、具体的事実を摘示したものではないから、上記ⅰの不法行為の成立要件（阻却事由）に関する基準は当てはまらない。この場合は、「公正な論評の法理」が妥当すると考えられている。即ち、最判Ｈ元・12・21民集43－12－2209は、公共の利害に関する事項についての意見表明が相手方の社会的評価を低下させたとしても、その目的が専ら公益を図るものであり、その前提としている事実が主要な点において真実であることの証明があったときは、人身攻撃に及ぶなど論評としての域を逸脱したものでない限り、違法性を欠き、不法行為は成立しないとする（平井50頁、内田346頁）。

　次に、死者の名誉を毀損する行為は不法行為を構成するか。刑法§230Ⅱによれば、摘示事実が虚偽の場合にのみ犯罪となるとされているが、民事上では、摘示事実が虚偽でなければならないと解すべき理由はない。東京高判Ｓ54・3・14判時918－21（落日もゆ事件）も、死者自身の名誉毀損が不法行為を構成する可能性、さらに、死者の名誉毀損を介して遺族の人格的利益（死者に対する敬愛追慕の情）を侵害するときは、一定の要件の下で、遺族に対

する不法行為が成立することも認めている（静岡地判Ｓ56・7・17判時1011－36、大阪地判Ｈ元・12・27判時1341－53は遺族に対する不法行為の成立を肯定した）。

　法人も名誉毀損により社会的評価が低下することはあるから、法人に対する名誉毀損が成立する。従って、§723の名誉回復処分が認められるが、法人には精神的苦痛がないので、慰謝料は認められない。但し、最判Ｓ39・1・28民集18－1－136は、法人にも無形の損害（非財産的損害）はありうるとして、無形の損害の賠償請求権を認めている。法人は取引界で一定の信用を得ており、一定の企業イメージを獲得しているが、これが侵害された損害は確かに存在するのであって、これを無形の損害と呼んだのである。なお、最近では、不正競争防止法§２Ⅰ①②が、競業関係が存在しないケースでも、法人の信用・企業イメージを保護するために拡大適用されるケースがある（東京地判Ｓ59・1・18判時1101－109）。

　なお、名誉毀損行為に対しては、差止請求の可否も問題となるが、後述する。

　　⑦　**プライバシー**　　プライバシーとは、私生活をみだりに公開されない権利といわれてきたが、最近の憲法学では、自己に関する情報をコントロールする権利として理解すべきだとする説が有力である。プライバシーの侵害は名誉毀損とは異なり、第一に、社会的評価の低下を要件とはしない。第二に、摘示事実が真実であることは不法行為の成立を阻却しない。もっとも、実際には、一つの侵害行為が両方の侵害にあたることがある。

　東京地判Ｓ39・9・28下民集15－9－2317（宴のあと事件）は、他人の夫婦生活をのぞき見したような小説の中の描写をプライバシー侵害だとした。また、最判Ｈ6・2・8民集48－2－149は、ノンフィクション作品の中で前科を公表された原告にプライバシー侵害を理由とする慰謝料請求権を認めた。このほか、国家権力による盗聴や無断の写真撮影などが、プライバシー侵害の例として考えられる。

　アメリカでは、公務員のプライバシーの侵害について、報道の自由、知る権利の観点から、現実の悪意の法理が確立している。即ち、公の人物については一定限度でプライバシーが放棄されたものとみて、公務員が公務に関係

する虚偽の誹毀的言説を理由に損害賠償を請求するには、その言説が現実の悪意をもってなされたこと、即ち、それが虚偽であることを知りつつ、または虚偽か否かについて顧慮しないでなされたことを、原告たる公務員の側で立証しなければならないという法理である。公務員に対する名誉毀損についても、この法理が妥当する。

　⑧　氏名権・肖像権　　氏名権とは、氏名を他人に冒用されない権利である。肖像権は、自己の肖像をみだりに他人によって撮影されたり、使用されたりしない権利である。もっとも、芸能人の場合は、この種の人格的利益の享受は一般人よりも制限されるし、また、芸能人の氏名や肖像が無断で使われた場合、人格的利益の侵害というよりも、芸能人の氏名・肖像が有する経済的利益が侵害されたものとみるべきである（東京高判Ｈ３・９・26判時1400－3。これはタレントの氏名・肖像が無断でカレンダーに使われ販売された事件）。従って、損害賠償額も慰謝料ではなく、無断使用による経済的利益の侵害という観点で算定されるから、通常の許可を得ていたとしたら支払われたであろう額の賠償となる（前掲東京高判）。

　なお、最判Ｓ63・2・16民集42－2－27は、在日韓国人が自らの氏名を正確に呼称される権利を主張し、その要求を無視して日本語読みしたＮＨＫを相手に、謝罪広告と慰謝料を求めた事件で、次のように判示し、被告の責任を否定した。

　「氏名は、社会的にみれば、個人を他人から識別し特定する機能を有するものであるが、同時に、その個人からみれば、人が個人として尊重される基礎であり、その個人の人格の象徴であって、人格権の一内容を構成するものというべきであるから、人は、他人からその氏名を正確に呼称されることについて、不法行為法上の保護を受けうる人格的な利益を有するものというべきである。」しかし、「不正確に呼称したすべての行為が違法性のあるものとして不法行為を構成するというべきではなく、むしろ、不正確に呼称した行為であっても、当該個人の明示的な意思に反してことさらに不正確な呼称をしたか、又は害意をもって不正確な呼称をしたなどの特段の事情がない限り、違法性のない行為として容認されるものというべきである。……社会的にある程度氏名の知れた外国人の氏名をテレビ放送などにおいて呼称する場

合には、民族語音によらない慣用的な方法が存在し、かつ、右の慣用的な方法が社会一般の認識として是認されたものであるときには、氏名の有する社会的な側面を重視し、我が国における大部分の視聴者の理解を容易にする目的で、右の慣用的な方法によって呼称することは、たとえ当該個人の明示的な意思に反したとしても、違法性のない行為として容認されるものというべきである。」

　この最高裁判決について、内田教授の次のような指摘が注目される。即ち、この事案は、日照権侵害などとともに、不法行為法上の被侵害利益がその性質上不法行為法上の利益として必ずしも十分に強固なものとはいえない人格的利益にまで拡大していることを示しており、「判決のいう『違法性』は、故意・過失と区別された要件としての違法性というより、不法行為の成否を決する総合判断を示す概念として用いられているが、本件のような人格的利益の侵害においては、侵害行為の態様や社会通念をも考慮に入れた総合的な判断で、不法行為の成否が決せられるわけである。被侵害利益の拡大が、不法行為の成立要件を、漫然一体となった総合判断に向かわせているひとつの象徴的事例といえよう」(内田350頁)。

　⑨　**営業権**　営業活動の妨害行為は、営業権の侵害として不法行為となる。この点、商人間の取引拒否ないし取引停止が違法性を帯びるには、市場における力関係に格差があり、取引拒否が相手にとって命取りになるような場合に限られる。なお、営業権の侵害については、主に独禁法や不正競争防止法などの経済法で取り締まられている。

　⑩　**不当訴訟**　最判Ｓ63・1・26民集42－1－1は、前訴で敗訴した原告を相手に、前訴の提起自体が不法行為にあたるとして、かかった弁護士費用および慰謝料を損害として賠償請求した事件で、訴えの提起が裁判制度の趣旨・目的に照らして著しく相当性を欠くときは、不法行為となることを理論上認めた。また、最判Ｓ43・12・24民集22－3413は、仮処分命令が出された後、異議手続でこれが取消されたり、本案訴訟で原告敗訴となった場合は、特段の事情がない限り、不法行為法上の過失が事実上推定されるとする。また、商法§109Ⅱは、合併無効の訴えを提起し敗訴した原告は、悪意または重過失があるときは、会社に対する損害賠償責任を負うと規定してい

る。

第6節　損害の発生

　損害の発生が不法行為の成立要件であることは、§709から明らかである。しかし、問題は、損害とは何かである。損害の意義については、§415の債務不履行についても問題となることはいうまでもないが、伝統的にドイツ民法学の差額説という考え方がとられてきた（幾代260頁など）。これは、不法行為がなかった場合とあった場合との利益状態の差が損害だとする考えである。判例も、損害とは、不法行為があった場合となかった場合との利益状態の差を金銭で表わしたものだという考えに従っている。例えば、最判Ｓ42・11・10民集21－9－2352は、交通事故で怪我をした者が従来どおり会社に勤務し収入の減少を生じなかったケースで、差額説に立ち、逸失利益はなく損害はないから、賠償請求はできないとした。しかし、学説は、収入の減少が生じなければ損害なしという判断は、不当だとするものが多い（四宮581頁、平井74頁以下、内田354頁など）。即ち、怪我をしたので会社を休んで収入減を生じた者は損害賠償請求できるが、無理をして出社して収入減を生じなかった者は損害賠償請求できないというのは、常識に反し明らかにアンバランスであるし、後遺傷害が生じているのに、現実の収入減のない無職者・主婦・幼児には「逸失利益」はないとするのは明らかにおかしいのである。また、怪我をして病院に行き治療してもらった者は治療費につき損害賠償請求できるが、病院に行かないで自然治癒の途を選んだ者は損害賠償請求できない、というのもおかしい。そこで、この批判を意識してか、最判Ｓ56・12・22民集35－9－1350は、「かりに交通事故の被害者が事故に起因する後遺症のために身体的機能の一部を喪失したこと自体を損害と観念することができるとしても、その後遺症の程度が比較的軽微であって、しかも被害者が従事する職業の性質からみて現在又は将来における収入の減少も認められないという場合においては、特段の事情のない限り、労働能力の一部喪失を理由とする財産上の損害を認める余地はないというべきである」と述べて、一歩前進する姿勢を示している。また、最判Ｓ49・7・19民集28－872は、被害者が7

歳の女児のケースで、原審が、女子平均初婚年齢の25歳で結婚することを前提に、結婚後には逸失利益はないとしたのを破棄し、結婚後の家事労働についても女子雇用労働者の平均賃金に相当する財産上の収益をあげるものと推定すべきだとし、平均的労働不能年齢に達するまでの家事労働を算入している。

　このように考えると、損害とは、不法行為によって生じた個々の不利益な事実そのものを指すと解する必要がある（損害事実説）。そもそもドイツ民法学の差額説は、差額は全部賠償すべきだとするドイツ民法の完全賠償主義の表現であり、かつ、ドイツ民法では精神的損害の賠償が認められていないことの反映であって、わが国の民法では、伝統的に相当因果関係論の下で制限賠償主義がとられてきているし、精神的損害の賠償も明文で認められているのであるから（§710。差額説の考えは精神的損害には当てはまらず、差額説では精神的損害の賠償を認めにくい）、差額説をわが国の民法解釈に導入すること自体に無理がある（平井74頁、同・債権総論（第2版）67頁、内田・民法II 141頁）。

　損害事実説では、個々の不利益な事実そのものが損害であって、それを金銭的にいくらで評価するかは、損害概念とは切り離されなければならない。例えば、不法行為によって小指を怪我した場合（内田352頁の例）、損害事実説では、小指の怪我が仕事に影響しない人にとっても、ピアニストのように大きな影響を受ける人にとっても、小指の怪我自体が損害である。判例には、交通事故で脾臓を失った九州大学歯学部の学生について、その後の研究医としての収入に影響がなかった場合でも、15％の労働能力喪失率を肯定した例がある（福岡地判H4・5・29判時1449-120）。

　ところで、損害の概念を個々の不利益な事実そのものとした場合、前述した「権利侵害」と同義になってしまい、「権利侵害」と区別して損害の要件を掲げる意味は乏しいのではないかという疑問を生じる。しかし、金銭的評価をしたが、金額がゼロと評価されれば、「損害要件を欠く」ということになるから、権利侵害とは区別して損害の要件を掲げる意味はないわけではない（内田355頁）。

　なお、賠償されるべき損害を画定するという意図のもとに、損害の種類と

して、財産的損害と精神的損害、積極的損害と消極的損害が挙げられるのが一般である。財産的損害とは、被害者が受けた不利益が財産的・経済的なものであるという場合である。財産的損害には、被害者に現存した財産的利益が減少したという積極的損害と、不法行為がなければ得られたであろう利益（得べかりし利益）を得られなかったという消極的損害とがある。精神的損害とは、被害者が感じた苦痛・不快感のことである。しかし、わが国の民法の解釈として、積極的損害のみならず、消極的損害も賠償されるべき損害に含まれることに異論がないし、また、精神的損害の賠償（慰謝料）も常に認められているので（§710）、上記のような意味を込めて損害の種類としてこれらを掲げる意味は乏しいであろう（平井77頁以下）。

第7節　因果関係

(1)　**相当因果関係説批判**　因果関係の要件は、被害者に生じた損害を加害者に帰責せしめる機能を営む。例えば、Aの行為によってBが怪我をし、仕事ができなくなり、そのために収入が減り家族が路頭に迷ったとする。Aの行為がなければBは怪我をしなかったであろうという関係、さらに、Aの行為がなければBの収入の減少もなかったし、家族も路頭に迷うことはなかったであろうという関係が因果関係である、と一応言うことができる。ところで、この場合、Bの怪我の結果、収入が減り家族が路頭に迷い、そのために子供が進学できなくなったり、さまざまな損害が発生することが予想されるが、それらの全損害をAに賠償させるわけにはいかない。損害というのは無限に広がるから、およそ発生した損害のすべてを加害者に賠償させるというのは加害者に酷だからである。そこで、従来の通説（我妻154頁、加藤154頁）判例は、最初から因果関係に絞りをかけた。つまり、加害行為によって生じた結果のすべてを加害者に帰責させるのを回避するために、因果関係とは相当因果関係を意味するものと理解した。即ち、その行為からその結果が通常生ずべきものと考えられる場合にのみ因果関係があり、もし、その結果が通常の場合ならば生ぜず特別の事情によって生じた場合は、行為者においてその事情を予見しえた場合にのみ因果関係は肯定されるとするのである。

このような相当因果関係の考え方は、§416に規定されており、この規定は不法行為にも類推適用されるというのである（富喜丸事件に関する大連判T15・5・22民集5－386、最判S48・6・7民集27－6－681、同S49・4・25民集28－3－447）。

しかし、このような相当因果関係説には、次のような重大な疑問がある。

第一に、相当因果関係という概念は、発生した全損害を賠償させようとするドイツ民法の完全賠償主義の下で、あまりにも広がりすぎる賠償責任に一定の絞りをかけるために提唱された概念であって、イギリス判例法に淵源し、かつ、その文言からみても、明らかに予見可能な損害に賠償責任を限定しようとする制限賠償主義を採用するわが国民法§416の解釈に、この概念をもち込むことは整合性を欠き不当である（平井・理論31頁以下、146頁以下、四宮407頁など）。

第二に、§416は予見可能であったかどうかという基準を規定しているが、突発的に発生する不法行為において、同条を類推適用して予見可能であったかどうかを基準として採用することは適切ではない。

要するに、上記の相当因果関係説は、行為と結果との間に因果関係はあるかという不法行為の成立要件としての因果関係と、発生した損害のどこまでを加害者は賠償しなければならないかという、損害賠償の範囲としての因果関係とを区別せず、性質の異なるこの二つの判断に相当因果関係という同一の概念を適用する過ちを犯しているが、前者は事実的判断、後者は規範的判断であるから、両者は区別されなければならないということである（平井109頁）。即ち、上記の例でいえば、Bの怪我とAの行為との間に因果関係はあるかという問題と、AはBおよびBの家族に発生した損害のどこまでを賠償しなければならないかという問題とは区別されなければならず（但し、Bの家族が受けた損害も損害賠償の範囲の問題ではあるが、誰が損害賠償請求権を取得できるかという問題でもあり、今日では、いわゆる間接被害者の問題として処理されていることは、後述するとおりである）、前者を事実的因果関係、後者を損害賠償の範囲の問題として扱うのが妥当である。今日では、基本的にこのような考え方が支配的であり（幾代111頁以下、四宮403頁以下、森島305頁以下、内田360頁など）、下級審判決にも事実的因果関係の語がしばしば登場す

る（富山地判Ｓ46・6・30下民集22－5＝6別冊1、前橋地高崎支判Ｓ51・5・24判時846－97）。これを強いて§709の文言との関係でいえば、同条の最初の「故意又は過失に因りて」は、事実的因果関係を指し、後の「之に因りて生じたる」は、実質的に後者の因果関係を指しているということになろうか（四宮404頁）。事実的因果関係が否定されれば、損害賠償の全面否定をもたらすが、後者の因果関係の存否は、損害の種類ごとに検討すべき事柄である。

　このように、不法行為の成立要件としての因果関係とは、事実的因果関係のことであるが、事実的因果関係は、「これなければあれなし」という関係（コンディティオ（conditio）公式）があれば原則として肯定される。

　ところが、損害を惹起しうる原因が複数競合する場合、即ち原因競合の場合には、事実的因果関係の認定に困難を生ずる。以下では、この点についての主要な問題を検討する（この問題は、四宮418頁以下、平井84頁以下に詳しい）。

　第一に、例えば、Ａ工場とＢ工場から排出される有毒物質が近隣に被害をもたらしたが、それぞれ単独でも当該被害をもたらすに足りると認められる場合（ＡＢは単独でも損害を生じさせたと認定できる場合＝重畳的競合）、コンディティオ公式の下では、Ａがなくても、また、Ｂがなくても、結果が発生するから、ＡＢともに事実的因果関係が否定されるとするのが論理的である。しかし、ＡＢは単独でも損害を発生させえた以上、偶然に生じた競合を理由に因果関係を否定するのは不当であり、コンディティオ公式の「例外」として扱い、ＡもＢも損害に対して因果関係を肯定すべきである（因果関係を肯定する点で異論なし）。

　第二に、ＡＢ単独では損害を生じさせることはないが、両者が合わさることではじめて損害を生じさせた場合、即ち必要的競合である。この場合、Ｂという原因は、自然現象であったり、被害者の体質的素因などであったりする。判例にはこの種の事案が多く、例えば、東京地判Ｓ46・11・30判時657－69は、頭部打撲を受けて被害者が脳卒中となったが、実は被害者が以前から動脈硬化高血圧症であったこともそれを引き起こした原因だったというケースで、頭部打撲という行為の損害に対する寄与度を5割と認め、その

限度で損害賠償を命じた。また、東京高判Ｓ50・3・31判時781－76は、交通事故による傷害のための長期の臥床により少年期にかかっていた骨髄炎が再発したケースで、損害の公平な負担という見地から、再発した骨髄炎に基づく全損害を加害者に負わせるのは不当だとして、骨髄炎に対する交通事故の寄与度を5割と認め、その限度での賠償責任を認めた。これがいわゆる割合的因果関係論といわれるものである。発生した損害に他の原因が競合しており、全損害につき被告に責任を負わせるのは酷であることから生み出された理論である。しかし、因果関係は「あるかないか」の二者択一的判断であるから、この理論はおかしいし（平井85頁）、現在の下級審では、割合的因果関係論による処理が確立しているが、比較法的にみても根拠が乏しく、また被害者の素因の寄与度を割り出す根拠について、判例は「公平な損害の負担」と述べるのみで、何ら法律的な根拠を示していないとして、このような場合、発生した損害に対する事実的因果関係を肯定した上で（まさに「あれなければこれなし」という関係が認められるから、コンディティオ公式通りである）、被害者の素因などの他の原因は、損害の金銭的評価の問題として処理することで公平を図るべきだとするのが有力である（平井85頁）。

　第三に、例えば、Ａが飼犬に致死量の毒を与え死なないうちにＢが犬を射殺した場合のように、現実に結果を惹起した原因（現実的原因＝Ｂの射殺）と、もし現実的原因がなかったと仮定したら同種の結果を惹起したであろう原因（仮定的原因＝Ａの投毒）とが競合する場合、現実的原因を与えた者は、自己の行為がなくても、仮定的原因から同じような結果が生じたであろうということによって責任を負わないでよいのか、また、仮定的原因を与えた者は結果について責任を負わなくてよいのか、が問題となる。

　まず、現実的原因を与えた者（犬を射殺したＢ）の責任であるが、彼の行為と結果との間に因果関係があることは明らかであり、このことは、仮定的原因からも同じ結果が生じえたであろうということによって変更を受けるいわれはない。但し、Ｂの射殺という行為は、既にその時点で毒を盛られその限度で減少している価値についての賠償責任にとどまる（四宮428頁）。これに対して、仮定的原因を与えた者の責任であるが、仮定的原因によって既に結果発生の可能性があった以上、前記第一の場合（重畳的競合の場合）に類

似するとして、この者も現実的原因を与えた者と同様に全部賠償の責任を負うべきだとする見解もあるが、一般には仮定的原因と結果（犬の死）との間には因果関係の「断絶」があり（但し、毒を与えること自体が傷害であり、傷害との間には因果関係がある）、事実的因果関係は否定されている（幾代118頁、四宮425頁）。従って、例えば、Ａが時限発火装置をしかけておいた建物が発火前に落雷で焼失していたような場合、誰も責任を負わないことになる。なお、平井教授は、仮定的因果関係の問題は、損害の金銭的評価の問題として処理すれば足り、これを論議する理論的意味に乏しいとしている（平井・理論441頁）。

　最後に、因果関係の中断という概念がある。これは、加害行為と結果の発生との間に第三者または被害者の自由な意思行為が介入し、それが結果の発生を決定的なものとした場合に、因果関係は中断したとして、因果関係の存在を否定する考えである。しかし、事実的因果関係は規範的判断ではなく、そこに責任制限的要請が入り込む余地はなく、「あれなければこれなし」という事実的判断であるから、このような理論は不当である（四宮428頁）。従って、既に述べたように、例えば、交通事故の被害者が入院し病院で医療過誤により死亡した場合、交通事故の加害者の行為と死亡との間には事実的因果関係は肯定されなければならず（平井87頁）、後は交通事故を起こした者の保護義務が病院での死亡についてまで及ぶかどうかの問題にすぎない。また、いじめにあった被害者がこれを苦に自殺した場合も、「当該具体的事実関係の下でそのような損害を生じる行為を選択するしかなかったという関係が認められれば」（平井87頁）、いじめと自殺との間に事実的因果関係を肯定してさしつかえなく、後は自殺による死亡が保護範囲に含まれるかどうかを判断すれば足りる。

　以上からみて分かるように、他の原因が競合する場合であっても、また、第三者・被害者の行為が介入する場合であっても、事実的因果関係は基本的に「あれなければこれなし」の公式によって判断されるべきもので、責任制限的要請は保護範囲の問題として考慮すれば足りるということである。

(2) **事実的因果関係の立証とその負担の軽減**　事実的因果関係は事実認定の問題であって、損害賠償の範囲に関する規範的判断とは異なり、立証責

任の観念が妥当するし、法律問題ではない（従って、上告理由が違ってくる。民事訴訟法§394参照）。但し、事実的因果関係も法律上の概念であるから（法的因果関係）、そこには責任を負わせるべきかどうかという規範的法律的な判断は入ってこざるをえず、単なる自然科学的事実の問題ではない（平井84頁）。

事実的因果関係の立証の一般原則について、東大病院ルンバール・ショック事件（事案の内容は後述する）の最判Ｓ50・10・24民集29－9－1417は、次のように述べる。

「ⅰ　訴訟上の因果関係の立証は、一点の疑義も許されない自然科学的証明ではなく、ⅱ　経験則に照らして全証拠を総合検討し、特定の事実が結果発生を招来した関係を是認しうる高度の蓋然性を証明することであり、その判定は、ⅲ　通常人が疑いを差し挟まない程度に真実性の確信を持ちうるものであることを必要とし、かつ、それで足りるものである」。

既に述べたように、事実的因果関係の概念は、自然科学的事実の問題ではなく、帰責を問題とする法的因果関係をいうから、ⅰは当然のことである。またⅱから、主要事実のみならず間接事実からも経験則によって高度の蓋然性を証明することが許されることになる。ⅲは、合理的な疑いを入れない程度の証明が要求される刑事裁判よりも、証明度が低くてよいという民事裁判の基本原則を述べたものといえる。

ところで、事実的因果関係の立証責任は被害者にある。しかし、公害や医療過誤、食品被害などのケースでは、損害発生に至るプロセスも複雑であるうえに、被害者に専門知識がないし、また情報量も不足するため（被害者側の証拠窮乏）、因果関係の証明ができず、敗訴するということが予想される。そこで、前述した過失の立証責任の軽減の問題と同様、公平の見地から、事実的因果関係の立証の負担を軽減する工夫が判例・学説によって行われている。

① **一応の推定論**　一応の推定論とは、原告の立証する間接事実から経験則に基づいて因果関係を推認しうる場合において、被告がその推定を覆すだけの特段の事情の存在を反証しない限り因果関係の存在を認定するというものである（平井89頁）。これを採用した有名な判決は以下のとおりであ

る。

　(a)　新潟水俣病事件（新潟地判S46・9・29判時642-96）　これは、メチル水銀による中毒症状（いわゆる水俣病といわれるもの）が、被告の工場から排出された廃液に原因するかどうかの因果関係が争点となったものである。判決は、本来因果関係の立証対象は、ⅰ　疾患の発生と原因物質、ⅱ　汚染経路、ⅲ　原因物質の生成・排出（加害企業による原因物質の排出）であるが、不法行為制度の根幹をなしている衡平の見地から、ⅰ～ⅲのすべての立証を原告に求めるのは相当ではないとして、ⅰⅱが証明され、汚染源の追及が企業の門前にまで達したときは、企業側が自己の工場が原因物質を排出していないことを立証しない限り、因果関係の存在が事実上推認されるとした（門前理論とよばれる）。

　(b)　東大病院ルンバール・ショック事件（最判S50・10・24民集29-9-1417）　これは、化膿性髄膜炎に罹患した3歳の男児にルンバールと呼ばれる療法を実施したところ、間もなく患者がけいれん発作などを起こし、運動障害・発語障害・知能障害の後遺症が生じたという事件である。原審は、生じた症状には他の原因もありうるとしてルンバールとの因果関係を否定したが、最高裁は、特段の事情のない限り脳出血が髄膜炎に伴うものではなくルンバールによるものと認定すべきだとした。

　② **疫学的因果関係論**　産業公害において因果関係を立証するには、まず、ⅰ　原因物質を特定し、次いで、ⅱ　その原因物質が被告の行為に由来していることを立証しなければならない。ⅱの立証方法については、上記①(a)の判決が立証の負担の軽減を図った。四日市ぜんそく公害訴訟では、ある物質（硫黄酸化物）がぜんそくの原因物質であることをどうやって証明するかが争点となった（原因物質の特定に関する因果関係の立証）。津市四日市支判S47・7・24判時672-30は、そのために疫学的因果関係という概念を用いた。疫学的因果関係論とは、病理学的因果関係論に対する概念で、疫学によって明らかにされた、疫病と原因因子（原因物質そのものである必要はない）との因果関係をいう。判決は、次のような疫学的因果関係が認められるための四つの条件（疫学四原則）を挙げている。即ち、ⅰ　その因子は発病の一定期間前に作用するものであること（第一原則）、ⅱ　その因子の作用

する程度が著しければ著しいほど、その疫病にかかる率が高いこと（量と効果の関係——第二原則）、iii　その因子の分布消長によって、疫病の流行の特性が矛盾なく説明されること（消去の原則——第三原則）、iv　その因子が原因として作用するメカニズムが、生物学的に矛盾なく説明されること（第四原則）。

　疫学的因果関係概念は、イタイイタイ病訴訟の富山地判Ｓ46・6・30下民集22－5＝6別冊1が初めて採用したものである。上述の説明から分かるように、疫学的因果関係というのは、個々の被害者についての病理学的因果のメカニズムを問題とせず、集団現象全体の因果関係を問題とするものであって、前述した法的因果関係の認定に用いられる一方法であり、実はそれは因果関係の立証そのものであって、推定ではない。

　疫学的因果関係に類似する概念として、統計的因果関係がある。最判Ｓ44・2・6民集23－2－195は、水虫治療のために行われたレントゲン線照射と発ガンの因果関係について、レントゲン照射とガンの発生の間に統計上の因果関係があり、かつ、ガンが照射部分についてのみ発生したという事実が証明されれば、発ガンのメカニズムが証明されなくても、因果関係を認定してよいとした。

　③　因果関係の割合的認定論（確率的心証論）　因果関係の割合的認定論というのは、仮に80パーセントの確信に達したときに因果関係の存在の立証があるとした場合、70パーセントの心証しか得られなかった場合、本来なら立証なしとして因果関係不存在の認定がなされるはずであるが、公平の見地から、立証された70パーセントの限度で原告の請求額を認容するというものであり、東京地判Ｓ45・6・29判時615－38（倉田卓次裁判官）が採用したものである（このほか、水戸地判Ｓ50・12・8判タ336－312）。もっとも、これに対しては、裁判官は常に心証度を明らかにしなければならない不都合がある（四宮416頁）、何故に損害賠償請求の場合にだけ心証度に応じた因果関係の認定が可能なのか、心証度を表す数字の合理的根拠を示すことができないのではないか（平井90頁）、因果関係の割合的認定論の筋を通せば、仮に90パーセントの心証が得られた場合でも、損害賠償額は90パーセントの限度でしか認容されなくなるのではないか（内田363頁）、などの批判がある。かく

してこの理論は、実務上も学説上も支持されてはいない。もっとも、例えば、ある原子力施設で働く労働者がそうでない労働者よりも高い確率でガンになるとする統計があるとすると、原子力施設での労働がガン発生の原因となっている割合を、統計的な割合で認定するのは不合理ではないから、事実的因果関係の存在が統計学的に一定の確率で示せるようなケースでは、割合的認定論は妥当し得るのではないかとする見解もある（内田363頁）。

第8節　責任能力

(1)　**総　説**　未成年者で責任能力を欠く者（§712）、成年者・未成年を問わず精神障害に因り責任能力を欠く者（§713本文）は、たとえ不法行為を行っても損害賠償責任を負わず、その場合は、これら責任無能力者の監督義務者は、監督義務を怠らなかったことを証明しない限り、代わってその賠償責任を負う（§714）というのが、§712〜§714の定める内容である。§714の責任は、加害行為について監督義務者の故意・過失を要件とせず、監督について過失を要件とし、その挙証責任を転換しているから、中間責任を定めたものということになる。

§712、§713から明らかなように、責任能力を欠く者＝責任無能力者は不法行為責任を負わない。つまり、責任能力は不法行為の成立要件とされている。そして、§712、§713の規定上、責任能力は免責要件という規定の仕方がなされているから、責任能力の不存在の立証責任は加害者（被告）にある（抗弁事由）。

ところで、従来は、責任能力の要件は故意・過失の論理的前提として位置づけられ、故意・過失と関連づけて論じられた（加藤146頁、幾代50頁など）。従来のように、故意・過失を意思ないし心理状態と捉える主観的過失説では、過失は意思の緊張を欠いた心理状態とされ、過失責任も意思に基づく責任と捉えられるが、そのような責任を問うためには責任能力が不可欠だと考えられたのである。精神を緊張させる能力を欠く者に法律的な非難を加えることはできないことから、責任能力は故意・過失を問うための論理的前提として要求されると解されてきたのである（我妻103頁、加藤64頁）。しかし、

既に述べたように、今日の判例理論では、損害の発生を予見でき、それを回避すべき行為義務があったのに、それを怠ったというのが過失だと捉えられているから、たとえ精神を緊張させて注意深く行為する能力がなくても、過失の存在を肯定することは可能である。このような客観的過失説の下では、責任能力は論理的に要求される要件ではなく、あくまで本人保護という政策的見地から要求される要件にすぎないとみざるをえない。即ち、たとえ故意・過失があっても、責任能力を欠く者に賠償責任を負わせるのは酷であるという見地から、責任能力は要求されているのである（四宮380頁、森島135頁、平井91頁、内田366頁など）。このように考えると、「責任無能力者はおよそ不法行為責任を負わない」という命題は絶対的なものではないことになる。比較法的にみても、例えば、ドイツ民法§828は7歳未満の者は責任無能力者とし、7歳以上18歳未満の者は個々的に判断力の存否によって責任能力の有無を決するとした上で、同法§829は、これら責任無能力者も、公平の見地から損害賠償請求を負うべき場合があることを定めているし、フランス民法§489の2も、責任無能力者についても責任を認めている。「責任無能力者はおよそ不法行為責任を負わない」という命題は、このように比較法的にみても当然視されるものではないし、また、従来から、工作物責任（§717）については責任能力を不要とするのが通説であった（我妻118頁）。

(2) **責任能力の意義**　大判T6・4・30民録23－715（光清撃つぞ事件）は、「行為の責任を弁識するに足るべき知能」（§712）、即ち、責任能力とは、道徳上不正の行為であることを認識できる知能以上のもので、「加害行為の法律上の責任を弁識するに足るべき知能」だとしている。この判例が、責任能力の基準を道徳上の善悪の判断がつく年齢よりも高い年齢に設定しようとする意図を有していることは明らかであるが、ただ、道徳上の善悪の判断能力と法律上の責任の判断能力との違いといっても、あまりはっきりしたものではない（平井93頁、内田367頁）。というのは、「法律上の責任」として、どの程度の認識まで必要かについて明確でなく、もし法律上発生する責任の内容まで認識できる能力が必要だとする趣旨ならば、普通の大人でもそのような能力には欠けるからである。責任能力とは何かを抽象的に論じることは困難であるが、「違法性を認識して結果回避を決意する能力」（四宮380頁）

とでもいっておくしかなかろう。

　(3)　**未成年者**　§712は、①未成年者で、②責任弁識知能（責任能力）を欠く者を責任無能力者と定めている。②の点は、個々の未成年者につき個別・具体的に判定しなければならない。同じ年齢の未成年者でも、知能・環境等によって判断能力に差異があるし、また、加害行為の種類、故意か過失かなどによっても当然異なってくるからである。一応の年齢的な目安をいえば、判例上、11歳〜14歳くらいが責任能力の有無についての分岐点とされているようである（幾代51頁）。但し、判例は、被害者が監督義務者の責任（§714）を追及する場合と使用者責任（§715）を追及する場合とで、未成年者の責任能力の有無に関する判断基準を異ならしめている。即ち、前掲大判T6・4・30（光清撃つぞ事件）は、12歳7ヵ月の少年が友人である光清少年と遊戯中、射的銃の銃口を光清少年に向け引き金に触れ、顔に命中して左目を失明させ、加害者の少年の親に対して§714の責任を追及した事件で、前述したように、責任能力は道徳上の善悪の判断をする知能では足りず、法律上の責任を弁識する（高度の）知能が必要だと述べ、加害者の少年にはこのような責任能力が欠けるとして、この訴えを認めた。これに対して、大判T4・5・12民録21－692（豊太郎事件）は、11歳12ヵ月の少年豊太郎が、雇主のために商品を自転車で運ぶ途中被害者に衝突して負傷させ、被害者が雇主を相手に使用者責任（§715）を追及した事案で、少年豊太郎の責任能力を肯定して、使用者責任を認めた。この二つの事件では、12歳の少年の方は責任能力が否定され、それより年下の11歳の少年の方は責任能力が肯定されている。11歳の少年豊太郎は、既に仕事に就いている勤労少年であるから、責任能力が高いという見方もできないわけではなかろうが、判例は、そのような個別的能力の違いに着眼したのではない。未成年者の多くは賠償能力に乏しいので、被害者としては監督義務者か使用者に賠償請求していくしかないが、§714の監督義務者の責任は、未成年者が責任無能力者であることが要件となるのに対して、§715の使用者責任は、被用者自身について§709の不法行為が成立する必要があり、被用者である少年豊太郎自身が責任能力者であることが必要とされることから、判例は、この二つの事件において、被害者保護の見地から、責任能力の認定について人為的な操作を加えたとみられるの

である。もっとも、今日の判例は、後述するように、未成年者が責任能力者であっても、被害者は監督義務者の賠償責任を追及できるとしているから（最判S49・3・22民集28-2-347）、監督義務者の責任を追及するにあたって、当該未成年者が責任能力者であったかどうかという点は、さほど重要な問題ではなくなったといえる（平井94頁）。

(4) **精神障害者** 精神上の障害により責任能力を欠く状態にある間に他人に損害を加えても、賠償責任を負わない（§713本文）。但し、故意または過失で一時的にそのような状態を招いたときは、免責されない（同条但書）。これは、いわゆる原因において自由な行為の理論に基くものである。なお、本条但書に該当する事実の立証責任は、被害者側にある（通説）。

第9節　不法行為成立阻却事由

(1) **責任能力**　前述したように、§712、§713から、責任能力の存在が不法行為の成立要件であることは明らかである。そして、これらの規定上、責任能力は免責要件という規定の仕方がなされているから、責任能力の不存在の立証責任は加害者（被告）にある（抗弁事由）。

(2) **正当防衛**　§720Ⅰは、他人の不法行為に対し自己または第三者の権利を防衛するためやむを得ずして加害行為をなした者は損害賠償責任を負わず（本文）、他人の不法行為に対する正当防衛として第三者に対し加害行為が行われた場合には、その第三者は当初の不法行為者に対して損害賠償を請求できる（但書）と規定する。正当防衛が緊急避難などともに不法行為成立阻却事由であることは、既に述べたとおりである。即ち、正当防衛・緊急避難は、従来、主観的要件たる故意・過失と対立する違法性阻却事由という客観的要件として位置づけられてきたが、過失は今日ではもはや主観的要件ではないから、正当防衛・緊急避難を主観的要件に対立する客観的要件として位置づけることは適当ではなく、不法行為成立阻却事由として位置づけるべきである（平井91頁）。

さて、正当防衛は「他人の不法行為」に対して行われるが、「他人の不法行為」とは、その行為が外形的に違法であれば足り、故意・過失や責任能力

第2章 一般不法行為の要件　55

を具備することは不要と解されている。正当防衛のような緊急行為については、外形によって判断するのが妥当だからである。また、「他人の不法行為」に対する防衛行為として行われる加害行為は、「已むことを得ずして」行われる必要があるが、その意味は、①加害行為をする以外に適切な方法がないこと、②他人の不法行為によって侵害される法益と、それへの反撃である加害行為によって侵害される法益との間に「合理的均衡」が保たれていることであり、これらの要件を欠くときは過剰防衛となり不法行為が成立する（但し過失相殺）と解するのが通説である（幾代97頁）。もっとも、②については、反撃として行われた加害行為によって生じた法益侵害が、正当防衛の対象である不法行為者について生じた場合と、それ以外の第三者について生じた場合とを区別し、「合理的均衡」は、後者についてのみ要件となるにすぎないとする見解が有力である（平井96頁）。

　なお、民法上の正当防衛と刑法上の正当防衛（刑法§36）とでは、要件が同じではない。即ち、第一に、民法では、刑法におけるような「急迫」の侵害という要件は規定されていない。第二に、刑法では、防衛行為は侵害行為者に対して向けられたものでなければならないが、民法ではそうではなく、例えば、Aの侵害に対し防衛するためBに反撃を加える場合も正当防衛とされている。そしてその場合は、加害者はBに対し不法行為責任を負わず、AがBに対し不法行為責任を負うとされている（§720Ⅰ但書）。

　(3) 緊急避難　§720Ⅱは、他人の物から生じた急迫の危難を避けるためその物を毀損した場合に正当防衛に関する§720Ⅰを準用すると規定している。このような場合には緊急避難が成立し、その物を毀損しても不法行為責任は発生しない。緊急避難は、正当防衛と異なり、「他人の物からの危難」が存在しなければならない。当然、その物については所有者の存在が予定されている。即ち、危難原因物を毀損しても、その物の所有者に対して不法行為とはならないということである。危難を避けるために行われるべき行為は、その危難原因物を毀損した場合に限る。それは、嚙みついてきた犬を撲殺するといった場合であり、それを避けるために隣家の垣根を破壊して逃げ込むというのは、緊急避難ではない（但し、この場合、正当防衛が成立する場合が多かろう）。また、他人の物から生じた危難でなければならないから、洪

水などの自然現象による危難を避けるために他人の物を毀損することも認められない（刑法上の緊急避難（刑法§37）と異なる）。この点、大刑判Ｔ３・10・２刑録20－1764は、洪水のために危険に瀕した部落を救うために部落民が堤防をこわした行為につき、刑法上は緊急避難として無罪であるが、民法上の緊急避難とはならないとして、堤防管理者の損害賠償請求権を認めた。しかし、これに対しては、正当防衛と比較して権衡を失するし、§720Ⅰを「準用」する趣旨からいっても、このようなケースにも緊急避難に関する規定を類推適用すべきだとする見解が有力である（平井97頁など）。

なお、緊急避難についても、明文はないが、正当防衛と同様（§720Ⅰ）、「已むことを得ずして」なしたことを要すると解されている。即ち、他に適当な方法がないこと、法益の合理的均衡の要件であるが、ただ、正当防衛ほどこれらを厳格に解すべきではないとする見解もある。

(4) 被害者の承諾・正当業務行為・自力救済　これらも従来、正当防衛・緊急避難と並んで違法性阻却事由として位置づけられてきた。

　　(a) 被害者の承諾　明文規定はないが、事前に被害者の承諾があれば、不法行為は成立しない場合がある。事後の承諾は損害賠償請求権の放棄という効果しか生じない。事前に被害者の承諾があれば、常に不法行為が成立しないというわけではない。ヤクザの指つめなどのように、反社会的な承諾は不法行為の成立を阻却しない。また、手術のとき「いかなる事態が起きても法的責任を追及しない」等の条項に署名しても、その効力を認めることはできない。なお、被害者の承諾が過失相殺の理由となる場合があることはいうまでもない。

　　(b) 正当業務行為　法律で認められた権限内の行為を行い権利を侵害しても、正当業務行為として不法行為が成立しない（例えば、学校教育法§11が認める教員の懲戒行為、民法§822が認める親の懲戒権の行使、医師の医療行為など）。また、社会的に認められたスポーツに際して参加者の権利を侵害しても、ルールに従っている限り免責されるのも、このカテゴリーで理解できる。この場合、被害者の承諾で説明することも可能であるが、正当業務行為として捉えれば、いちいち被害者の承諾を問題としなくてすむ（内田376頁）。札幌高判Ｓ61・９・30判時1258－76は、スキーヤー同士の衝突事故に

関して、正当行為として違法性の阻却を肯定している。
　　(c)　自力救済　　自力救済とは、自己の権利の行使が他人によって妨げられているとき、実力で権利を実現することをいう。わが民法には規定がないが、権利の実現が国家の裁判機構を通じて実現される建前をとる近代国家の下では、権利はこの機構を通じて実現されるのを本則とするから、わが民法の下でも社会の平和を乱す自力救済は原則として禁止されなければならない。これを近代法における自力救済禁止の原則という。従って、自力救済は原則として違法な行為となり、これにより相手方に損害を与えた場合には不法行為（§709）が成立し損害賠償義務を発生させる。但し、緊急の事情があって本来の国家機関の助力を求めることができず、後にこれを求めたのでは権利の実現が不可能または著しく困難となる場合には、権利の法的保障を無意味にしないために、権利行使のためにとる手段が緊急の危険を防止するのに必要な限度を超えない範囲内で、例外的に自力救済も許され、不法行為の成立を阻却する（最判Ｓ40・12・7民集19－9－2101（但し抽象論））。

(5)　体系的位置づけ　　従来は責任能力は故意・過失との関連で位置づけられたが（加藤146頁、幾代50頁）、これは、故意・過失を意思ないし心理状態と捉える立場を前提に、意思に基づく責任を問うには、その論理的前提として責任能力を必要とすると考えていたためである。しかし、過失は、今日では行為義務違反と捉えられており、責任能力を従来のように位置づけることは適さなくなったので、故意・過失と切り離し、不法行為成立阻却事由として位置づけるのが妥当である（平井91頁）。

　正当防衛・緊急避難は、従来、主観的要件たる故意・過失と対立する違法性阻却事由という客観的要件として位置づけられてきたが、過失は今日ではもはや主観的要件ではないから、正当防衛・緊急避難を主観的要件に対立する客観的要件として位置づけることは適当ではなく、これも不法行為成立阻却事由として位置づけるべきである（平井91頁）。被害者の承諾、自力救済等も、従来の通説は正当防衛等と並ぶ違法性阻却事由として位置づけてきたが（加藤137頁、幾代100頁、四宮371頁）、これも不法行為成立阻却事由として位置づけておけば十分である（但し、平井97頁は、被害者の承諾、自力救済を特に不法行為成立阻却事由として挙げる必要はなく、責任能力の欠如、正当防衛、

緊急避難のみを不法行為成立阻却事由として挙げれば足りるとしている）。

　上記のものを不法行為成立阻却事由として統一的に位置づけるのは、立証責任の負担が加害者（被告）に課される点と、不法行為の成立を妨げる事由である点で共通しているからである（平井92頁）。

第3章　不法行為の効果

1　総　　説

(1) 原　　則——損害賠償・金銭賠償の原則　　不法行為の効果は、原則として損害賠償であり（§709）、賠償の方法は、別段の意思表示がなければ金銭賠償である（§722Ⅰによる§417の準用）。賠償の方法として、債務不履行と同様、（原状回復ではなく）金銭賠償としたのは、その便宜性を考慮してのことである。別段の意思表示があればそれに従うが、通常、不法行為では、予めそのような意思表示がなされることはないであろう。なお、債務不履行責任と不法行為責任とが競合する場合、債務不履行責任に関してなされた別段の意思表示は、不法行為責任においても妥当する場合がある（四宮472頁、平井99頁）。

損害賠償の方法は金銭賠償によるから、判決主文は「金○○円を支払え」となる。しかし、「金○○円」が損害なのではなく、それは損害を金銭的に評価したものにすぎない（損害の金銭的評価）。

ところで、金銭賠償の原則をとる場合でも、支払方法につき、免失利益・扶養利益喪失といった将来発生する損害を現時点で評価して一時に賠償させる一時金賠償方式と、将来発生する損害についてはそれが発生する各時期の経過ごとに定期金の形で賠償させる定期金賠償方式とがある。自動車事故について後者の賠償方式が主張され（倉田・課題104頁）、これを採用した下級審判決もある（名古屋地判Ｓ47・11・29判時696-205など）。定期金賠償方式には、平均余命といった統計数字によらないでよいこと（賠償額を実損害に近づけることが可能）、後遺症などの事後的変化に対応できること、インフレ等による目減りがないこと、一括払いでないから被告にとって支払いが容易であること、などのメリットがあるが、支払いが長期に及ぶため支払いの確実性に不安があり、かつ、請求するたびに不快感を感じること、などのデメリットがある。最判Ｓ62・2・6判時1232-100は、当事者の申立がなければ

定期金賠償を認めていない。現在の実務も一時金賠償方式によっている。

(2) 例外——原状回復・差止

① 特則　§722Ⅰは、損害賠償の方法として金銭賠償を原則としているが、§723は、名誉毀損による不法行為については、被害者は、損害賠償に代えまたは損害賠償とともに名誉を回復するのに適当な処分（名誉回復処分）を求めることができるとして、その例外を定めている。名誉毀損についてこのような例外を定めた理由は、第一に、金銭賠償だけでは侵害された名誉の回復は望めないこと、第二に、名誉回復処分によって低下した名誉を回復することが可能であることである。

§723が適用される要件は、以下のとおりである。

第一に、いわゆる社会的（客観的）名誉が毀損された場合に限られ、名誉感情（主観的名誉）が毀損された場合には適用されない（最判Ｓ45・12・18民集24-13-2151）。名誉回復処分によって回復されるのは、低下した被害者の社会的評価だからである。同様に、プライバシー権の侵害についても、同条は適用されない。

第二に、社会的名誉の低下が現に継続していなければならず、既にそれが回復している場合には適用されない。例えば、容疑者として報道された者につき冤罪であることが広く知られるようになった場合などである（千葉地判Ｓ46・8・4判時660-74）。

第三に、名誉回復処分を命ずる必要性が存在しなければならない。従って、名誉毀損の程度が軽微である場合は、その必要性を欠き、同条は適用されない。

第四に、§723の文言上は「被害者の請求」を要件としているが、これは民事訴訟の一般原則からみても当然の要件である。

以上の要件を充たすとき、名誉回復処分が代替執行（民法§414ⅡⅢ、民事執行法§171Ⅰ）または間接強制（同法§172Ⅰ）によって認められるが、名誉回復処分として通常とられる方法は、新聞紙上に謝罪文を広告する方法である。それは、「○○の記事は真相に相違しており、貴下の名誉を傷つけご迷惑をおかけしました。ここに陳謝の意を表します」というものである。これは、謝罪を意に反して強制するわけであるから、憲法§19の良心の自由を侵

害するのではないかが問題となるが、最判S31・7・4民集10－7－785は、「単に事態の真相を告白し、陳謝の意を表明するにとどまる程度のもの」であれば、良心の自由を侵害しないとした。学説は、違憲説（幾代290頁、平井104頁）、違憲とまではいえないとしても、社会的評価を回復するには取消ないし正誤の広告で十分であって、謝罪・陳謝まで要求するのは行き過ぎであるとする説（四宮473頁）に分かれる。日本独特の慣習ないし社会風土が絡む問題であるといえよう。このほか、名誉回復処分として、一定範囲内の人に対する陳謝文の交付（京都地判S45・8・27判時614－184）、名誉毀損の部分を含む碑文についてその部分の削除（大阪地判S41・6・21判タ295－142）、判決要旨の掲載（四宮473頁）などが許されると考えられる。これに対して、法廷内での謝罪を命ずることは良心の自由（憲法§19）に反し、強制執行として許されない（東京控判S7・7・15新聞3449－5）。また、最判S62・4・24民集41－3－490は、特定の政党を批判する反対政党の意見広告を新聞が掲載したので、批判された政党が名誉回復処分として反論文の掲載を新聞社に求めた事案で、これを否定した。

　特別法には原状回復を認めるもの（鉱業法§111Ⅱ但書・Ⅲ、不正競争防止法§1Ⅰ・§1の2Ⅲ、特許法§106、商標法§39、著作権法§115・§116、実用新案法§30、意匠法§41）、差止請求権を認めるものがある（不正競争防止法§1、§3、特許法§100、商標法§36、著作権法§112、実用新案法§27、意匠法§37等）。

②　解釈上の例外　発生した損害の賠償方法として、既に述べたように、民法は金銭で償うという道を選び、過去に発生した損害を除去し損害の存在しなかった状態を復元するという原状回復の道を認めなかった。はたして解釈上、不法行為の一般的効果として原状回復という損害賠償方法を認めることができるかが問題となる。大判T10・2・17民録27－321は、賃借人は不法占有者に対し損害賠償請求権に基づき引渡を請求できないとしていることから分かるように、判例は原状回復請求権を認めていない。§722Ⅰが§417を準用し明文をもって金銭賠償の原則を採用したことは、ドイツ民法§249がとる原状回復主義を否定する趣旨と解されるから、明文がない場合には損害賠償の方法としての原状回復は認められるべきではない（四宮475頁、平井105頁など通説）。

これに対して、将来において損害を生じさせるであろう原因となる行為を停止させる差止請求権は、不法行為の結果として§709は何らふれるところがないが（後述するように、否定も肯定もしていないとみるべきである）、日照権侵害や不法建築、あるいは名誉毀損において出版の事前差止という形で実務上認められているといえる（但し、不法行為の効果として差止請求が認められているという趣旨ではない）。差止請求権については、項を改めて論ずる。

　ところで、原状回復と差止とは、前者が損害の存在しなかった過去の状態を復元するのに対して、差止は将来に向かって損害の原因となる行為を停止させるという違いがあるが、例えば、汚水排出の結果残留した有害物質を除去させるような場合は、有害物質を除去すること自体が原状回復であると同時に、将来の損害の種を除去するという点で差止でもあるから、原状回復と差止とは、このように明確に区別できない場合もあるが（大塚直「生活妨害の差止に関する基礎的考察(1)～(8)」法協103巻4・6・8・11号、104巻2・9号、107巻3・4号）、差止が結果的に原状回復となることまで禁じられるわけではない（四宮476頁、平井108頁）。

2　差止請求権

(1)　公害・生活妨害・名誉侵害などの分野　§709は、不法行為の効果として差止請求権について何らふれるところがない。これを否定する趣旨と理解することもできるが、むしろ否定も肯定もしていないとみる方が素直である。差止が問題となるのは、損害の発生が将来確実に予測され、事後的救済では十分でないことが明らかな場合である。公害や生活妨害（有害物の放散や騒音などの積極的生活妨害、日照・通風の妨害などの消極的生活妨害）のほか、名誉・プライバシーなどの侵害において差止が問題となる。

　差止請求権については、これを認めるとしても、その法的根拠とその要件をどう考えるかは問題である。

　従来からも、物権的請求権を根拠に差止が認められ、これが不法行為の被害者の救済として役立ってきたことを認めなければならない。例えば、地下水のくみ上げによって井戸が枯れたというような場合、被害を受けた土地所有権者は物権的請求権としてその差止を請求できる。しかし、物権的請求権説では、所有権者の家族や対抗要件を具備しない不動産賃借人などは、差止

請求権による保護を受けることができないという限界がある。

　そこで、人格権、さらには環境権を根拠に、差止請求権を説く見解が登場する。人格権の内容が不明確であるとの批判もあるが、人格権とは身体・健康・自由・名誉などのような人間存在そのものにかかわる利益をいい（公害や生活妨害を生命・健康・環境といった人格的利益の侵害と捉える）、これに対する侵害は、その性質上、差止を認めなければ救済の実をあげられない場合がある。環境権なる概念は、一定の地域の多数の市民に対する一方方向の環境利益侵害の事象を、個々の財産権や個々人の人格権に対する侵害として捉えることは適切ではないという認識から提唱されたもので、環境権を良き環境を享受する一種の支配権として位置づける。

　公害や騒音・振動・日照侵害などの生活妨害に対しては、物権的請求権または人格権に基づいて差止を請求することが可能であり、物権的請求権と人格権のみで公害や生活妨害の分野には対処できる。また名誉やプライバシーなどの侵害に対しても、人格権に基づいて差止請求が認められることはいうまでもない。例えば、最大判Ｓ61・6・11民集40－4－872（北方ジャーナル事件）は、名誉毀損事件で、雑誌の事前の差止（雑誌の執行官保管と印刷・販売等を禁ずる仮処分）を認め、次のように判示している。「名誉を違法に侵害された者は、損害賠償（§710）又は名誉回復のための処分（§723）を求めることができるほか、人格権としての名誉権に基づき、加害者に対し、現に行われている侵害行為を排除し、又は将来生ずべき侵害を予防するため、侵害行為の差止めを求めることができる」。

　公害や生活妨害に対して差止を認めるか否かは、損害賠償請求を認めるか否かを判断するために用いられる受忍限度論によってその違法性の有無と程度を判断するが（基本的に損害賠償の判断と同じ）、ただ、損害賠償請求できるからといって差止請求できるとは限らず、差止請求権が認められるためには高度の違法性が必要と考える。例えば、最判Ｈ7・7・7民集49－7－2599（国道43号線公害事件）は、沿道住民に損害賠償請求権を認めたが、道路の公共性を理由に差止を認めるほどの違法性はないとしている。つまり、損害賠償請求の判断も差止請求の判断も、受忍限度かどうかという同じ判断枠組みで行われるが、その中身の判断として、差止請求の判断にあたって

は、差止を認めなければ事後的な金銭賠償では回復できないほどの損害が生ずるかどうかということが重視されるということであって、差止は事前に相手方の行動を禁止するもので、相手方の受けるダメージが大きいことを考えれば、その判断は慎重でなければならず、損害賠償請求の判断と違ってくるのは当然である。

(2) (1)以外の分野　名誉侵害や公害・生活妨害などの分野は、物権的請求権と人格権を根拠とするだけで十分カバーできるが、これ以外の分野（例えば下記の(a)(b)の分野）においては、物権的請求権と人格権だけではカバーできない場合が出てくるし、また、公害・生活妨害の分野においても、権利と認知されるに至るまでの過渡的な状況もないわけではない。即ち——

　(a)　大阪地堺支決Ｓ52・4・7判時861-54——Ａが小売商業調整特別措置法§3Ⅰ所定の知事の許可なくして、小売店舗の用に供する目的で、建物の一部を小売商たちに貸付けて、違法に大規模な市場を開設したために、近隣の小売商Ｂらの顧客が激減した場合で、本決定は、不法行為の効果として、仮処分としてではあるが、店舗の貸付け・譲渡・店舗での営業の差止を認めた。

　(b)　仙台高判Ｓ49・7・20判時768-80——Ａの雑誌の記事が正当な選挙運動を妨害するものである場合には、その侵害の対象が明確な権利として構成することができない場合でも、不法行為の効果として、一定の条件の下で侵害行為の差止を請求できるとした。

　下級審判決の中には、騒音や日照侵害、大気汚染などの分野で、不法行為の効果として差止請求権を認めた例もあるが（大阪地判Ｓ43・5・22判タ225-120、東京地判Ｓ43・9・10判タ227-88、名古屋地判Ｓ47・10・19判時683-21）、こういった分野については、既に述べたように、物権的請求権または人格権を根拠として差止という効果を認めるべきで、不法行為の効果として認めるべきではない（四宮478頁以下、平井107頁）。しかし、上記(a)(b)のような事例では、物権的請求権・人格権では差止を認めることができない。もっとも、(a)の事例では、不正競争防止法などの特別法に基づく差止請求権の解釈問題として対処が不可能ではないから、それが可能ならば不法行為の効果として差止を考える必要はない（平井107頁）。これに対して、(b)の事例

では、不法行為の効果として差止を認めるしか方法はない（四宮前掲、平井前掲）。不法行為の効果として差止を認めるための要件は、平井教授によれば、①現在において損害が生じており、そのことが将来において損害発生の高度の蓋然性の基礎となる場合で、②差止を命じなければ回復できないような性質の利益が侵害されるおそれがあれば（②の要件は、前掲仙台高判が指摘する要件である）、不法行為を根拠に差止を認めてよく、ただ過去の損害の発生につき行為者に故意がある場合は、①があれば足り、②を問題とせず、差止を認めるべきであるとされる（平井108頁）。

(3) **権利説と不法行為説**　さて、以上の立場は、差止請求権の根拠を物権その他の支配権（絶対権）に求める立場を基本にしながら、なお一定の場合に不法行為の効果としても差止請求権を認めるという二元論の立場（四宮478頁以下、平井107頁以下など近時は有力）である。絶対権に対する侵害または侵害の危険がある場合にのみ差止請求できるとするのが伝統的立場で、絶対権としては物権と人格権（さらに環境権）が挙げられる（権利説という）。これに対して、絶対権の侵害がなくとも、不法行為の効果として差止請求できるとするのが不法行為説である。では、権利説と不法行為説の違いはどこにあるであろうか。権利説は故意・過失を要件とせず（不法行為の効果ではないし、また将来の侵害を防止しようというのであるから、行為者に故意・過失を要求する意味はない）、侵害が重大ならば差止請求を認めるというのであるから、被害者には有利である。しかし、反面、絶対権以外の利益が侵害された場合には、差止請求を認めることはできないという難点がある。不法行為説では、論理的に故意・過失が要件となる（§709参照）欠点があるが、後に述べるように、不法行為説でも故意・過失を不要とすべきだという説も主張されている。本書がとる二元説は、権利説と不法行為説の各短所を消去しようという意図に出るものである。最判S43・7・4裁判集民91-567は、不法行為のみに基づいては差止請求をなしえないとしているから、最高裁の立場は権利説ということになるが、しかし、次の理由から、不法行為の効果としても差止請求できる場合があると考えるべきである。

　第一に、違法な行為が継続し反覆されているにもかかわらず、損害という結果が発生するのを待たなければならないというのでは、被害者の保護に欠

ける（四宮479頁）。

　第二に、§709は差止を排除しているわけではなく、比較法的にみても、不法行為の効果として差止を認めている例がある（大塚・前掲論文）。

　第三に、差止の問題は、法秩序の防衛線を不法行為によって発生した損害の後始末よりさらに前方に移動させて違法行為を事前に阻止しようというのであり、行為者における人的非難可能性は問題とすべきではないから、故意・過失を要件とすべきではない（四宮479頁）。

3　損害賠償の範囲

　(1)　**総　説**　加害者は不法行為によって発生した損害のうちどこまでを賠償しなければならないか、というのが損害賠償の範囲の問題である。損害賠償は金銭賠償で行うのが原則であるから、最終的には「金○○円を支払え」という形で賠償額の支払いを命じられるが、それに至る法理論的プロセスが解明されなければならない。不法行為によって発生する損害は、いわば無限に広がる。その発生した損害はすべて賠償しなければならないとしたのでは加害者に酷であり、どこかに歯止めがかけられなければならない。その歯止めとなる基準は何かというのが最大の争点である。また、(a)不法行為によって直接の被害者以外の者も損害を被ることがあるし、(b)被害者にも過失が存在する場合があるし、(c)被害者が不法行為によって損害を受けるとともに一定の利益を享受することもある。(a)は損害賠償請求権者の範囲の問題（いわゆる間接被害者）であるが、損害賠償の範囲の問題でもある。(b)は過失相殺、(c)は損益相殺と呼ばれるもので、両者はいわゆる賠償額の減額調整の問題である。以下では、発生した全損害のうち加害者が賠償しなければならない範囲はどこまでかに関する基準についての、判例と近時の多数説の立場を紹介する。

　(2)　**判　例──§416類推適用説**　本問のリーディングケースである富喜丸事件に関する大判T15・5・22民集5-386は、不法行為に§416を類推適用しなかったそれまでの判例を変更し、§416は共同生活関係において人の行為と結果との間に存する相当因果関係の範囲を明らかにした規定であるから、債務不履行の場合のみならず、不法行為の場合にも同条は類推適用されると述べ、特殊の使用収益分を損害賠償として請求するには、債務者が特別

事情を予見しえたことが必要であり（§416Ⅱ）、加害者の船と衝突して沈没した富喜丸の船主が第三者に傭船してあったことから得られる傭船料は、そのことの故に賠償請求できないとし、沈没当時の船価の賠償のみを認めた。判例のこの立場はその後も踏襲され（最判Ｓ32・1・31民集11-170、同Ｓ39・6・23民集18-5-842）、最近でも、東京進出を考え所有土地を担保に銀行から融資を受ける計画でいたカステラ製造販売会社Ａが、Ｂから被保全権利がないのに同土地に対し処分禁止の仮処分を受け（その後、Ｂは本案訴訟は提起しなかった）、その結果、融資を受けられなくなり、東京進出が5ヶ月間遅れたため、不当な仮処分執行をしたＢに対して、進出が遅れた期間の得べかりし営業利益等の賠償請求をしたという事案で、最判Ｓ48・6・7民集27-6-681は、§416は不法行為にも類推適用され、特別事情によって生じた損害については、加害者においてその事情を予見しえた場合にのみ賠償責任を負うと解すべきであって、不当執行者が仮処分申請当時においてそれを予見可能であったとは認められないとした原審を正当だとして、請求を棄却した。同じく最判Ｓ49・4・25民集28-3-447は、交通事故で重傷を負った母の看病のために留学途上から帰国した娘の往復旅費を、§416Ⅰの通常損害にあたるとして賠償を認めている。

(3) 学　説──§416を不法行為に類推適用しない説

① 判例の疑問点　　判例の立場は、以下のように要約できる。

(Ⅰ) §416は相当因果関係の基準を定めたものである。

(Ⅱ) 同規定は不法行為にも類推適用される。

(Ⅲ) 従って、不法行為における損害賠償の範囲は、当事者（判例によれば債務者＝加害者）の「予見可能性」の有無で決まり（§416Ⅱ）、同時に賠償の対象となる物の価格の算定にあたっても、騰貴した時点を基準時とするかどうかは、その時点の価額で処分して利益を得たという特別事情が予見可能であったかどうかで決まる。

このような、§416は相当因果関係を規定したもので、かつ、不法行為にも類推適用される、という考えを最初に主張したのは鳩山説であったが（鳩山・日本債権法総論61頁以下）、判例は、この説の影響を受けたものと思われる。また学説の通説も、この判例の立場を従来支持してきた（我妻202頁、加

藤155頁など)。

しかし、近時の多数説(幾代132頁、四宮408頁、平井・理論135頁以下、内田396頁など)は、損害賠償の範囲について§416を不法行為に類推適用することに批判的であり、相当因果関係に代わる不法行為に独自の基準を立てようとしている。そこには平井教授の多大な貢献があったことはあまりにも有名である(平井・理論)。以下では、平井教授の分析を中心に、判例の問題点と近時の学説の動向を概略する。

まず、第一に、判例・従来の通説は、§416は相当因果関係の原則を宣言したものだとしているが、前述したように、相当因果関係の概念は事実的因果関係の認められる全損害を賠償の対象とするドイツ民法(§249)の完全賠償主義の下で、あまりにも広がりすぎる損害に——裁判官に対する不信感から——一定の絞りをかけるために提唱された概念であって、沿革(イギリス判例法)・文言からみて明らかに予見可能な損害に限定する制限賠償主義を採用するわが民法§416の解釈にこの概念を持ち込むことは整合性を欠き不当である。

第二に、第一の点はともかくとして、§416を不法行為に類推適用すること自体が不当である。契約の当事者間では、自らが債務不履行に陥った場合に、どこまでの範囲で賠償しなければならないかが、契約締結段階である程度予測できることが望ましい。その点が予測できてはじめて当事者は契約締結に踏み切れるのである。このために§416は予見可能なものについてのみ賠償すればよいと定めて予測を可能にしたのである。ところが、無関係な者の間で突発的に発生する不法行為では、故意の場合ならともかく、過失の場合は、加害者は損害に対する予見を前提に行動しているわけではなく、損害の予見可能性を問題とすること自体が適当ではない。不法行為の場面では予見可能性という基準は全く適合しないのであって、もし§416を類推すると、予見可能性の欠如を理由に特別損害の賠償が困難となり、それを回避するために、無理に通常損害や予見可能性を擬制することがおこなわれるおそれが生じる。だからこそ民法は債務不履行についてのみ§416のような規定を設け、不法行為にはこの種の規定を置かなかったのである(前掲最判S48・6・7の大隈裁判官の反対意見も同旨を説く)。旧民法財産編§385は債務不履行によ

る損害賠償の範囲を定め、この規定は同§370Ⅲで不法行為責任に準用されると定めていた。ところが、現行民法は、§722Ⅰで債務不履行に関する§417を準用するにとどめ、§416については準用規定を設けなかった。§722Ⅰの反対解釈をすれば、むしろ§416の準用を否定していると解釈することも不可能ではないとさえいえるが、民法の起草者の一人である穂積博士は、不法行為において§416のような規定を置かなかった理由を、債務不履行については当事者双方が目論んでこうしようと思ったのだから通常生ずべき損害に限ることには理由があるが、不法行為は千態万状の有様で生ずるもので何が通常生ずべき損害であるか不明であり、通常生ずるか否かといった区別をせず融通性のある方がよく、賢明な裁判官に任せた方が安心と思って規定をおかなかったのだと説明している（民法議事速記録40巻159丁以下）。明らかに起草者は、§416の不法行為への類推適用に対して否定的立場であったといえる。

② **事実的因果関係・保護範囲・損害の金銭的評価の区別**

(a) 総説　既に繰り返し述べてきたように、従来、損害賠償の範囲は相当因果関係によって決定されると考えられてきたが、実はその判断には、性質の異なる以下の三つの判断が混在している。即ち、

(Ⅰ) 主張されている損害と加害行為との間に事実的因果関係があるかどうか（あれなければこれなしの関係の有無）——その性質は事実認定の問題で立証責任の観念が妥当する。

(Ⅱ) (Ⅰ)が肯定された場合（否定されると、不法行為は不成立となり請求棄却）、主張されている損害のうち、どこまでのものが損害として賠償請求することが認められるか（保護範囲（scope of protection）に含まれるかどうか）——その性質は規範的判断が下される法律問題で、立証責任の観念を容れる余地はない。

(Ⅲ) 最後に、保護範囲内の損害を金銭的に評価し、「金〇〇円を支払え」と命じる（損害の金銭的評価の問題）——その性質は事実認定でもなく（従って、立証責任の観念は妥当しない）、規範の適用でもなく、裁判官が諸般の事情を考慮して行う裁量的判断で、算定の根拠を示すことを要しない。

現在では、損害賠償の範囲の判断は、以上の三つの問題に分解し区別して論じなければならないとする点で、学説はほぼ一致している。もちろん、用

語の使い方については論者によって異なるが、本書は、平井教授が用いる保護範囲、損害の金銭的評価という用語を用いることにする（平井111頁、129頁）。また、各判断の性質についても必ずしも一致があるわけではなく、上述した性質は平井教授の見解に依拠したものである。

　　（b）　保護範囲　　加害行為によって生ずる損害は無限に拡大するし、また、被害者が損害を苦にして自殺したり、被害者の特異体質により損害が拡大したり、入院中に医療過誤で被害が拡大したという場合もありうる。こうした場合、多くの場合（但し、自殺のケースは別）、「あれなければこれなし」の関係が認められ、事実的因果関係が肯定されるであろうが、発生した損害の全部の賠償責任を加害者に負わせるのは酷にすぎる。そこで、発生した損害のうちどこまでを加害者に賠償させるべきかという基準が必要となる。これが保護範囲の問題である。

　§416を不法行為に類推適用するならば、予見可能な損害についてのみ加害者は賠償責任を負うということになるが、同条の類推適用を否定する立場では、同条が掲げる予見可能性という基準ではなく、別の新たな基準を提示する必要が生じる。もともと突発的に発生する不法行為の分野において、予見可能性という基準は適当ではないのである。この点に関しては学説の対立が激しく、中には、新たな基準を打ち出したからといってその基準から結論が出てくるわけではないし、あくまで基準を発見したいというのであれば、判例の中から探り出し類型化するしかないといった悲観的な見方をする見解もある（森島322頁以下）。しかし、できるだけ実用可能な基準を打ち立てる必要があるものと考える。

　そこで、まず、代表的な見解である損害概念を分化させることで基準を明らかにしようという見解から紹介しよう（前田302頁以下、四宮429頁以下）。この説は次のように説く。即ち、§416の類推適用を否定する根拠が、不法行為では予見可能性を基準とすることが適切でないこと、予見可能性が存在しなければおよそ加害者は賠償責任を負わないとすることが公平とは思われないことである以上、予見可能性以外の基準を定立すべきであり、その方法として、損害概念に着目して基準を分けて考えるべきである。つまり、交通事故で負傷したというケースを例にとれば、身体傷害という権利侵害（第一次

侵害)から生じた負傷のような、権利侵害と不可分に結合している損害＝侵害損害については、当然に責任を負わせるべきであるが、交通事故の負傷者が治療中医師の過誤により第二の被害を受けたような損害＝後続侵害については、第一次侵害の設定した危険またはそれの実現の結果によって創出された危険の範囲内にあるかどうかという基準を用い、これが肯定されれば責任を負わせるべきである。次に、交通事故の被害者が弁護士に依頼した結果その費用がかかったというような、権利侵害が被害者の総体財産に波及して生ぜしめた損害＝結果損害は、損害発生の確実性または必要性の要件を充たせば、加害者にその責任を負わせるべきである。

しかし、この説に対しては、次のような批判が下されている。第一に、不法行為によってA症状が生じ治療を受けていたところB症状も生じたが、A症状を生じさせた原因が同時にB症状をも生じさせていたことが判明した場合、はたして侵害損害はAなのかBなのか明確ではない(森島321頁)。第二に、危険の範囲内かどうかとか、確実性、必要性といった基準の由来が明らかにされていない(平井119頁)。

さて、平井教授は、義務射程説という説を提唱し、かつ、過失不法行為と故意不法行為とで賠償範囲の基準は異なるとする(平井122頁以下、同・理論449頁以下。内田399頁同旨。なお、幾代134頁以下もこの説を支持するが、ただ幾代27頁は、故意と過失との間に損害賠償の範囲に差異を設けることはしない)。即ち、判例の立場を支持するとしないとにかかわらず、判例が具体的事件の中で蓄積し出来あがったものは尊重しなければならず、判例が§416の類推によって不法行為においても貫徹しようとした制限賠償主義という基本的な考え方が尊重されなければならない。つまり、基本的な考え方は完全賠償主義ではなく(従って、それを前提とする相当因果関係説の考え方は不当である)、制限賠償主義を前提としなければならない。しかるときは、賠償範囲を故意・過失という責任原因と結合させるのが妥当である。

　　(I) 過失不法行為の場合——過失の有無を判断するための基準である行為義務、即ち、損害回避義務とその前提をなす予見可能性に裏づけられた予見義務の及ぶ範囲の損害のみが保護範囲に含まれ、賠償義務を生ずる(行為義務の及ぶ射程距離を基準とすることから、義務射程説と呼ばれる)。別言

すれば、加害者がある損害に対して損害回避義務を負っているかということであって、結局、その損害との関係で過失があるといえるかということである。そして既に述べたように、基本的に、行為義務の存在と程度は、被侵害利益の重大性と行為の危険性の大小との相関関係によって決せられるべきだから、被侵害利益が重大であれば、また行為の危険性の程度が大であれば、それだけ、損害回避義務は重く、かつ、義務射程の及ぶ範囲も損害および人の範囲の双方について大となる（平井123頁）。例えば、――

　　　　(i) 交通事故の被害者が治療のため病院に歩いていく途中で別の自動車にひかれて死亡した場合、この第二事故によって生じた損害が義務射程内かどうかを問題とし、もし病院に歩いていくことが同様の危険をもたらすと予見できる場合ならば、損害回避義務は第二事故にも及ぶということになる（平井129頁）。これに対して、病院に歩いていく途中、落雷で死亡した場合のように偶然性が強い場合は、死に対して損害回避義務は及ばないであろう（内田401頁）。では、病院で医療過誤により死亡した場合はどうか。交通事故で怪我をさせた最初の加害者と病院との共同不法行為の関係が生じ、各自全損害の賠償責任を負うとした上で、病院の過失は共同不法行為者間の内部的な求償額で考慮するというのが一般的な考えである。一方、交通事故と医療過誤とは全く質が異なる以上、各原因の寄与度に応じた分割責任とすべきだとする見解もある。東京地判Ｓ54・7・3判時947－63は、医師に重大な過失があれば、最初の加害行為と医療過誤による損害との間には事実的因果関係はあるが法的因果関係がないとしている。内田401頁は、（事実的因果関係を肯定したうえで）当初の損害と異質な損害が医療過誤によって生じた場合には、保護範囲に入らないと考える余地があるとするが、ただ当初の怪我が重傷のような場合は、医療過誤による損害も保護範囲に入るとみてよいのではなかろうか。

　　　　(ii) いじめにあった被害者がこれを苦に自殺した場合、いじめと自殺との間に事実的因果関係が肯定されれば、次に死亡も保護範囲に含まれるかが問題となる。特別の事情がなければ保護範囲に含まれないとされることが多いであろうが、加害者が集団で執拗にいじめ続け自殺に追い込んだというような場合は、死亡も保護範囲に含まれるとみてよい場合があろう（内

田400頁)。判例には、肯定した例(福島地いわき支判H2・12・26判時1372－27)と、否定した例(東京高判H6・5・20判時1495－42)がある。

　　　　(iii)　軽傷を負った被害者がその特異体質(素因)のため死亡したような場合、一般的な考え方は、行為と死亡との間の事実的因果関係を肯定し、さらに死亡も保護範囲に含まれるとした上で、過失相殺の法理などを適用し、賠償額を減額することで公平を図っている。もっとも、下級審判決(東京高判S50・3・31判時781－76など)には、加害行為の死亡に対する寄与度の限度で事実的因果関係を認めて(割合的因果関係論)、その限度での賠償義務しか負わないとするものもある。

　　　　(iv)　同一人に生じた損害のみならず別人に損害が及んだ場合にも、その別人の損害が義務射程内にあるか否かを問題とすれば足りる。例えば、企業の被用者が交通事故で負傷しそのため企業が損害を受けたとしても、自動車事故における損害回避義務の射程距離は、当該自動車によって生じる定型的危険にさらされる者(歩行者など)に限られ、被害者が勤務する企業には及ばないとみるべきだから、企業の受けた損害は原則として保護範囲に含まれない(平井186頁)。この点は「間接被害者」の問題として項を改めて後に詳論する。

　　　　(II)　故意不法行為の場合——事実的因果関係の認められる損害は保護範囲に含まれるべきで、全部賠償されなければならない(完全賠償主義)。故意不法行為は、過失不法行為と異なり「加害の意思」に対する制裁として賠償責任が生ずるとみるべきであること、故意不法行為は民事責任・刑事責任未分化の時代以来存在する不法行為のいわば原型であって、社会的有用性も認められないから、それを特に抑止するような解釈が望ましいことから、制限賠償主義ではなく、完全賠償主義が妥当すると考えるのである。但し、負傷して入院中に落雷によって死亡した場合のように、「加害の意思」と著しく食い違った結果(異常な事態の介入の結果生じた損害)については、責任は負わないとすべきである。例えば、前掲最判S48・6・7の事案(被保全権利がないのに他人の土地に対し処分禁止の仮処分を受け、損害を与えたというケース)は、不当執行という故意不法行為のケースとみられるから、全損害の賠償責任を認めるべきであった。

さて、損害概念及び次に述べる損害の金銭的評価との関係で、以上の平井教授の考え方を具体的に敷延して紹介しておこう（平井125頁以下）。例えば、BがAの過失で自動車にはねられ重傷を負い、そのために治療費（施術費・入院代・付添費・薬代など）がかかり、また家族には見舞いのための旅費がかかったほか、Aが誠意をみせないので弁護士を頼んで裁判を起こしたために弁護士費用がかかったとする。

　まず、損害事実説を前提とした場合、損害は、重傷、治療費、旅費、弁護士費用である。すべてこれらは加害行為と事実的因果関係が認められる。このうちどの損害が損害賠償の対象となるかであるが、過失不法行為の義務射程に含まれる損害は何かという問題である。このとき義務射程に含まれるかどうかが問題となる損害は重傷のみである。何が義務射程に含まれる損害かの判断は規範的判断であるから、各損害事実が「被侵害利益の重大さに応じてランクづけられ、最も上位の被侵害利益が『損害』であって、他の損害の事実は、それに包摂されて『損害』の認定の資料となる地位を占める」（平井125頁）にすぎないと考えるべきである。つまり、治療費や旅費、弁護士費用といった損害事実（内田397頁は、これを「費用項目」と呼び、「損害」との混同を避けている）は、身体傷害という重大性の大きいものに包摂され、この身体傷害が義務射程に入るかどうかを判断すればよく、それが入ると判断されれば、身体傷害についての賠償請求が可能となり（保護範囲）、最後に、治療費、旅費、弁護士費用などを判断要素に加えて、「損害を金何円で評価するか」という金銭的評価の判断に入っていくのである。別言すれば、治療費や旅費なども損害事実ではあるが、いちいちこういった個々の損害が義務射程に含まれるかどうかを問題とするのではない。実際、このような個々の損害事実は極めて多様であり、事案によっても異なるのであり、それら一つ一つについて義務射程に入るか否かを問題とすることは、困難かつ無駄なことであって（内田397頁）、それよりも、最も上位の損害事実である身体傷害が義務射程に含まれるかを問題とし、これが肯定された場合に、次に治療費や旅費などを考慮して損害の金銭的評価をしていくべきであり、現実には、特に交通事故裁判などでは、賠償金額の定額化が相当進んでおり、一定の相場に従って金銭評価が行われることにより、類似の事案では賠償金額にばら

つきが生じないように配慮されている。

(c) 損害の金銭的評価

(イ) 損害の金銭的評価の性質　保護範囲内にあると判断される損害の金銭的評価の性質は、既に述べたように、事実認定でもなく（従って、立証責任の観念は妥当しない）、規範の適用でもなく、裁判官が諸般の事情を考慮して行う創造的・裁量的判断で、算定の根拠を示すことを要しない。即ち、適切な損害額は「発見」されるものではなく、裁判官によって「創出」されるものである（平井130頁、135頁）。また訴訟法上も、民事訴訟法§246は、損害の事実について同条に違反していない限り、損害額については適用されず、当事者の申し立てた額を超えた判決をすることも許される（平井133頁）。

実務上行われている損害額の算定も、実はこれに近いと言ってよい。

即ち、第一に、実務上、慰謝料については客観的な算定基準が存在せず、裁判官の裁量によって算定の根拠を示さないでその額が決定されている。財産的損害の賠償額が少ないときに慰謝料を増やして調整するといったことも実務では行われている。

第二に、財産的損害については、判例上財産的損害の算定に関するルールが形成されているし、最判Ｓ28・11・20民集7-11-1229によれば、原告は損害の発生の事実だけではなく、損害の数額も立証しなければならず、その立証がないときは請求を棄却すべきだとされているが、ただ実際の裁判例をみると、必ずしもこれが守られているわけではない。例えば、逸失利益の算定については、算定の基礎をなす被害者の具体的収入額、稼動可能年数、控除されるべき生活費、中間利息の算定方法の選択等は、具体的事案における裁判官の判断にかかっているし、過失相殺による減額調整も自由裁量によると解されている。また、治療費や墓碑建設費用、弁護士費用など、金銭の支出自体を損害として賠償請求している場合にも、支出金額全額が認められるのではなく、あくまで「相当」と判断される限度でしか認めていないのであって、ここにも裁判官の裁量権が大幅に行使されていることが分かる。さらに、幼児の死亡の場合の逸失利益は、その子供がどういう社会人になってどの程度の収入を得るかは分からないのであるから、算定不能ともいえるので

あるが（かつて最判Ｓ37・5・4民集16－1044は、この理由から幼児の逸失利益の賠償を否定した）、最判Ｓ39・6・24民集18－874は、「算定不可能として一概にその請求を排斥しさるべきでは（な）」く、「裁判所は……あらゆる証拠資料に基づき、経験則とその良識を十分に活用して、できうる限り蓋然性のある額を算出するよう努め」なければならないと判示しており、損害の数額を立証できないからといって、請求を棄却すべきではないとしている（平井131頁以下）。現在では、幼児の死傷による逸失利益は（潜在的）労働能力の喪失として捉え、子供についても20歳から55歳まで働いたと仮定し（最近では18歳から67歳とされる場合が多い）、平均賃金をもとに逸失利益を算定するのが普通である。

　ところで、最高裁は、基本的に損害概念について伝統的な差額説に立っていることは、既に述べたとおりである。差額説では、不法行為前と不法行為後の利益状態の差を金銭で表したものが損害とされるから、不法行為が原因で治療費などに金銭を支出すれば、その支出金額がそのまま損害（積極的損害）として集計され（実費主義）、また理論的には、不法行為によって怪我をしても、収入が減少しなかったり、もともと無職で収入がゼロであった者は、逸失利益（消極的損害）はないとされることになり（差額説では、「逸失利益」は得べかりし所得の喪失（消極的損害）として捉えられる）、結局、以上で計算された損害額に慰謝料を加算した総額が損害額とされることになる（個別損害積み上げ方式）。しかし、現在の下級審の実務は、このような考えに立っているわけではなく、次のようなルールで運用されている（平井134頁、鈴木潔ほか編『注解交通損害賠償法』403頁以下）。

　第一に、生命侵害・身体傷害自体が損害であり（死傷損害説）、生命侵害・身体傷害による労働能力の喪失を損害と捉える（労働能力喪失説）。従って、収入のない無職者・主婦・幼児についても、統計資料から逸失利益を認める。

　第二に、実費主義ではなく、支出された金額をそのまま損害として認めるのではなく、相当な額の限度でしかこれを認めない（積極的損害）。

　以上、積極的損害・逸失利益・慰謝料に分けて算定し、その合計を損害額とするのである。

ここで問題が多いのは、逸失利益についてである。積極的損害と慰謝料については、いわゆる定額化により個人差が生じないような処理が可能であるが、逸失利益については個人差が生じる可能性がある。もちろん、収入が違えば逸失利益に差異を生ずるのは当然であって、その違いを反映しないのは、かえって人の能力の差を評価しないものだという見方もできよう。しかし、例えば同じ生命侵害であっても、女性と男性とで逸失利益に差異が生ずることは性的差別を容認することにならないかの疑問がある。また、老人の生命を侵害した場合、あたかも耐用年数を過ぎた機械のように、就労可能年齢を超えた老人には逸失利益はないことになるのであろうか。また下級審には、死亡した被害者がIQ55程度の自閉症であったことから、逸失利益を障害者の年間平均工賃に基づいて算出した例（横浜地判H4・3・5判時1451－147）、3歳の脳性麻痺の子供のバギーを横転させて脳性麻痺をさらに悪化させた事件で、被害者が重度の身体障害・精神薄弱の認定を受けていたことから、逸失利益はないとした例（東京地判H2・6・11判時1368－82）などがあるが、これは、人の生命の価値に差異を認める処理ではないか。

　かくして交通事故の激増、公害の発生が顕著となった昭和30年代の後半頃、人身損害に関する西原理論が登場する（西原道雄「生命侵害・傷害における損害賠償額」私法27号107頁以下、同「人身事故における損害賠償額の法理」ジュリ339号25頁）。西原教授は、生命の価値に差異をつけるような算定方法は不当だとし、死傷自体を損害とみて、人間の平等、個人の尊厳から、一定額を——例えば生命侵害であれば、すべての人につき例えば5,000万円、あるいは5,000～6,000万円の間で決定するといったように——平等に与えるべきだと主張した（死傷損害説・一括評価方式・定額方式）。前述した、生命侵害・身体傷害自体を損害と捉える現在の下級審の実務に多大な影響を与えた理論である。現在では、最判S49・7・19民集28－5－872は、被害者が7歳の女児のケースで、原審が、女子平均初婚年齢の25歳で結婚することを前提に、結婚後には逸失利益はないとしたのを破棄し、結婚後の家事労働についても女子雇用労働者の平均賃金に相当する財産上の収益をあげるものと推定すべきだとし、平均的労働不能年齢に達するまでの家事労働を算入している（四宮582頁は、この判例を「労働能力喪失説の萌芽を蔵している」と評してい

る)。但し、女子の平均賃金を基準に算定する限り、男児が死亡した場合とで逸失利益に差異が生じ、不平等となる。そこで、この男女格差を解消するために、東京地判Ｓ49・2・19判時746－63は、家事労働分を「賃金センサス」などの統計資料に基づいて算定し、これを逸失利益に加算することにより、また東京高判Ｓ55・11・25判時990－191は、慰謝料を主張以上に認めることにより、男女格差の解消を図る。しかし、最判Ｓ56・10・8判時1023－47は後者の判例は認めたが、前掲Ｓ61・1・19は、家事労働分を加算すると、将来労働によって取得する利益を二重に評価計算することになるとして、前者の判例のような扱いを認めなかった。また最大判Ｈ5・3・24民集47－4－3039は、老人についても、老人が受ける恩給や年金の額を基礎として、逸失利益を算定することを認めた。現在の裁判実務では、就労可能年数を本人の年齢から67歳までの年数で計算しているが、67歳以上の人については平均余命の2分の1を就労可能年数として扱っている。

　さらに、同一の不法行為で被害者が多数発生する公害訴訟では、被害者間の不公平が顕在化する。加害原因が同一であるにもかかわらず、被害者の収入差が賠償額に反映することは、被害者間の団結をそこない訴訟戦略上マイナスがであること、被害者ごとに損害を立証しなければならないというのは、加害原因が同一で被害もほとんど同一であることを考えると不当であること、公害訴訟では多数の被害者が長期間にわたって被害を受けており、被害者もいつから被害を受けたか明確でなく、個々の被害者につき損害を具体的に立証することが難しく、それを要求すると裁判が長期化し被害者の救済が遅れることなどを考えると、慰謝料という名目で、財産の損害と精神的損害とを包括して請求し（包括請求）、かつ、多数の被害者について一律の額を請求する（一律請求。但し、被害者をランクごとにグループ分けをすることもある）ことを認める必要性が高い。新潟水俣病訴訟の新潟地判Ｓ46・9・29判時642－96がこれを認めた最初の裁判であり、以後、原告多数の裁判には多く用いられている（製造物責任に関する、カネミ油症事件の福岡地判Ｓ52・10・5判時866－21、スモン病事件の東京地判Ｓ53・8・3判時899－48など）。包括・一律請求の手法は、従来使われてきた積極的損害・逸失利益・慰謝料の区分け（個別的損害積み上げ方式）に拘泥しない、実際的必要性から考案され

た請求方式であるが、死傷自体を損害と捉える発想の、いわば自然に行きつく算定方式といえるであろう（内田393頁）。大阪空港公害訴訟の最大判S56・12・16民集35－10－1369も、慰謝料としての一律請求を容認している。上述の個別的損害積み上げ方式を否定する必要はないが、同一の加害原因で被害者が多数発生したような場合には、包括・一律請求の方式が認められてよい。実務では、交通事故訴訟では個別的損害積み上げ方式が、公害・製造物責任訴訟では包括・一律請求方式がとられているといえる。

　また、判例上、財産的損害について損害額の証明の困難なときに、慰謝料の形で賠償を認めることが行われている。例えば、高知地判S49・5・23判時742－30は、農家のビニール等の廃棄物によって漁業被害が生じたケースで、被害を受けた漁業組合員らが漁獲量減少による損害をも慰謝料に含めて請求したのを認容しているし、また、東京地判S42・10・18判タ211－203は、財産的損害と精神的損害の双方について賠償を求めた事件で、財産的損害についてはその額の算定が不可能だとして請求額を減らして認容し、その代わりに慰謝料の額を増額して認容した。このような現象を「慰謝料の補完的機能」と呼んでいる（幾代283頁、四宮596頁など）。前述の公害・製造物責任訴訟において被害者が慰謝料の名目で包括・一律請求をすることが行われているが、これも、慰謝料の補完的機能が発揮されている場面である。

　以上、具体的に損害額が立証可能な場合は、個別的損害積み上げ方式に依拠してよいが、損害額の立証が困難であれば、金銭的評価の自由裁量性という性質に依拠して、財産的損害をも慰謝料に含めて請求することを認容したり、原告の請求総額の範囲内なら慰謝料の額を主張以上に認容するなどして、賠償額を算定すべきだということである（平井138頁）。この点、民事訴訟法§248は、「損害が生じたことが認められる場合において、損害の性質上その額を立証することが極めて困難であるときは、裁判所は、口頭弁論の全趣旨及び証拠調べの結果に基づき、相当な損害額を認定することができる」と定めているのが参考になる。内田394頁は、この民事訴訟法の規定は、損害の金銭的評価は創造的・裁量的判断であると主張する平井説の妥当性を、少なくとも一定程度裏づける規定であると評している。

　最後に、どのような基準に則って金銭的評価を行うべきであろうか。あま

りこの点は論じられていないが、平井138頁によれば、被害者に対しできるだけ不法行為前の財産状態を回復させることを理念とすべきで、全額評価の原則に従うべきだとされている。

次に、実務で行われている金銭的評価のルールを被侵害利益ごとにみていく。

　　㋺　被侵害利益の種類と金銭的評価（鈴木潔ほか編『注解交通損害賠償法』403頁以下、四宮547頁以下、平井139頁以下）

　　　ⅰ　生命侵害

(I)逸失利益＋(II)積極的損害＋(III)慰謝料＝生命侵害における損害額

この損害額を相続人が法定相続分に応じて請求することになる。

　　　　　(I)　逸失利益　　死者の「年間収入額」から「生活費」を控除した額に死亡後の「労働可能年数」を乗じ、これを純収入総額とし、この純収入総額を一時に請求する場合（この一時金方式が原則）、将来取得するはずの利益を現在取得（前払い）しようというのであるから、その間の「利息分（中間利息）」を控除しなければならない。

「年間収入額」は、有職者については具体的収入額、主婦や幼児のような無職者については、労働省が毎年発表する賃金統計である賃金センサスに基づいて行う。損害概念に関する差額説では、無職者の逸失利益は理論的に否定される。かつて最判Ｓ44・12・23判時584－69は、この立場から無職者の逸失利益を否定した。しかし、生命侵害自体を損害と捉え、逸失利益を労働能力の喪失と理解すれば（労働能力喪失説）、無職者にも逸失利益は観念できる。最判Ｓ49・7・19民集28－872は、被害者が7歳の女児のケースで、結婚後の家事労働についても女子雇用労働者の平均賃金に相当する収益をあげるものと推定すべきだとし、平均的労働不能年齢に達するまでの家事労働を算入して、逸失利益の賠償を認めた。有職者の具体的収入額の中には、将来の昇給も考慮される（最判Ｓ43・8・27民集22－1704）。ところで、判例は、死亡しなかったら取得したであろう定年退職金（最判Ｓ43・8・27民集22－1704）や公務員の退職年金（最判Ｓ50・10・21判時799－39、最大判Ｈ5・3・24民集47－4－3039）、普通恩給（最判Ｓ41・4・7民集20－4－499）、国民年金（老齢年金）（最判Ｈ5・9・21判時1476－120）も、逸失利益算定にあたっ

ての本人の「収入」に算入する。これに対しては、恩給は損失補償的要素のほかに生活保障的要素をもつこと（河野・ジュリ691号169頁）、逸失利益には、労働可能年数の終期までの賃金の喪失が算入されるので労働能力喪失＝逸失利益としては、恩給受給権の喪失を重ねて取り入れる余地はないこと（四宮585頁）、を理由に、恩給受給権の喪失を逸失利益に算入すべきではないとする見解もある（四宮585頁など。退職年金についても同様）。

「生活費」は、控除しなければならない。逸失利益は労働能力喪失の対価であり、生活費は労働力再生産のため費用として死亡によりそれが節約されるからである。控除額は一般に30～40％であるが、独身男性などの場合は50％とされる場合がある。

「労働可能年数」は、厚生省が毎年発表する平均余命表による平均余命を超えない範囲で本人の経歴、職業、健康状態などを考慮して決定するが、最高67歳、最低18歳とするのが一般である。

「中間利息」の算定にあたっては、年5分の法定利率を適用するが、その計算方式については、次のようないくつかの方法があり、いずれを用いても適法である。

まず、単式ホフマン式と呼ばれるものがある。これは、労働可能期間（n）に全収入額（A）を一括受領するものと想定するとともに利息は単利とする方式（利率rは年5％）で、現価額（X）を算定する。

$$X = \frac{A}{1+nr}$$

例えば、37歳の男性が死亡し、その当時の年収が800万円で、死亡後の労働可能年数が30年とすると、800万円×30＝2億4000万円となり、これに仮に40％の生活費を控除すると、1億4400万円となり、この純収入総額を一時に請求するとき、中間利息を控除すると、次のようになる。

$$\frac{1億4400万円}{1+30×0.05} = 5760万円 \quad (X)$$

しかし、単式ホフマン式では、控除額が大で逸失利益が少額化する結果となるばかりか、年ごとに収入が異なる場合には適切を欠くことから、各期間ごとに収入の異なる場合に対応できる複式ホフマン式が用いられるようにな

った（最判Ｓ37・12・14民集16-12-2368）。即ち、各期の収入額をａとすると、次のような計算式となる。

$$X = a\left(\frac{1}{1+r} + \frac{1}{1+2r} + \cdots + \frac{1}{1+nr}\right)$$

単式ホフマン式は、収入が労働可能期間満了時に一挙に発生するものと想定して算定しているのに対して、複式ホフマン式は、各期間ごとに中間利息を控除した現価額を算出し、その合計を全収入の現価額とする方式で、計算は複雑になるが、年数ごとに計算された数字が一覧表の形でできており、これを利用すれば簡単である（新ホフマン係数などと呼ばれている）。

ところが、複式ホフマン式によると、労働可能年数が35年を過ぎると年収相当分が利息として生み出されることになり、幼児の逸失利益の算定に用いると成人との差が大きくなりすぎること、ホフマン式は単利計算であり、預金に複利計算が一般化している実情に適しないこと、などの欠点が指摘され、複利計算法であるライプニッツ式も採用されるようになった（最判Ｓ53・10・20民集32-7-1500は、この方式でも許されるとする）。これにも、年ごとの単式と期間ごとの複式とがある。

$$X = A\left(\frac{1}{(1+r)^n}\right) \quad \cdots\cdots 単式$$

$$X = a\frac{1-(1+r)^{-n}}{r} \quad \cdots\cdots 複式$$

もっとも、ライプニッツ式は、取得する金銭を全く消費せず複利運用することを前提とする点で、常態から離れるといった批判がある。

そこで、以上の諸点をふまえ、短期の場合は複式ホフマン式、長期の場合はライプニッツ式を使い分けるといった提案もなされている。

なお、以上は、死者本人の逸失利益に基づく損害賠償請求権が相続されるという判例理論（相続的構成）を前提としている。

　　　　　　　(II) 積極的損害　　死亡によって通常発生する積極的損害の主なものは、葬儀にともなう支出である（葬式費用、引出物、供養・法要費用、仏壇購入・墓碑建設費等）。但し、かかった費用を個別に算定するのではな

く、また実際の支出額を全額認めるという実費主義ではなく、あくまで一括してかつ相当な限度（「相当性」による制約）で認めるという運用がなされている。なお、この積極的損害は、相続人自身の損害として請求することになる点で、逸失利益、慰謝料と異なる。

(iii) 慰謝料[注(1)]　慰謝料額の算定は、さまざまな事情——加害者・被害者双方の年齢・学歴・職業・性別・既婚未婚の別・職業・社会的地位・財産状態・加害者の故意・過失の別・被害者の生活状態など——を考慮して行われる（村上・慰謝料の算定に関する実証的研究60頁）。慰謝料額の判断は自由心証によって行い（大判M43・4・5民録16-273）、裁判官は算定の根拠を示す必要はなく（大刑判M36・5・11刑録9-745）、原告も損害額を証明する必要はない（大刑判M34・12・20刑録7-11-105）。また、被害者に過失があっても、それは慰謝料額算定にあたって考慮すれば足り、過失相殺という形で慰謝料額を減額すべきものではない（平井158頁）。もっとも、自動車交通事故訴訟においては、事故の類型化が可能であること、大量の事件処理の迅速化、事件間の不均衡の解消などへの配慮から、慰謝料額に一定の基準が設けられ（死者1人につき800万円〜1,300万円くらい）、これを基準に事件ごとの修正が行われるようになっている（修正を求める側に立証責任がある）。但し、このような慰謝料の定額化は、人間の平等の思想に適合する面があるが、事件の個別性も無視できないから、これを交通事故訴訟以外の訴訟に一般化することはできない（四宮600頁）。

なお、以上は、死者本人の慰謝料請求権も相続人によって相続されるという判例理論（相続的構成）を前提としている。

　注(1)　§710は、不法行為により財産権や非財産権を侵害した場合、それによって生じた非財産的損害をも賠償させようとする規定である。同条は、§709の「損害」の中には、非財産的損害も含まれることを注意的に規定したものである。
　① 慰謝料の本質
　　慰謝料の本質については、私的制裁と捉える説、損害の填補と捉える説、私的制裁と損害填補の両方を含むとする説に分かれている。かつて戒能博士は、慰謝料を加害者に対する私罰（制裁）と捉える立場から、幼児のような精神的苦痛を感じない者についても慰謝料を認めることができ、具体的な権利侵害がなくても慰謝料を課すことができ、慰謝料額の算定にあたっては、被害者の社会的地位の

みならず加害者のそれも斟酌すべきだとされた（戒能「不法行為に於ける無形損害の賠償請求権（一）（二・完）」法協50巻2号18頁以下、3号116頁以下）。これに対して、植林教授は、この私罰説に対して、慰謝料の制裁性を強調するときは、加害者側の事情を考慮して慰謝料を算定することになるが、そうすると、加害者側の事情如何によっては被害者に生じた損害以上のものを与えることになってしまうし、不法性のあまり強くない債務不履行についても慰謝料が認められていることと整合しにくいなどと批判した（植林・慰謝料算定論131頁以下、注釈民法(19)201頁以下（植林））。思うに、慰謝料は、民事責任・刑事責任が分化する以前の復讐の名残りをとどめてはいるが、近代法は、既にこの両者の分化を前提としていることを考えると、慰謝料も「損害賠償」の一種と捉えるべきであって、その本質は損害の塡補にあると考えるべきであろう（四宮594頁、植林・慰謝料算定論129頁以下など）。もっとも、慰謝料は、実際には金銭的評価の困難な無形損害を裁判官が裁量によって与える賠償である点で、財産的損害とは少々趣を異にする。その意味で、「ゆるやかな意味における損害塡補」（四宮595頁）であるといえようか。そして、四宮博士によると、慰謝料は、「無形の利益の侵害に対して人びとの懐く感情に社会が置く価値を、社会の代弁者としての裁判官が、その自由な判断によって、あえて一定の金額に形象化したもの」（四宮595頁）だとされる。慰謝料の本質をこのように捉えれば、精神的苦痛を感じない幼児や心神喪失者にも慰謝料が認められることは何の不思議でもないし、また今日の慰謝料の定額化の傾向も理解できる（四宮595頁）。

② 慰謝料の機能

既に詳論したように、判例上、財産的損害について損害額の証明の困難なときに、慰謝料の形で賠償を認めることが行われている。例えば、高知地判S49・5・23判時742-30は、農家のビニール等の廃棄物によって漁業被害が生じたケースで、被害を受けた漁業組合員らが漁獲量減少による損害をも慰謝料に含めて請求したのを認容しているし、また、東京地判S42・10・18判タ211-203は、財産的損害と精神的損害の双方について賠償を求めた事件で、財産的損害についてはその額の算定が不可能だとして請求額を減らして認容し、その代わりに慰謝料の額を増額して認容した。このような現象を「慰謝料の補完的機能」と呼んでいる（幾代283頁、四宮596頁など）。公害・製造物責任訴訟において被害者が慰謝料の名目で包括・一律請求をすることが行われているが、これも、慰謝料の補完的機能が発揮されている場面である。

③ 傷害の被害者が幼児の場合にも精神的苦痛を理由とする慰謝料請求権は発生するか

前述した慰謝料の本質に照らせば、幼児も慰謝料を認められてよい。大判S11・5・13民集15-861も、父を失った1年4カ月の幼児につき、現に苦痛を感じなくても将来苦痛を感じることが通常期待されるとして、慰謝料の請求を認めた。
④　法人がその名誉を毀損された場合に、法人に慰謝料請求権が認められるか

最判S39・1・28民集18-136は、法人の名誉権を侵害した事案で、「法人の名誉権侵害の場合は金銭評価の可能な無形の損害の発生すること必ずしも絶無ではなく、そのような損害は加害者をして金銭でもって賠償させるのを社会観念上至当」と判示した。これまで法人には精神的苦痛はあり得ず、従って、慰謝料請求権を取得できないと考えられてきたが（例えば、広島高松江支判S38・7・31判時347-18）、この最高裁判決は、これを前提としたうえで、「無形の損害」という形で賠償請求を認めたもので、企業イメージなどが侵害されたときに企業を救済しようとした判決として高く評価できる（四宮486頁ほか多数説）。もっとも、「無形の損害」というのは意味不明確であって、この種の事件においては、財産的損害の証明度を緩和して財産的損害の発生を肯定することで、法人の救済を図るべきだとする批判もある（幾代264頁以下、平井160頁）。
⑤　物が毀損された場合にも慰謝料請求権が生じることはあるか

財産権侵害、特に物が滅失毀損された場合、通常は慰謝料請求権は発生しない。その物の交換価格が賠償されれば、損害は残らないからである。しかし、以下の場合には、慰謝料請求権も認められる。

第一に、滅失毀損された物に対する被害者の主観的価値が非常に大きい場合。この場合には被害者にとって主観的価値が大きいことにつき、加害者の予見可能性が必要である（§416Ⅱ）（例えば、愛玩用飼猫が犬にかみ殺された場合）。

第二に、加害行為の手段・方法・態様等が著しく反道徳的ないし残酷なものである場合（例えば、賃貸人が土地を明渡させる目的で汚水を浸潤させたような場合）。

　　　ⅱ　身体傷害　　生命侵害の場合と同様、逸失利益、積極的損害、慰謝料を合計したものが請求しうる損害額となる。

「逸失利益」の算定からみると、まず傷害が治癒した場合は、休業損害が逸失利益となる。即ち、休業損害とは、負傷から、例えばリハビリ等のために、必要な相当な期間が経過するまでに業務を休んだことによる収入減を指す（収入減がなければ逸失利益は不存在である）。幼児や主婦などの無職者については、生命侵害の場合と同様、「賃金センサス」によって算定することになる。次に、傷害による後遺症が残った場合、労働能力の喪失を逸失利益と

みる立場から、後遺症の程度から労働能力の喪失割合を定め（労働基準局長通牒昭32・7・2の「労働能力喪失率表」に基づき労働能力の喪失割合を判定するのが多数）、その程度に応じてそれを金銭的に評価し、労働能力の喪失期間との積をもって算定する（ただ理論的には中間利息を控除することになろう）。この場合、現実に収入減がなくとも損害賠償請求は認められる。例えば、福岡地判Ｈ４・５・29判時1449－120は、交通事故で脾臓を失った九州大学歯学部の学生について、その後の研究医としての収入に影響がなかった場合でも、15％の労働能力喪失率を肯定しており、これが下級審の実務である。これに対して、既に述べたように、最高裁は後遺症によって実際に収入減が生じなければ、逸失利益は不存在とする傾向がある。

　ところで、身体傷害の場合は、被害者本人は生存しているから、生命侵害の場合と異なり、逸失利益から生活費を控除すべきでないことはいうまでもない。これに関して、交通事故で重度の後遺傷害を残して症状が固定した被害者が、その後、海で心臓麻痺をおこして死亡した事案で、被告となった交通事故の加害者が、逸失利益の算定にあたり、死亡した時期以降支出を免れた生活費を逸失利益から控除すべきだと主張したのに対し、最判Ｈ８・４・25民集50－5－1221は、労働能力の一部喪失による損害は、交通事故のときに一定の内容のものとして発生しているから、交通事故の時点でその死亡の原因となる具体的事由が存在し、近い将来における死亡が客観的に予測されていたなどの特段の事情がない限り、交通事故の後に生じた死亡によって影響を受けるものではないとして、控除を否定した。損害そのものは最初の交通事故で傷害を負った時点で発生している以上、その後に被害者がたまたま別の原因で死亡したからといって、これを賠償額算定において控除すべきでないのは当然と思われる。最判Ｈ８・５・31民集50－6－1323も、同じような事件で、「交通事故の被害者が事故に起因する後遺傷害のために労働能力の一部を喪失した後に死亡した場合、労働能力の一部喪失による財産上の損害の額の算定に当たっては、交通事故と被害者の死亡との間に相当因果関係があって死亡による損害の賠償をも請求できる場合に限り、死亡後の生活費を控除することができる」と判示した（この問題については、平成8年度重要判例解説81頁（樫見）および同書掲載の文献を参照されたい）。

「積極的損害」としては、施術代・入院代・薬代などの治療費で相当と認められるものであれば、損害として認められるし、入院付添費、温泉療養費、交通費なども相当な限度で認められる余地がある。最判Ｓ49・4・25民集28－3－447は、交通事故で重傷を負った母親の看護等のためにウィーン留学の途中モスクワから急ぎ帰国し看病にあたった後、改めてウィーンへ赴いたケースで、それにかかった旅費の賠償請求を認めた。また、将来の治療費であっても、それが確実に予想されるものであれば、損害額に加えることができる。

「慰謝料」の算定については、生命侵害において指摘した事情のほか、傷害の程度と部位を斟酌する。

　　　　　　　　iii　物の滅失・毀損　　物の滅失の場合は、滅失当時の交換価格（時価）によって算定する（最判Ｓ32・1・3民集11－1－170）。滅失後、時価の変動があった場合については、損害額算定の基準時の問題として論じられてきたが、この点は、項を改めて後述する。中古品の場合、その中古品の市場価格があればその価額によるが、それが不明であれば、会計学上の減価償却などをふまえて価額を評価するしかない。立木の不法伐採における損害額は、適正伐採期における立木の価額によって算定すべきだという判例がある（最判Ｓ39・6・23民集18－5－842は、§416Ⅱを類推適用してこの結論を導く）。なお、代わりの物を取得しうるまでの合理的な期間について、その物を使用できないことによる損害も賠償額に加えるべきだとする見解も有力である（幾代276頁）。

　物の毀損の場合は、①修理代、②修理に必要な期間中使用できなかったことによる損害（逸失利益。最判Ｓ33・7・17民集12－1751などこれを認める裁判例は多い）または代物の借賃、③修理をしてもなお価値の減少を免れない場合は（自動車については、修理をしても事故歴のある車とみられていわゆる「格落ち」を免れない）価値の減少分、の合計が損害額となる。①の修理代が毀損された物の価額を超えるときは、滅失とみて、同種の物の市場価格が損害額となる。なお、判例には、修理が不能で買替えせざるをえなくなったケースで、新車を代品として認め、その購入代金と毀損した物の価格の差額が損害となるとしたものがある（長野地判Ｓ41・4・23判時455－56）。

ⅳ　物の不法占拠・不法占有　　物の不法占有などにおける損害額は、その期間の賃料相当額である（大連判Ｔ７・５・18民録24－976など多数）。そして判例は、賃貸借終了後引き続き目的物を占有する賃借人が賠償すべき賃料相当額は、従前の賃料であるとする（前掲大連判Ｔ７・５・18）。しかし、不法占有当時における客観的な賃料相当額と解するのが妥当である（四宮577頁、平井142頁）。

　　　ⅴ　抵当権の侵害　　第三者が抵当目的物を毀損した場合、抵当権者は、抵当目的物の所有者がこの不法行為者に対し取得する損害賠償請求権を物上代位（§372、§304）できると解すべきであるが（高木・担保物権法151頁、道垣内・担保物権法146頁、平井142頁など）、その場合の損害額は、価格が低下し弁済を受けられなかった額である。但し、抵当権を実行する前でも請求できると解すべきである（大判Ｓ７・５・27民集11－1289、我妻・民法講義Ⅲ386頁、高木・担保物権法151頁、平井142頁など）。詳細は拙著『担保法の理論と実際』参照。

　　　ⅵ　弁護士費用　　訴訟の追行を弁護士に委任した場合の弁護士費用を賠償請求できるかについて、判例の立場は、自己の権利擁護上訴えを提起することを余儀なくされた場合には、弁護士費用は「相当額」の範囲内で不法行為と「相当因果関係」に立ち、「相当額」かどうかは、「事案の難易、請求額、認容された額その他諸般の事情」を斟酌して決定されるというものである（最判Ｓ45・７・14判時602－54、同Ｓ52・10・20判時871－29）。そして、交通事故訴訟では、一般に、認容された賠償額の１割程度の弁護士費用が認められている。なお、下級審には、被害者が誠実に行動していれば訴えを提起しなくてもすんだ場合には、「相当因果関係」は否定すべきだとしたものがある（京都地判Ｓ47・11・20判タ291－338）。

　この問題について学説（岻野「弁護士費用の損害賠償」新実務民訴講座４・103頁以下、四宮538頁以下に詳しい）は、弁護士費用の賠償請求が認められるのは、当該不法行為の効果であるとする説と、第一の不法行為の賠償請求に対して加害者が不当に抗争したことが新たな不法行為を構成し、その効果として認められるとする説とがあるが、基本的には、弁護士費用は当該不法行為によって余儀なくされた費用であるから、第一の不法行為の効果として考

えるべきであろう。以上に対して、弁護士費用はそもそも損害発生の危険と無関係のものであり（前記判例が、事案の難易、請求額等といった不法行為と無関係な事情を考慮して算定すべきだとしているのはそのためである）、司法制度を利用するにあたって負担すべき費用としてそれを誰に負担させるべきかという司法政策上の問題であって損害賠償の問題ではないとし、判例が挙げる前記基準でその額を算定すべきだとする見解がある（平井142頁、127頁）。この立場では、損害賠償の範囲に関する一般理論は適用されないから、弁護士費用については過失相殺は適用されないし（平井158頁。なお、最判Ｓ52・10・20判時871-29は、弁護士費用は諸般の事情を斟酌して相当と認められる額の範囲内のものが賠償額となり過失は諸般の事情の中で考慮されているから、過失相殺の対象とはならないとする）、また、遅延損害金の発生時期も判決確定日から起算すべきものとされる（平井166頁）。弁護士費用の賠償を、このように司法制度を利用する費用の負担をいかにすべきかという問題だと捉えれば、債務不履行と不法行為とで異なった扱いをすべきではないから、債務不履行による損害賠償請求においても、不法行為と同様の要件の下で弁護士費用の賠償を認めるべきだということになる（平井・債権総論（第2版）95頁以下。平井教授は、債務不履行において弁護士費用の賠償は通常損害の金銭的評価として位置づける）。

　　　(ハ)　金銭的評価の基準時　　物の滅失・毀損による損害額は、前述したように、滅失・毀損時の交換価格によるが、問題は、それ以降交換価格が変動した場合、どの時点の交換価格を基準にすべきかである。有名な富喜丸事件（第一次世界大戦の影響で船の価格が激しく急騰し、大戦終結後は急激に下落したという事情があった）で、大連判Ｔ15・5・22民集5-386は、原則として滅失・毀損当時の交換価格が基準となるが、目的物の価格が一旦騰貴しその後下落した場合、騰貴した価格（中間最高価格）により損害賠償を求めるには、その騰貴したときに転売その他の方法により騰貴価格による利益を確実に取得した特別の事情があり、その事情が不法行為当時加害者において予見しえたことが必要であるとした（判決は、この立証がないとして、不法行為時の交換価格の賠償を認めた）。

　この判決について現在の学説は批判的である。第一に、根本的に、§416Ⅱ

を類推適用して予見可能性を問題とすること自体が不法行為の事件には適さない。第二に、物価は常に上昇するのが現代社会であるから（インフレ）、滅失時の交換価格を基準とした賠償額では、同種の物を被害者が他から買おうとしても高すぎて買えないおそれがあり、訴訟が長びいた場合はますますそうなる。被害の回復という不法行為法の理念からすれば、賠償金を得て同じ物を調達可能にする必要があるから、不法行為後の価格の上昇を考慮しないのは不当である。このように学説は、物価騰貴・訴訟遅延による不利益を被害者の側に負わせることになる判例を批判し（判例を前提としても、インフレ進行中は一般に特別事情の予見可能性があるとみることで対処できるとする学説もある）、基準時の問題は、確定された損害の金銭的評価の問題であって、この金銭的評価の問題では、被害者にできるだけ不法行為が行われる前の状態を回復させるべきだという完全賠償（全額評価）の原則が妥当すると主張する。もっとも、このように捉える学説も、金銭的評価の問題は実体法上の問題ではなく裁判官の自由裁量の問題だとする説（平井）と、なお基準時の問題は実体法上の問題だとする説（谷口・内田ほか多数説）に分かれるが、不法行為後の物価の上昇を最大限考慮することを可能とする事実審の口頭弁論終結時を基準としようとする方向で基本的に学説は一致しているといってよい。ただ、いたずらに被害者が訴えの提起を延ばしたり、訴訟の引き延ばしをすると、物価上昇による不利益はすべて加害者が負うことになるが、この点をどう配慮するかも重要なポイントになってくる。主な学説を紹介しておこう。

　　　　　ｉ　平井説（平井144頁）　　基準時の問題は裁判官の自由裁量の問題であって、被害者にできるだけ不法行為前と同様の地位を回復させるべきだという全額評価の原則によって決すべきであるから、人身損害におけると同様、原則どおり口頭弁論終結時までどの時点をも顧慮できる。利益取得の蓋然性があったという事情が認められる限り、その事情のあった時点を基準に金銭的評価を行うことができる（一定時点に固定されない）。

　　　　　ii　谷口説（谷口「損害賠償額決定の基準時」民法の争点84頁以下）完全賠償主義が基本的に妥当するが、債権者も損害の減少・拡大防止に努力すべきであり、そのような債権者の態度は金銭的評価にあたって斟酌するの

が公平であり、債権者としても他より代用物を調達するなどして損害の減少・拡大防止に相当の努力をしたかどうかを考慮すべきである。

　　　　　　iii　内田説（内田282頁）　　不法行為制度の目的は、不法行為前の状態を回復することにあるから、物価の上昇を考えると、基準時は不法行為時ではなく、賠償を得るとき（事実審の口頭弁論終結時）の交換価格を基準とすべきである。但し、この原則は特定物にのみ妥当する。不特定物では被害者は代替物を入手でき、そうすることで損害の拡大を防ぐことができるから、不特定物の場合の基準時は、原則として代替物を入手しえたであろう時点とすべきである。このように、不特定物については、通常は中間最高価格の問題は生ぜず、また、特定物や、不特定物でも代替物の入手が期待できない場合で、判決時以前の価格高騰時に転売していた客観的な蓋然性（加害者の予見可能性ではない）が高い場合には、それを考慮して基準時を選択すべきであって、口頭弁論終結時とすべきではない。このように実体法上の問題として捉えても、ある一定時点に固定する必要はない。

4　賠償額の減額事由

(1)　**総　説**　　以上で算定された賠償額をさらに減額しなければならない場合がある。それは、損害発生に対して被害者にも過失がある場合と、不法行為に関連して被害者が何らかの利益を得ている場合である。前者を過失相殺といい、後者を損益相殺という。この両者は、賠償額を減額させる効果をもつ点、実際に被告（加害者）から抗弁として主張されることが多い点（裁判官が裁量で斟酌する場合もあるが）で、共通している。

(2)　**損益相殺**

　①　**損益相殺の根拠**　　不法行為に関連して被害者が何らかの利益を得た場合、その利益を最終的に賠償額から控除することを損益相殺という。明文はないが、公平の見地から認められている。ところで、損害概念に関する差額説では、損益相殺はしごく当然のこととされる。即ち、差額説では、不法行為前の財産状態と不法行為後の財産状態の差を金銭的に表したものが損害であるから、不法行為を契機に得た利益は、当然、賠償額から控除しなければならないのである。しかし、差額説の発想で損益相殺の問題を捉えることは、実際に不当である。例えば、親が不法行為で死亡した場合、子供は

「相続が早められたことによる利益（遺産取得時期が早まったという利益）」を受けるが、これを賠償額から控除すべきだとする（差額説では理論的にはそうなる）ことは、加害者に損害賠償責任を負わせることで不法行為の予防を図るという不法行為制度の目的に反する。また、被害者が死亡すれば香典など入るが、これを賠償額から控除すべきだというのは、明らかに不当である。損益相殺の問題を差額説から捉えることは、このように疑問だといわなければならない（四宮601頁）。では、損益相殺は、いかなる根拠に基づいて正当化されるのか。不法行為における損害賠償の理念は、被害者は不法行為前の状態に回復されなければならないという原状回復ないし全額賠償の原則である。しかし、これは裏を返せば、被害者は不法行為によって不法行為前の状態に回復される必要があるとしても、決してそれ以上の利得をしてはならないということである（損害以上を填補してはならないという「等価填補の原則」（四宮484頁）の表われである）。損益相殺の根拠は、まさにこの「利得の保有防止」だといってよい（四宮601頁）。

②　損益相殺で控除すべき「利益」かどうかの判断基準　　従来、学説（我妻204頁、加藤245頁、幾代284頁）は、加害行為と相当因果関係に立つ利益は損益相殺の対象となるとしてきた。しかし、この基準に従えば、生命侵害において遺族が受ける「相続が早められたことによる利益」も損益相殺の対象となってしまうし、また、世界に2枚しかない切手をAが所有していたところ、その1枚をBが破った結果、残ったもう1枚の切手の価値が数倍になった場合も、その値上り分は損益相殺の対象となってしまい、不法行為の予防を図るという不法行為制度のねらいに反することとなり、不当である（四宮603頁）。後述するように、判例も相当因果関係に立つかどうかという基準を用いてはいない。現在の学説（沢井・関西大学法学論集8巻3・5号、四宮602頁、平井147頁、内田414頁など）があげる基準は、損益相殺の根拠が「利益の保有防止」にあり、損害の重複填補を回避するねらいがあることに鑑み、加害行為と実質的因果関係に立つ利益が、不法行為によって生じた損害を実質上填補する目的をもつかどうか——このような目的をもしもつなら控除の対象としなければ、損害の重複填補となってしまう——という基準（当該利益の趣旨および目的が不法行為の損害賠償と同性質のものかどうかという基

準——法的同質性の有無）である。判例も基本的に同様の立場に立つ。即ち、最大判H5・3・24民集47－4－3039は、「被害者が不法行為によって損害を被ると同時に、同一の原因によって利益を受ける場合には、損害と利益との間に同質性がある限り、公平の見地から、その利益の額を被害者が加害者に対して賠償を求める損害額から控除することによって損益相殺的な調整を図る必要があ（る）」と述べ、利益と損害との同時・同一原因・同性質を、損益相殺的調整を行う基準として挙げている。

③ 個別の検討

(a) 不法行為の結果自動的に生じた利益は控除の対象とならない。生命侵害において遺族が受ける相続が早められたことによる利益や、前述の切手の例などがそれである（四宮603頁）。

(b) 生命侵害における逸失利益を一時金として支払う場合の中間利息は、控除しなければならない。

(c) 身体傷害において受けた休業損害を自らの労働による利益によってカバーしたとき、差額説では、その利益は控除の対象となるであろうが、被害者として信義則上損害軽減義務を負う場合に労働によって利益をあげ損害を軽減した場合は控除の対象となるが、任意に利益をあげた場合は、控除の対象とはならない（四宮604頁）。

(d) 香典や見舞金は、加害行為と事実的因果関係はあるが、死傷者への贈与であって損害塡補を目的とするものではないから、控除の対象とはならない（香典に関し最判S43・10・3判時540－38）。

(e) 生命侵害において逸失利益を算定するにあたっては、支出を免れる本人の生活費を控除しなければならない（最判S39・6・24民集18－5－874）。

(f) 年少者の死亡による逸失利益の算定において、節約される養育費は控除する必要はないと考える。最判S53・10・20民集32－7－1500は、10歳の女児が交通事故で死亡したケースで、満18歳以降の逸失利益に基づく損害賠償請求権を両親が相続して請求するにあたって、両親は、死亡した女児が満18歳に達するまでにかかる養育費の支出を免れた額をこれから控除すべきかどうかについて、「交通事故により死亡した幼児の損害賠償債権を相

続した者が一方で幼児の養育費の支出を必要としなくなった場合においても、右養育費と幼児の将来得べかりし収入との間には前者を後者から損益相殺の法理又はその類推適用により控除すべき損失と利得との同性質がなく、したがって、幼児の財産上の損害賠償額の算定にあたりその将来得べかりし収入額から養育費を控除すべきものではない」と判示し、控除不要説をとることを明らかにした。この判決が出るまで下級審判決は分かれ、控除必要説は、幼児の死亡による逸失利益とよばれる損害は労働能力の喪失自体を意味するものであり、養育費はこの労働能力取得のための必要経費であることを理由としていた（例えば、東京地判Ｓ46・3・13交民4－2－478など）。しかし、養育費は労働能力取得のための経費という面を有しないわけではないが、元来、子供の養育は親の愛情や人倫によるものであって、養育費を免れたことを親の「利益」と考えることはできない（楠本「幼児の損害賠償」ジュリ増刊・交通事故——実態と法理182頁、四宮605頁、内田390頁など）。

　　（g）　逸失利益の算定は、被害者が将来取得するであろう収入を基礎とするが、「心身に加えられた損害」の「賠償金」を非課税所得と定める所得税法§9Ⅰ⑯により、被害者はその収入に課せられたであろう所得税を免れる。しかし、最判Ｓ45・7・24民集24－7－1177は、所得税相当額は控除の対象とはならないとする。学説は対立しているが、前記所得税法の規定が存在する以上、判例を支持すべきである（四宮606頁、平井147頁）。所得税法は損害賠償に課税しないとしているのであり、それはつまり、損害賠償額の算定にあたって所得税相当額が控除されていないことを前提としていると解釈せざるをえないからである（もし、所得税相当額が損益相殺によって賠償額から既に控除されているのであれば、損害賠償に所得税を課すこと自体が不可能であって、明文をまつまでもない）。

　　（h）　生命保険金（傷害保険金）は控除されない（最判Ｓ39・9・25民集18－7－1528）。判例は、その理由として、生命保険金は払い込んだ保険料の対価の性質をもち、不法行為の原因と関係なく支払われるべきものだからだという。学説はむしろ、生命保険金は損害の塡補を目的とするものではない（従って、損害との同質性がない）ことにその理由を求める説が有力である（沢井・民商52巻4号147頁）。最判Ｈ7・1・30民集19－1－211は、自動車

保険の搭乗者保険に基づいて支給された保険金を損害額から控除すべきかについて、搭乗者保険は保険契約者およびその家族等が被保険自動車に搭乗する機会が多いことに鑑み、これら搭乗者またはその相続人に定額の保険金を給付してこれらの者を保護しようとする趣旨のもので、被保険者が被った損害を填補する性質を有するものではない（保険約款によると、保険会社が保険金を支払った場合でも、被保険者が第三者に対して有する損害賠償請求権を代位取得しない旨の定めがあるのはその結果である）として、控除することはできないとしている。これに対しては、確かに生命保険金をもらっても生命を買うことはできないという意味では、それは生命という損害を填補するものではないが、現実には損害の財産的側面を填補していることは否定できないとして、生命保険金を控除しないという判断は多分に政策的判断だとする説もある（内田415頁）。さらに、次に述べる損害保険金と異なり、生命保険金を支払った保険会社の代位も認められない。損害保険に関して代位を規定する商法§662は、生命（傷害）保険には準用されていないからである。思うに、生命保険金は損害の填補ないし損害の肩代わりを目的としないが故にこれには保険代位の制度がないのであり（内田416頁）、また同様の理由から損益相殺の対象ともならないのである（四宮608頁も同旨と思われる）。

　　(i)　火災保険などの損害保険金について、最判Ｓ50・1・31民集29－1－68は、損害保険金は、既に払い込んだ保険料の対価たる性質を有しているから、損益相殺として控除されるべき利益にあたらない（生命保険に関する前記判例と同じ）。ただ保険金を支払った保険会社は、商法§662の保険代位の制度により、支払った保険金の額の限度で被保険者（不法行為の被害者）が加害者に対して有する損害賠償請求権を取得（代位）する結果、被保険者は、保険会社から支払いを受けた保険金の限度で第三者に対する損害賠償請求権を失い、支払われた保険金の額だけ加害者に請求できる賠償額が減少することとなるにすぎない（控除の性質は損益相殺ではなく、代位である）。また、保険会社が保険金を支払う前に被害者が加害者から損害の賠償を受けた場合、保険会社が支払うべき保険金はこれに応じて減額されるが、これは、保険会社の支払う保険金は、被保険者が現実に被った損害の範囲内に限られるという損害保険特有の原則に基づく結果にほかならない、と判示した。

被保険者に二重に利得させないために設けられた保険代位の制度（商法§662）の下では、保険会社が被保険者に支払った保険額の限度で被保険者が有する損害賠償請求権は保険会社に移転し被保険者はそれを失うのであるから、支払われた保険料は控除されたのと同じである。別言すれば、保険代位は損益相殺として控除するのと同様の機能を営むのであって（四宮603頁、608頁は、代位を損害賠償請求権者にとって「損益相殺の変態」として位置づけ、「代位の形で賠償額から控除」されるとする）、このことは代位が損益相殺と同様に利得の重複保有の防止を目的とすることからすれば、当然のことといえる。いずれにしても支払われた損害保険金は、代位の形で控除されるのであって（従って、代位者から請求されるから、加害者の賠償額の総額に変化はない）、損益相殺として控除されるのではない（もし損益相殺として控除すれば、加害者の損害賠償債務は支払われた保険金相当額につき絶対的に消滅し、従って、保険者が代位すべき債権も存在しないことになって代位の制度と抵触してしまう（昭和50年重要判例解説91頁（田辺））。

　以上と異なり、まだ保険会社から保険金が支払われていない段階、即ち、保険会社に対し保険金請求権を有しているにすぎない段階ではどうか。この場合は保険代位の適用がないが（商法§662参照）、もしその額を損害賠償額から損益相殺として控除することを認めると、加害者が自ら害を加えた損害賠償請求権者に対し、自らのリスクで保険会社から取り立てよと要求するようなもので不当であるから、このような請求権の形態をとる価値不確実な利益は、たとえそれが損害の填補を目的とするものであっても、損害との間に法的同質性はないとみるべきであって、損益相殺として控除すべきではないとする見解が有力であった（沢井「損益相殺」関西大学法学論集8巻3号86頁以下、四宮603頁）。つまり、この立場では、被害者は保険会社に対し保険金請求権を有していても、常に、不法行為の加害者に対し全額を請求することができる（もし加害者から全額の賠償を得たときは、保険会社は保険金を支払う必要がなくなるが、この点は前掲最判が指摘するとおりである）。しかし、後に詳論するように、最大判H5・3・24民集47－4－3039は、請求権（債権）を取得したというだけで損益相殺的な調整をすることは、履行の不確実性を伴うことに鑑み、原則として許されないが、「当該債権が現実に履行された場

合又はこれと同視し得る程度にその存続及び履行が確実である場合」には、控除できるとした。

　以上をまとめると、利益が損害の塡補ないしの賠償の肩代わりを目的とする場合は、「控除」するが（法的同質性あり）、その控除の性質は、(a)損益相殺としての控除か、(b)「損益相殺の変態」（四宮603頁、608頁）としての代位の形での賠償額からの控除かというと——(b)の場合は、賠償額自体が減少する(a)と異なり、加害者の損害額の総額自体に変化はないから、あくまで損害賠償請求権者にとって（四宮603頁）損益相殺的意味をもっているにすぎないといえるが——代位の制度がある場合は、代位の形で控除し、損益相殺として控除するのではない。そして、生命保険金に典型的にみられるように、利益が損害の塡補ないし損害賠償の肩代わりを目的としない場合は、同質性がないから、損益相殺も代位も問題とならないということである（四宮608頁）。また、利益がまだ支払われていない段階、即ち、請求権の形態をとる場合は、たとえその目的が損害塡補にあっても、判例のあげる一定の要件の下でのみ損益相殺が許されるにすぎない。

　　　(j) 社会保障給付　　不法行為の結果、国や自治体などが被害者に対し一定の社会保障給付をする場合に、これを逸失利益から控除するかについては、最大判Ｈ5・3・24民集47−4−3039の登場により従来の判例は部分的に変更を余儀なくされた。そこでまず、この平成5年判決以前の判例状況から紹介しよう。

　　　　　(i) 既に支払われた恩給法上の恩給扶助料（最判Ｓ41・4・7民集20−4−499）、将来支給される地方公務員等共済組合法に基づく遺族年金（最判Ｓ50・10・24民集29−9−1379）は、ともに逸失利益から控除する——例えば、前掲最判Ｓ41・4・7は、恩給受給者が生命を侵害され、その得べかりし恩給受給利益の喪失を含む損害について、賠償請求権を相続した者が同時に恩給扶助料を受ける権利を取得した場合、損失補償ないし生活保障という「同一目的の給付の二重取り」を防止するために、扶助料の限度で損害賠償請求権は「減縮」されなければならないとする。もっとも、前掲最判Ｓ50・10・24は、退職手当の逸失を含む損害の賠償請求権の相続人の一人が遺族年金の受給者でない場合においては、控除すべきではないとする。

(ii) 労災保険給付は、既に支給された分については、第三者行為災害の場合も（最判S52・5・27民集31-427）、使用者行為災害の場合も（最判S52・10・25民集31-836——労働基準法§84Ⅱの類推適用による）、ともに逸失利益から控除するが、これに対して、将来支給される分については、第三者行為災害（前掲最判S52・5・27）、使用者行為災害（前掲最判S52・10・25）ともに逸失利益から控除しない——労働者が労働災害によって被害を受けた場合、労災保険給付が支払われるが、この場合の労働災害にも、第三者の不法行為による労災（第三者行為災害）と、使用者の不法行為による労災（使用者行為災害）とがある。また、労災保険給付にも、一時金給付方式と年金給付方式とがあって、前者では既に支払われた給付、後者では将来支払われるであろう給付の各控除が問題となる。まず、一時金給付方式からみてみる。第三者行為災害の場合、労働者災害補償保険法§12の4Ⅰが、保険給付をした国に、前述の保険代位（商法§662）と同様の趣旨の求償権を与えているから、国は給付した価額の限度で、保険給付を受けた者が第三者に対して有する損害賠償請求権を取得する。従って、労働者の損害賠償請求権は縮減する（もちろん、縮減した分を加害者は国から請求されるから、支払総額に変わりはないが）。これに対し、使用者行為災害の場合は、第三者行為災害の場合のような代位の規定がない。しかし、前掲最判S52・10・25は、労働基準法§84Ⅱを類推適用して、国がした保険給付の価額の限度で、使用者は民法上の損害賠償責任を免れるとした。判決は、保険給付が損害填補の性質をも有し、使用者の免責を認めないと二重填補となってしまうことを理由に挙げるが、保険料を支払っている使用者にとって労災保険は責任保険の意味合いを有し、国の使用者への代位を認めると、使用者が保険利益を失う点も理由に加えるべきであろう（四宮612頁、内田417頁）。次に、年金給付方式における控除の要否について、前掲最判S52・5・25は、次のように判示している。

「労働者災害補償保険法§20（改正前のもの）は、事故が第三者の行為によって生じた場合において、受給権者に対し、政府が先に保険給付又は災害補償をしたときは、受給権者の第三者に対する損害賠償請求権はその価額の限度で当然国に移転し、これに反して第三者が先に損害の賠償をしたときは、

政府はその価額の限度で保険給付をしないことができ、又は災害補償の義務を免れるものと定め、受給権者に対する第三者の損害賠償義務と政府の保険給付又は災害補償の義務とが、相互補完の関係にあり、同一事由による損害の二重填補を認めるものでない趣旨を明らかにしている。そして、右のように政府が保険給付又は災害補償をしたことによって、受給権者の第三者に対する損害賠償請求権が国に移転し、受給権者がこれを失うのは、政府が現実に保険金を給付して損害を填補したときに限られ、いまだ現実の給付がない以上、たとえ将来にわたり継続して給付されることが確定していても、受給権者は第三者に対し、損害賠償の請求をするにあたり、このような将来の給付額を損害額から控除することを要しない。」

以上が、従来の判例であるが、前掲最大判Ｈ5・3・24は、地方公務員等共済組合法に基づく退職年金を受給していた62歳の男性が交通事故で死亡し、平均余命期間18年間の退職年金の受給の喪失を含む損害について賠償請求権を相続した妻が、同時に同法に基づく遺族共済年金を受ける権利を取得したので、これを賠償額から控除すべきかどうかが争われた事案で、次のように判示した。

「不法行為と同一の原因によって被害者又はその相続人が第三者に対する債権を取得した場合には、当該債権を取得したということだけから……損益相殺的な調整をすることは、原則として許されないものといわなければならない。けだし、債権には、程度の差こそあれ、履行の不確実性を伴うことが避けられず、現実に履行されることが常に確実であるということはできない上、特に当該債権が将来にわたって継続的に履行されることを内容とするもので、その存続自体についても不確実性を伴うものであるような場合には、当該債権を取得したということだけでは、これによって被害者に生じた損害が現実に補てんされたものであるということができないからである。……したがって、被害者又はその相続人が取得した債権につき、損益相殺的な調整を図ることが許されるのは、当該債権が現実に履行された場合又はこれと同視し得る程度にその存続及び履行が確実であるということができる場合に限られるものというべきである。……退職年金を受給していた者が不法行為によって死亡した場合には、相続人は、加害者に対し、退職年金の受給者が生

存していればその平均余命期間に受給することができた退職年金の現在額を同人の損害として、その賠償を求めることができる。この場合において、右の相続人のうちに、退職年金の受給者の死亡を原因として、遺族年金の受給権を取得した者があるときは、遺族年金の支給を受けるべき者につき、支給を受けることが確定した遺族年金の額の限度で、その者が加害者に対して賠償を求め得る損害額からこれを控除すべきものであるが、いまだ支給を受けることが確定していない遺族年金の額についてまで損害額から控除することを要しないと解するのが相当である。」

本判決は、将来取得する遺族年金は、支給を受けることが確定した額の限度で控除すべきであるというものであり、この点で、特にそのような限定を付さず控除を認めていた前掲最判Ｓ50・10・24を変更したものであると同時に、年金給付方式の労災保険給付について控除すべきではないとしていた前掲最判Ｓ52・5・27をも変更するものだといえる。

ところで、社会保障給付は損害塡補を目的とするものではないこと、公務員の遺族年金のように、代位を認める規定があるものについても、生活保障的色彩を帯びる社会保険給付に私法的な代位の理論を適用することは不適当であること、などを理由に、社会保険給付について損益相殺あるいは代位による控除を認めることに反対の見解も有力である（四宮611頁、平井147頁、注釈民法(19)57頁（篠原）、河野・ジュリ691号169頁）。しかし、前述したように、確定した判例は、逸失利益の算定にあたって退職年金などを算入する以上、相続人が受給する扶助料や遺族年金を控除しなければ、相続人は二重取りとなってしまうから、控除は認めざるをえないと思われる。もっとも、四宮585・611頁は、そもそも恩給受給権などの喪失を逸失利益に算入しないので、遺族年金の控除を否定しても、相続人が二重取りになるというような事態は生じないとする。

(k) 使用者が労働者の就労不能の間の賃金を支払った場合　企業によっては、就業規則などで、就労不能の間でも労働者に賃金を支払うものと定めているケースがあるが、これに基づいて使用者が支払った場合、これによって被害者（労働者）の損害は塡補され、肩代わりをした使用者は、その限度で被害者の加害者に対する損害賠償請求権を代位取得する（民法§422の

類推適用)とするのが、判例(最判S36・1・24民集15-35、東京地判S47・12・24判時665-68)・通説(好美・判タ282号26頁など)である。

④ 「控除」と過失相殺の先後関係　例えば、不法行為の被害者が1,000万円の損害を被ったが、300万円の労災保険給付が一時金でなされた場合、被害者にも損害の発生につき5割の過失があったと仮定すると、最終的に請求できる賠償額はいくらになるかという問題がある(内田419頁)。計算の仕方としては、二通りあって、一つは、先に過失相殺を行い、その後で労災保険給付額を控除するというやり方である(過失相殺後控除説)。従って、過失相殺すると賠償額は500万円となり、それから300万円を控除するから、請求額は200万円となる。もう一つのやり方は、これとは逆に、先に労災保険給付額を控除して、その額に対して過失相殺をするというやり方である(控除後過失相殺説)。これによれば、労災保険給付額を控除した残高700万円に対して5割の過失相殺をするから、請求額は350万円になる。労災保険給付の社会保障的性格を重視すると、労働者の過失の有無を問わず給付が行われるべきだと考えられるので、まずは損害額の全体から保険給付を控除するという計算方法になるが、労災保険給付の損害塡補的性格を重視すると、先に過失相殺を行うという計算方法となる、と一般にいわれている(例えば、内田419頁)。最判H元・4・11民集43-4-209は、第一の計算方法をとっている。

(3) 過失相殺

① 過失相殺制度(§722Ⅱ)の趣旨　§722Ⅱは、被害者に過失があった場合、裁判所は賠償額の算定に際してそれを斟酌できると定める。「損害を被害者に帰せしめるのを妥当とするような事由」(四宮615頁)が存在する場合は、その損害を被害者に還元するのが損害の公平な分担という不法行為制度の理念に合致するからである。

過失相殺の理論的根拠づけについては対立があり、今日、概ね次のような見解が主張されている。第一説は、過失相殺を因果関係の一局面として位置づけ、損害の発生につき被害者の行為も原因とみられる場合には、その限度で加害者の行為の結果に対する因果関係上の影響力(寄与度)も減少し、それに応じて賠償額も減額されるというものである(浜上「損害賠償法における

『保証理論』と『部分的因果関係』の理論」民商66巻4号以下)。第二説は、被害者に過失があるときは加害者側の非難可能性の程度が減少し（西原・私法27号110頁）、あるいは加害行為の違法性の程度が減少し（川井・研究294頁）、それが賠償額に反映するとするというものである。第三説は、過失相殺は損害の金銭的評価の問題として位置づけるべきだというものである（平井150頁）。思うに、第一説がもしそこでいう因果関係を事実的因果関係を指すものとして使っているのであれば、事実的因果関係の存否は「あれなければこれなし」の公式によって判断されるべしという考えと抵触するし、また過失相殺を事実的因果関係の問題と解するときは、過失相殺制度の適用範囲を拡大することが困難となるが（平井149頁）、これでは公平を帰し難い。民法には、賠償額を減額調整するための制度として、過失相殺制度しかないのであるから、損害の金銭的評価の創造的・裁量的性格を十分に発揮させ公平を実現するには、過失相殺制度を拡大適用することが求められているといえる（平井148頁、158頁、内田409頁）。これに対して、第二説のように、被害者がどのような行動をとったかという行為態様が加害者側の非難可能性または違法性に影響しそれが賠償額に反映するというように考えると、過失相殺における「過失」は、§709の「過失」と必ずしも一致する必要はないという考えが論理的に帰結され、そのことから、過失相殺においては、被害者の責任能力はもとより、事理弁識能力さえも不要という結論を導くことができるなど、過失相殺制度の適用範囲を拡大でき、公平を実現する上で有益である。第三説は、過失相殺を損害の金銭的評価の問題として位置づけるべきだというものであるが、そのこと自体は正当であって、決して第二説の考え方と両立しないものではないであろう。即ち、被害者の過失は加害者側の非難可能性ないし違法性の程度を減少させるものであって、その点を公平の見地から損害の金銭的評価において斟酌するというのが過失相殺制度だと説明すればよいであろう（内田405頁）。

② **過失相殺の性質・対象・方法・効果**

(a) **過失相殺の自由裁量性** 判例によれば、①裁判所は諸般の事情を考慮し自由裁量で過失を斟酌し、公平の観点から損害額を決定すれば足り、その理由を示す必要はなく（最判S39・9・25民集18-1528）、②斟酌す

るかしないか、どの程度斟酌するか（過失割合）も裁判所の自由裁量に属し（最判S34・11・26民集13-12-1562。但し、最判H2・3・6判時1354-96は、過失相殺割合の判断につき裁量権の逸脱があるとして違法としているから、裁量権の範囲には合理的な限界がある）、③訴訟に顕われた資料に基づき過失があると認める場合には、過失相殺の主張がなくとも、職権で過失を斟酌できる（最判S41・6・21民集20-1078〔追補15〕）とされている。学説もこの判例理論を支持している（四宮623頁以下、平井157頁など）。過失相殺を損害の金銭的評価の問題として位置づける以上、過失相殺における裁判所の自由裁量性は当然の帰結といえる（平井150頁）。以上のように、被害者に過失があっても裁判所がこれを斟酌するか否かは自由であるとの解釈は、§722Ⅱの「斟酌することを得」の文言にも適合する。これに対して、債務不履行において過失相殺を規定する§418は「斟酌す」となっていて、斟酌することが義務づけられる文言となっている。学説には、法文どおり不法行為では斟酌するか否かは自由であるが、債務不履行では斟酌が義務づけられるとする見解もある（我妻・民法講義Ⅳ130頁、於保・債権総論（新版）149頁）。これに対して、債務不履行の場合も不法行為の場合と同様、斟酌するかどうかは裁判所の裁量に委ねられるべきだとする見解が有力である（加藤253頁、注釈民法(10)655頁（能見）、内田・民法Ⅲ160頁）。債務不履行においても債務者の非難の程度はさまざまであり、それと比較して債権者の過失が軽微な場合には、それを斟酌しないこともできてよいと考えるから、有力説のように考えるべきである。

　(b) 過失相殺の対象　　原状回復が認められる場合でも、原状回復手段の量的分割が可能なときは、過失相殺は認められるべきである（四宮626頁）。

　すべての財産的損害項目について過失相殺をすることも認められるが（最判S30・1・18裁判集民17-1）、実務は、各損害項目の合計額について一括して過失相殺を行う傾向にある。これに対して、もともと自由裁量に属する慰謝料については、被害者の過失は慰謝料額算定において考慮すれば足り、過失相殺という形で慰謝料額を減額すべきでものではない。また弁護士費用の賠償については、最判S52・10・20判時871-29は、弁護士費用は、諸般の事情を斟酌して相当と認められる額の範囲内のものが賠償額として認めら

れ、被害者の過失は諸般の事情の中で考慮されているから、過失相殺の対象とはならないとする。しかし、既に述べたように、そもそも弁護士費用は損害発生の危険と無関係のものであり、司法制度の利用にあたって誰にそれを負担させるべきかという司法政策上の問題であって、損害賠償の問題ではないから、弁護士費用についてその性質上過失相殺は適用されるべきではないとする見解が有力である（平井158頁）。

(c) 不法行為の種類　不法行為が無過失責任に基づく場合でも（大判T 7・5・29民録24－935は、§717についても過失相殺を認める）、中間責任を負う場合にも、過失相殺は認められる（加藤247頁、幾代302頁、四宮606頁、平井151頁、内田406頁）。これに対して、故意不法行為については、被害者に過失があっても、これを斟酌すべきではないとする見解がある（平井150頁）。しかし、例えば、被害者の挑発によって加害者が故意で加害行為を行ったような場合を想定すると、およそ故意不法行為については過失相殺を認めないとする態度では、公平を帰しえないと思われるから、過失相殺の適用を当然に否定すべきではない（内田406頁）。

(d) 一部請求と過失相殺の方法　訴え提起の時点で損害額の全貌が明らかでない場合などにおいては、損害賠償の一部を請求することがしばしば行われる。このような一部請求が認められるかについては民訴法学上否定説も有力であるが、最判S 37・8・10民集16－8－1720は、一部請求である旨を明示してなされた賠償請求を適法とする。ただ問題は、この場合に過失相殺をどのようにして行うかが問題となる。最判S 48・4・5民集27－3－419は、まず損害の全額から過失割合による減額をし、その残額が請求額を超えないときはその残額を認容し、その残額が請求額を超えるときは請求の全額を認容できると解すべきであって、請求額を基礎とし、これから過失割合による減額をした残額のみを認容すべきではないとする。過失相殺分を一部請求の残りの方から充当していくので、外側説と呼ばれる。例えば、全損害額1,000万円のうち600万円を請求し、過失割合が50％とすると（平井158頁の例）、まず、1,000万円について過失相殺を行うと残額が500万円となるが、その残額500万円が一部請求額600万円を超えないから、残額500万円を認容する（もし請求額が400万円のときは、残額500万円が一部請求額を超えるか

ら、一部請求額400万円を認容することになる）。このほか、全損害額につき過失相殺をし（500万円）、これを一部請求額から控除した残額100万円を認容額とするという考え方もありうるし、また、一部請求額600万円と残額400万円のそれぞれにつき過失相殺をするというやり方もある（この立場では、認容額は600万円の50％＝300万円となる）。最後の説を按分説という。判例の立場は、一部請求を認めながら過失相殺に関しては一体的に扱う点で一貫性を欠くとして、按分説も有力である（並木「過失相殺に関する訴訟上の問題」新実務民訴講座4・179頁以下、四宮628頁）。

(e) 免責の可否　§722Ⅱの文言には、被害者の過失は「損害賠償の額を定むるに付き」斟酌するとあるから、被害者の過失を理由に加害者の損害賠償責任自体を全面的に否定（免責）することはできない。加害者に過失があり不法行為責任が成立する以上、被害者の過失を理由に免責を認めることはできないからである。これに対して、債務不履行において過失相殺を規定する§418は、「損害賠償の責任及びその金額を定むるにつき」斟酌するとしているから、債務不履行では債務不履行責任自体を全面的に否定することが可能かに思われる。初期の学説は、この法文の違いどおり、債務不履行では免責を肯定し、不法行為では免責を否定していたが、今日の学説は、両者を区別する理由がないとして、解釈上同一に解すべきだとしている。もっとも、同一に解するとしても、両者とも免責を認めないとするか（加藤252頁、四宮624頁など多数）、逆に、不法行為の場合も免責を認める扱いとするか（吾妻・新版債権法39頁）、という問題が残る。思うに、前説を支持すべきである。§418が文言上免責まで規定したのは、民法の起草者が無過失の債務不履行（履行遅滞）を認めていたためであり（それ故に不法行為では§418を準用せず、独立の過失相殺に関する規定を置いた）、すべての債務不履行において債務者の過失を必要とする今日の通説の下では、もはや債務不履行において無過失ということはなく、従って、免責を認める理由が失われたといえるからである。

③　§722Ⅱの適用範囲

(a) 過失相殺の「過失」の意義　§722Ⅱの被害者の「過失」は、積極的に賠償責任を負わせるための要件ではないから、賠償責任を負わせるた

めの要件である§709の「過失」(他人の権利に対する損害回避義務＝真正過失)と同じものでないことはいうまでもない。もちろん、ＡＢの自動車が双方の過失で衝突し双方に不法行為責任が発生する場合においても、双方の真正過失を過失相殺の対象とすることはできるから、過失相殺における「過失」の中には真正過失も含まれるわけであるが、それに限らず、自己の権利や利益を守るための合理的な行動をとらなかったというような(自己の権利に対する過失＝自己過失(四宮617頁))義務違反とはいえない場合でも、過失相殺においてはこれを「過失」として取り上げることで、損害の公平な分担を図らなければならない。例えば、他人の犬をからかったために噛みつかれて怪我をした場合、人は自己の利益を守るために合理的に行動をすべき義務があるとは必ずしもいえないから、この行為には義務違反を観念できないが、しかし、そのような軽率な行動をとった被害者の落ち度は、加害行為の違法性ないし非難可能性の程度を減少させるものであり、損害の金銭的評価にこれを反映するのが公平だといえる。このような自己過失の例としては、横断歩道を渡らないで道路を横断した(但し、道路交通法§12Ⅰ)、入院中医師の指示に従わなかったため患部が悪化した(東京地判Ｓ38・4・26判タ145-158)といった場合などが挙げられる。

  (b) §722Ⅱの類推適用

    (ⅰ) 被害者の素因　被害者に特異体質等があって損害が発生あるいは拡大した場合、この特異体質等を理由に賠償額を減額できるか。損害の発生または拡大に寄与する被害者の肉体的・精神的要因のことを「素因」という。素因には心因的素因、病的素因(疾患)、加齢的素因などがある。これらは被害者の落ち度とはいい難く、必ずしも責められるべき点ではないから、「過失」とはいい難いが、これが損害の発生・拡大に寄与している以上、何らかの方法で賠償額に反映させるべきではないかとして問題とされる。

  まず、最判Ｓ63・4・21民集42-4-243は、52歳の主婦Ａが夫の乗用する運転車に同乗していて加害者の車に追突され、むち打ち症となり、通常なら2、3ヵ月で治癒する程度の負傷であったにもかかわらず、2年8ヵ月にわたる入院をし、事故後10年以上経過した今も衣服の着替えさえも一人ではできず他人の助けを必要とする程度の頭痛、頚部痛、しびれなどを残す状態

にあるが、事故当時の追突の状況は被害者の車のバンパーに加害車輌が触れた程度で衝撃は軽度で、Aの症状は多分にA自身の心因的要因（加害者の態度に対する不満、損害賠償請求の経験、自発性の減退など）によるという事情があったというケースで、次のように判示した。

「身体に対する加害行為と発生した損害との間に相当因果関係がある場合において、その損害がその加害行為のみによって通常発生する程度、範囲を超えるものであって、かつ、その損害の拡大について被害者の心因的要因が寄与しているときは、損害を公平に分担させるという損害賠償法の理念に照らし、裁判所は、損害賠償の額を定めるに当たり、722条2項の過失相殺の規定を類推適用して、その損害の拡大に寄与した被害者の右事情を斟酌することができるものと解するのが相当である。」

次いで、最判H4・6・25民集46－4－400は、加害行為と被害者の罹患していた疾患とがともに原因となって損害が発生したケースで、過失相殺の規定を類推適用して、被害者の疾患（病的素因）を斟酌できるとした。

これに対して、最判H8・10・29判時1593－58は、追突事故で頚部に傷害を受けた被害者が平均人に比べ首が長く多少の頚椎の不安定症があるという身体的特徴を有しており、これに本件事故による損害が加わって、バレリュー症候群を生じさせたというケースで、このような身体的特徴は疾患にあたらない以上、これを過失相殺として斟酌すべきではないとして、その理由を以下のように述べた。

「人の体格ないし体質は、すべての人が均一同質なものということはできないのであり、極端な肥満など通常人の平均値から著しくかけ離れた具体的特徴を有する者が、転倒などにより重大な傷害を被りかねないことから日常生活において通常人に比べてより慎重な行動をとることが求められるような場合は格別、その程度に至らない身体的特徴は、個々人の個体差の範囲として当然にその存在が予定されているというべきだからである。」

学説には、素因をもって被害者に自己の利益または安全を防衛するうえで一般人以上の負担を課することは公平とはいい難いとして、一般的に被害者の素因を過失相殺として斟酌することに異論を唱える見解もある（窪田・判タ558号37頁以下。但し、この説も、心因的要因は本人に責められるべき点が多い

ことを理由に、減額事由とすることを認めている)。しかし、多数説は判例を支持し、損害の公平な分担を根拠に、被害者の素因一般を賠償額減額事由とすべきだと解している。とはいえ、どこまでの被害者の素因を斟酌すべきかは困難な問題である。判例は、心因的素因と病的素因については肯定したが、身体的特徴については、通常人の個体差の範囲内の体格は減額事由とはならないとした。通常人の個体差の範囲内のものであれば、特に「慎重な行動」を要請すべきではないからである。病的素因についても、通常人の個体差の範囲内のものであるならば、減額事由とすべきではないであろう。加齢的素因(高齢になれば被害が生じやすく拡大もしやすい)についても、これも通常人の個体差の問題にすぎないとみるべきであるから、減額事由とすべきではないであろう。なお、東京地判S44・9・17判時574－53は、事故車に同乗していて死亡した女性につき、知り合って1週間しかたっていない男性の車に同乗し深夜ドライブをしたという倫理的素因を減額事由としているが、「素因」の不当な拡大だといわなければならない(平井157頁、内田412頁など)。

　次に、被害者の素因を損害賠償額の算定において考慮するとした場合の理論構成であるが、これには大別して、①不法行為の成立要件に関する理論構成と、②損害の金銭的評価に関する理論構成とに大別できる。①は割合的因果関係説と呼ばれる説で、不法行為の成立要件としての因果関係の存否を、オール・オア・ナッシングではなく、それぞれの要因の寄与の程度に応じて量的に捉えるべきだと主張し、加害行為の寄与度に応じた割合的な因果関係の存在を認め、その割合の限度で不法行為が成立すると説く(小賀野・判タ674号44頁)。しかし、この説は、「あれなければこれなし」の公式で判断されなければならない事実的因果関係の本質に反する。②は寄与度減額説(被害者の素因の損害発生・拡大への寄与の度合いを損害額から減ずる説。大阪地判S58・6・7交民16－3－87)、一般条項援用説(信義則等の一般条項に基づき減額する。大阪高判S58・9・6交民16－5－1223)、過失相殺規定類推適用説(§722Ⅱを類推適用する。前掲最判の立場)と分かれる。学説上も過失相殺類推適用説が多数を占める(法学教室97号82頁以下(能見)参照)。前述したように、被害者の素因を「過失」と同視できるものではないが、民法上唯一の賠

償額の減額調整規定である§722Ⅱを類推適用するのが妥当である。

　　　　(ⅱ) 好意同乗　　AがBの好意で（つまり無償で）Bの自動車に乗せてもらったところ、Bの運転ミスで事故に遭い怪我をしたという場合、Aは受けた損害額全額をBに請求できるというのは抵抗がある。Bとしては、困っているAを助けるつもりでAを同乗させたのであり、それにもかかわらず、事故を起こしたからといって全額の賠償責任を負わなければならないというのは疑問である。これがいわゆる好意同乗といわれる問題で、何らかの法律構成で賠償額を減額できないかが問題とされる。もちろん、AがBの酩酊状態を知りながら同乗したとか（福岡地小倉支判S45・7・3判時617-78）、極端にBの運転技術が未熟であることを知りながら同乗したといった場合には、Aにも「過失」があるとみてよいから（Aは危険を引き受けたものと考えればよい）、過失相殺を適用することが許されよう。しかし、そのような場合でなければAに過失があるとはいえない。しかし、だからといって賠償額を一切減額しないとしたのでは、前述したように、好意で同乗させたBの立場があまりにも無視したものとなろう。そこで、信義則を理由に賠償額減額する構成も考えられるが、賠償額減額調整規定としては過失相殺制度が民法上唯一のものであるから、これを類推適用するのが妥当である。即ち、厳密にいえば、Aには過失がないのであるが、Bの好意・無償というファクターが加害者であるBの非難可能性の程度に影響し、それが賠償額の減額をもたらすのだと考えるのである（内田413頁）。つまり、過失相殺制度は、被害者の過失や素因といった要素以外にも「加害者と被害者の人間関係といったファクター」（内田前掲）がある場合にも、賠償額を減額するために広く類推適用されるべきだということである。

　　④　「過失」能力（過失相殺能力）の要否　　かつての判例（大判T4・6・15民録21-939）は、§722Ⅱの「過失」を§709の「過失」と同じものと考え、被害者の「過失」を斟酌するには、被害者に責任能力（§712）を必要とすると解していた（我妻210頁、加藤250頁）。従って、この立場では、後述する「被害者側の過失論」によってしか賠償額を減額することができず、例えば、責任能力を欠く7歳の子供が不注意で道路に飛び出して自動車にひかれて死亡したという場合、監督義務者が存在しなかったり（この子供が身寄り

のない者だった場合)、監督義務者がいても監督義務者に過失がなかった場合(例えば、そばにいた母親が病気で突然倒れ前記事故がその間に起きたような場合)には、いわゆる被害者側の過失論を適用できないから、賠償額を一切減額することができない不都合がある(四宮621頁)。それに、もともと過失相殺における過失は、被害者に賠償責任を負わせるために要求される要件ではないのであって、積極的に不法行為責任を負わせるための要件として規定された§709の「過失」とは根本的に異なるものである。

かくして、最判S39・6・24民集18－5－854は、以上の批判を受け、過失相殺においては被害者は責任能力を有することを要せず、事理弁識能力があれば足りるとし、次のように判示し、8歳の子供につき過失相殺を認めた。

「過失相殺の問題は、不法行為者に対し積極的に損害賠償責任を負わせる問題とは趣きを異にし、……損害賠償の額を定めるにつき、公平の見地から損害賠償は責任についての被害者の不注意をいかにしんしゃくするかの問題に過ぎないのであるから、被害者たる未成年者の過失をしんしゃくする場合においても、未成年者に事理を弁識するに足る能力が具わっていれば足り、未成年者に対し不法行為責任を負わせる場合のごとく、行為の責任を弁識するに足る知能が具わっていることを要しない。」

その後の下級審判決は、5、6歳になれば事理弁識能力があるとしている(東京地判S42・8・14判タ214－230など。但し、横浜地川崎支判S46・3・15判タ261－248は、4歳11ヵ月で事理弁識能力を肯定している)。

しかし、事理弁識能力すら必要としないと考えるべきである(西原・私法27号110頁、川井・研究294頁、森島392頁、四宮622頁、内田405頁など)[注(1)]。なぜなら、第一に、事理弁識能力で足りると考えても、事理弁識能力すら欠ける幼児が被害者の場合は、前述した責任能力必要説に対する批判がそのまま妥当するし、第二に、前述したように、そもそも過失相殺制度を、被害者がどのような行動をとったかという行為態様が加害者側の非難可能性または違法性の程度を減少させ、それを賠償額に反映させることで公平を実現する制度として位置づける以上、被害者に事理弁識能力すら欠けている場合でも、被害者のとった行動が加害者側の非難可能性または違法性を減少させるもの

と認められる限り、これを賠償額に反映するのが当然と考えられるからである。

　もっとも、事理弁識能力すら必要がないとしながら、過失相殺における「過失」は被害者の行為といいうるものでなければならず、被害者には自己の行為を支配する能力（3、4歳児程度の能力）が存在しなければならないとする見解がある（前田361頁以下）。しかし、この立場では、歩道を歩いていた者が突風にあおられて車道に倒れこみ、これをスピード違反の自動車がひいた場合、賠償額は一切減額できないことになって不当である（四宮622頁）。

　　注(1)　なお、①他人に損害が生じるのを回避する義務を被害者が負わない場合（幼児のケースがこの場合であり、このほか、犬をからかって噛みつかれたとか、酔って道路に寝ていたところひかれたといった場合）には、自己の利益または安全を守る義務を観念できないから、この場合は義務違反ではなく事理弁識能力すら必要がないが、②他人に損害が生じるのを回避する義務を負う場合には、一般の不法行為と同様、被害者には責任能力を必要とし、③自己の安全または利益を危険にさらす被害者の行為が同時に他人への損害回避義務に違反する場合には、①②の中間であるから、事理弁識能力で足りるとする説もある（平井152頁以下）。

⑤　**被害者側の過失論**　　判例（最判S42・6・27民集21-6-1507）は、§722Ⅱの「過失」には、被害者本人の過失だけではなく、「被害者と身分上ないし生活関係上一体をなすとみられるような関係にある者」の過失（いわゆる被害者側の過失）も含まれるとし、その理由として、損害の公平な分担を挙げる。この点に関する判例を挙げると、以下のとおりである。

　(イ)　A（使用者）の被用者Bが運転する自動車とCの運転する自動車とが衝突しBの自動車が破損した場合に、AのCに対する損害賠償請求にあたって被用者Bの過失を斟酌する（大判T9・6・15民録26-884）。

　(ロ)　被害者A（幼児）が死亡し親Bが固有の権利として損害賠償を請求する場合、Aの過失を斟酌する（東京地判S30・11・28下民集6-2490）。

　(ハ)　幼児である被害者Aが損害賠償を請求する場合、Aの監督義務者Bの過失を斟酌できるが、保育園の保母のように「被害者と身分上ないし生活関係上一体をなすとみられるような関係」にない者の過失は斟酌すべき

ではないとして、次のように述べる（前掲最判S42・6・27）。

「被害者側の過失とは、例えば被害者に対する監督者である父母ないしはその被用者である家事使用人などのように、被害者と身分上ないしは生活関係上一体をなすとみられるような関係にある者の過失をいうものと解するを相当とし、所論のように両親より幼児の監護を委託された者の被用者のような被害者と一体をなすとみられない者の過失はこれに含まれない。けだし、同条項が損害賠償の額を定めるにあたって被害者の過失を斟酌することができる旨を定めたのは、発生した損害を加害者と被害者との間において公平に分担させるという公平の理念に基づくものである以上、被害者と一体をなすとみられない者の過失を斟酌することは、第三者の過失によって生じた損害を被害者の負担に帰せしめ、加害者の負担を免ずることとなり、却って公平の理念に反する結果となるからである。」

㈢　X_1とYの自動車の衝突事故で、X_1の車に（好意）同乗していたX_1の妻X_2が負傷したが、右事故の発生についてのX_1・Yの過失割合は5対5であったというケースで、妻X_2のYに対する損害賠償請求に対しては、夫X_1の過失を斟酌し、過失相殺すべきであるとして、次のように述べる（最判S51・3・25民集30-2-160）。

「被害者の過失には、被害者本人と身分上、生活関係上、一体をなすとみられるような関係にある者の過失、すなわちいわゆる被害者側の過失をも包含するものと解される。したがって、夫が妻を同乗させて運転する自動車と第三者が運転する自動車とが、右第三者との双方の過失により衝突したため、傷害を被った妻が右第三者に対し損害賠償を請求する場合の損害額を算定するについては、右夫婦の婚因関係が既に破綻にひんしているなど特段の事情のない限り、夫の過失を被害者側の過失として斟酌することができるものと解するのを相当とする。このように解するときは、加害者が、いったん被害者である妻に対して全損害を賠償した後、夫にその過失に応じた負担部分を求償するという求償関係をも一挙に解決し、紛争を1回で処理することができるという合理性もある。」

㈤　最判S56・2・17判時996-65は、寿司店の同僚Aの運転する車の助手席にXが（好意）同乗していたところ、運転者Aの過失と第三者Yの

過失によって被害を受けたＸがＹに損害賠償を請求したケースで、ＸＡ間に「身分上ないし生活関係上一体をなすとみられるような関係」が欠けるから、Ａの過失による過失相殺をすべきではないとする。

　さて、損害の公平な分担という不法行為法の理念に加えて、負傷した子の治療費を親が支出したときは、子・親いずれからも賠償を請求できるとされているが、子に過失があった場合、子が請求すると過失相殺がなされ、親が請求すると過失相殺が認められないとするのは不公平であることを考えると、§722Ⅱの「被害者」の中には広く被害者「側」の過失も含まれるものと考えるべきである。

　ところで、過失相殺能力不要説では、被害者側の過失理論の必要性は責任能力説や事理弁識能力説に比べれば少ないといえるが、必要性が皆無になるわけではない。例えば、過失相殺能力不要説では、被害者が１、２歳の幼児の場合でも、幼児の過失を過失相殺の対象とできるから、その場合、父母の過失を被害者側の過失としてとり上げる必要はないが、被害者本人には過失は認められないが、被害者と一定の関係にある者には過失が存在するという場合は、その者の過失をとり上げる必要があるから、過失相殺能力不要説でも被害者側の過失理論はなお必要と思われる。この点、前記(ロ)(ハ)のケースでは、被害者側の過失理論はもはや必要がなくなったとする説（平井154頁、内田405頁）には賛成できない。そして仮に、(ロ)(ハ)のようなケースでは、もはや被害者側の過失論は不要となったとしても、(イ)や(ニ)のケースでは、なおこの理論は必要である。即ち、(イ)のケースでは、使用者は被用者を使うことでその活動範囲を広げ利益を拡大しているのであるから、公平の見地から、使用者の第三者に対する損害賠償請求において被用者の過失を斟酌することが正当化されるべきである（但し、平井155頁、四宮631頁は、これとは異なる理論構成をしている）。次に、(ニ)のケースについては、夫と加害者Ｙの運転者の競合的不法行為として処理する（平井156頁）ことでも妥当な結果は得られる。競合的不法行為においては、被告は事実的因果関係が一部にしか及ばないことを立証すれば減責されるから、加害者Ｙがこの点を立証することで賠償額の減額は認められる。また、(ハ)のケースにおいても、保育園（または保母）と加害者との競合的不法行為とみる（平井156頁）ことで同様の結果を得

られ、㈠㈡のケースはいずれも過失相殺をするまでもないともいえる（平井前掲）。これに対して、判例は、㈡のケースで、「求償の簡略化による紛争の一挙解決」ということを過失相殺制度に託して過失相殺を認めた。即ち、妻X_2の負傷は夫X_1とYの共同不法行為にそれぞれよるものであり、従って、本来ならば、X_2はYに対して、損害の全部を請求し、YはX_1にその半額を求償することになるはずであるが、YがX_1から求償しうるといっても、実際上は求償しえないかもしれないし、また、YがX_1から求償しうる部分は、X_1・X_2が経済的共同体をなしている限り、X_2がYから賠償を受けたものであるといってよい。このような場合、YのX₁に対する求償の手間を省き、Yの賠償自体から右の求償分を控除することこそが、Y・X_2の公平に資するばかりか、紛争の一回的処理を可能にする。学説上も、財布の同一性の存する場合には、判例のように求償の過程を簡略化し、三者間に生じた紛争を一挙に解決することは合理的であり、そのために過失相殺制度を利用することが許されてよいとする見解がかなり多いようである（四宮632頁、森島396頁、内田408頁）。もっとも、これに対しては、妻の受領した損害賠償金が夫の利益にも帰するというのは、夫婦別産制の建前からはもちろん、実際上も現実に即した処理であるかは疑問であるし、また、求償関係の簡略化のために過失相殺制度を利用するのは、不法行為による損害の塡補はできる限り現実に履行されなければならないという原則らいっても疑問であるという批判がある（昭和51年度重要判例解説84頁（品川））。

5 損害賠償債務の遅延利息発生時期

確定した判例（最判S37・9・4民集16-9-1834、同S58・9・6民集37-7-901など）・通説は、不法行為による損害賠償債務は、不法行為の時（損害が発生しなければ不法行為は不成立であるから、加害行為時ではなく損害発生時）に発生し、その時から債権者（被害者）の催告（§412Ⅲ）がなくても遅滞に陥り、法定利息（年5分——§404）による遅延損害金（遅延利息）を生ずるとする。このように解する理由は、主として沿革と公平の観念による。まず、沿革であるが、ローマ法では「盗人は常に遅滞をなすとみなされる」といわれ、物の侵奪を理由とする利得返還に関して催告は不要であるとされていた。もっとも、催告が不要とされるのは物の侵奪の場合だけであり、すべ

ての不法行為に通ずる原則ではないから、沿革は十分な理由とはならない（四宮634頁）。しかし、公平の観念は、前述の判例・通説を正当化するに十分なものといえる。即ち、公平の観点に照らせば、物の侵害であるか人損であるかを問わず、催告不要と解するのが、原状回復を目的とし不法行為前の事態と不法行為後の事態との間に「いささかのすきまを残さないことを要求する」（四宮635頁）不法行為制度の目的に合致するからである。

　これに対しては、遅延損害金は履行遅滞によって生ずるものであるから、損害が金銭に評価されるまでは問題とすべきではなく、遅延損害金の発生は、金銭的評価の時点、即ち、口頭弁論終結の時点とするのが理論的ではあるが、これでは実務と離れすぎるし、訴訟の引き延ばしに対処できないことから、遅延損害金の発生時期を、§412Ⅲとのバランスをふまえ、訴状送達時とすべきだとする見解がある（平井165頁以下）。この見解には、前述の公平の観点に照らし、にわかに賛同できないが、ただ弁護士費用については、その遅延損害金発生時期を損害発生時とすることは疑問である。前掲最判Ｓ58・9・6は、弁護士費用についても不法行為時から遅滞に陥るとしているが、前述したように、もともと弁護士費用は損害賠償の問題ではないし、また、通常は裁判終了後に支払われるものであるから、「支払われるべき額が動かし難いものとなった判決確定日から」遅滞に陥ると解すべきである（平井166頁。判例・通説を支持する四宮博士も、弁護士費用については別異に解すべきだとする（四宮637頁））。

6　損害賠償請求権者の範囲

　(1)　**総　説**　ドイツ民法§823Ⅰが原則として不法行為の損害賠償請求者を直接の被害者に限定しているのに対して、わが民法は、誰が損害賠償請求権を取得するかに関しては、§711、§721を別とすれば、一般的にこれを定めた規定はない。この点、損害賠償請求権者を特に限定しないフランス民法§1382に由来するわが民法§709は、損害賠償責任を負う者の側から規定し、損害賠償請求権者の範囲を規定していないが、一応この規定から、損害を被った者なら誰でも請求権者となれるという原則を導くことができる。

　もっとも、請求権者は権利能力を有しなければならないというまでもない。とすれば、すべての自然人と法人がこれに含まれることになるが、た

だ、法人については、その財産権が侵害された場合は問題ないものの、自然人のような生命・身体・自由等の被侵害利益は存在しないし、精神的損害も生じない。もっとも、最判Ｓ39・1・28民集18－1－136は、法人の名誉権を侵害した事案で、「法人の名誉権侵害の場合は金銭評価の可能な無形の損害の発生すること必ずしも絶無ではなく、そのような損害は加害者をして金銭でもって賠償させるのを社会観念上至当」と判示した。これまで法人には精神的苦痛はあり得ず、従って、慰謝料請求権を取得できないと考えられてきたが（例えば、広島高松江支判Ｓ38・7・31判時347－18）、この最高裁判決は、これを前提としたうえで、「無形の損害」という形で賠償請求を認めたもので、企業イメージなどが侵害されたときに企業を救済しようとした判決として高く評価できる（四宮486頁ほか多数説）。もっとも、「無形の損害」というのは意味不明確であって、この種の事件においては、財産的損害の証明度を緩和して財産的損害の発生を肯定することで、法人の救済を図るべきだとする批判もある（幾代264頁以下、平井160頁）。

　法人格なき社団・財団も、以上の法人に準じて考えてよい。

　それでは、権利能力を有しない胎児と死者はどうか。胎児については、§721で特に損害賠償請求権者とされている。胎児の利益保護の見地から、例外的に損害賠償請求権を認めたものである。胎児には権利能力がない（§1の3）が、民法は損害賠償の請求（§721）、相続（§886Ⅰ）、遺贈（§965）に限り、例外的に権利能力を認めた。もっとも、§721の「既に生まれたるものと看做す」の意義については、①法定停止条件説（大判Ｓ7・10・6民集11－2023・通説——胎児には権利能力はなく、生きて生まれたときに、生まれた時期が不法行為の時まで遡及し、その時期に胎児が既に生まれていたと同一の法的取扱いがなされるにすぎない）と、②法定解除条件説（胎児中においても生まれたものとみなされる範囲では、既に制限的権利能力を有し、生きて生まれなかったときは遡及的にこの権利能力が消滅するとする）とが対立する。両説の差異は、胎児中の権利能力を認めて、その法定代理人の存在を許すかどうかについて生ずる。即ち、法定解除条件説では、法定代理人の存在が許されるが、法定停止条件説ではこれが許されない（詳細は拙著『現代民法コンメンタール1・民法総則』49頁以下参照）。

死者については特別の規定はない。しかし、死者の名誉が侵害されることはありうる。刑法§230Ⅱは、死者であっても、摘示事実が虚偽ならば、名誉毀損罪が成立するとしている。では、はたして民事上死者の名誉が侵害された場合、不法行為が成立するであろうか。死者に人格権（名誉権）を認めるならば（斉藤・人格権法の研究210頁以下）、死者に対する不法行為の成立を肯定できる（東京高判Ｓ54・3・14判時918-21（落日もゆ事件）も、一般論として死者の名誉侵害の可能性を認めているし、静岡地判Ｓ56・7・17判時1011-36も同様である。但し、結論はいずれも棄却）。学説も、死者自身に対する名誉侵害を肯定する説がある（但し、死者は自ら権利を行使できないので、遺族がこれを代行すると法律構成することになるが）。これに対して、死者の名誉毀損が遺族の人格権（敬愛追慕の情）を侵害するときに、遺族に対する不法行為が成立するとする判決が多い（前掲静岡地判Ｓ56・7・17、大阪地判Ｈ元・12・27判時1341-53は、遺族に対する不法行為を肯定した）。

(2) 生命侵害と損害賠償請求権者の範囲　被害者が傷害を受けたにとどまり生存している場合は、被害者は損害賠償請求権を取得し、これを行使することになるが、被害者が死亡した場合は、損害が発生する時点で既に被害者は権利能力を失っているから、損害賠償請求権を取得できないはずであって、被害者に損害賠償請求権が発生・帰属しない以上、相続人がこれを相続するということもありえないのではないか、という疑問が生ずる。慰謝料請求権についても同様で、それが発生する時点では苦痛を感ずるべき本人は死亡しているのであるから、死者本人は慰謝料請求権を取得する余地がなく、従ってまた、これを相続人が相続するということもありえないのではないか、という疑問が生ずるのである。このように、生命侵害の場合には、傷害にとどまる場合にはみられない問題があるといえる。慰謝料請求権の問題については§710で論じ、ここでは財産的損害の賠償請求権の問題のみを論じる。ところで、被害者の生前、被害者によって扶養を受けていた者（遺族等）がいれば、被扶養者は被害者の死亡によって扶養利益を失うことになるから、被扶養者は、その点を自らの固有の損害として賠償請求権を取得することはいうまでもない。問題は、こういった遺族はその点の損害賠償請求権しか取得しえないのかどうかである。生命侵害によって、もし死者には逸失

利益を中心とした財産的損害についての賠償請求権が発生しているとすれば、遺族はこれも相続しているとみる余地があるからである。判例は、死者への損害賠償請求権の発生とその相続性を否定したものもわずかにあるが（大判 S 3・3・10 民集 7 －152）、ほぼ一貫して、死者への損害賠償請求権の発生とその相続を認めてきており（大判 T 9・4・20 民録 26－553、同 T 15・2・16 民集 5 －150、同 S 11・5・8 新聞 3987－17 など）、今後、これが変更される可能性はほとんどない状況だといえる（平井 171 頁はこう分析する）。判例が肯定する主たる理由は、被害者が傷害を負い損害賠償請求権を取得した後死亡すれば、相続人がこの権利を相続するのに、被害者が即死の場合は、被害者の相続人は何の権利も承継しないというのでは、重い結果である即死の場合の方が加害者の責任が軽くなって不当だというところにある（前掲大判 T 15・2・16）。また理論構成としては、即死の場合においても、受傷と死亡との間には観念的には時間のズレがあるはずだ、と説明している（前掲大判 T 15・2・16）。

この問題について、起草者の一人は、死者には権利能力がないことを理由に、損害賠償請求権は発生せず、従って、遺族は扶養利益の喪失を固有の損害として賠償請求するほかないとしており（梅・民法要義 3 巻 874 頁）、民法施行直後、これが通説化し、前述した被害者が負傷した後死亡した場合との均衡論から、その後、この説は支持者が少なくなったものの、近時再びこの説は有力となり、今日では、相続否定説こそ「通説」とみる見解すら登場している（平井 171 頁）。以下では、死者の損害賠償請求権の発生と相続を否定する説とこれを肯定する説の各論拠を紹介したうえで、私見を明らかにする（以下にあげる各説の根拠の紹介については、平井 171 頁以下、内田 423 頁以下に負う）。

（I）　相続否定説（固有被害説）（浜田・法経論集（法律編 9 号）90 頁、好美・田中古稀記念・現代商法学の諸問題 709 頁、民法判例百選 II 債権 179 頁（西原）、加藤一郎・ジュリ 391 号 48 頁、森島 256 頁、幾代 237 頁、四宮 483 頁以下、平井 171 頁以下など）

　　　　① 権利能力を失っている死者が、その死によって生じた損害の賠償請求権を取得するというのは、論理矛盾である。肯定説は、この矛盾を回避

するために、即死の場合でも、受傷と死亡との間には、必ず現実的に、あるいは観念的には時間的間隔がある（時間的間隔説＝鳩山・増訂日本債権法各論（下）871頁、前掲大判Ｔ15・2・16）とか、不法行為に対しては損害賠償の範囲で被害者はなお法律観念上権利主体とみなされるべきだ（死者人格相続説＝平野・判例民事法大正15年度111頁）とか、生命侵害は身体傷害の極限概念であるから、受傷後死亡した場合と同様に考えることができる（極限概念説＝舟橋・我妻還暦記念・損害賠償責任の研究（上）346頁）とか主張しているが、いずれも比喩的・技巧的説明であって、不自然である。

　　② 肯定説は、子供が死亡し親が子供の逸失利益を相続するという、いわゆる逆相続の場合、子供が平均余命年数まで生きたと仮定して逸失利益を計算するが、それを相続するのは子供の平均余命よりも平均余命の短い親であるから、親については、今度はその平均余命を無視して子供よりも長生きすると仮定していることになり、この二つの仮定は相矛盾するし、不自然である。また、死亡した子供の逸失利益を相続するのは、その子供の配偶者や子供である確率の方が大きいのであって、親が逸失利益を相続すると想定するのも不自然である。

　　③ 肯定説では、死者と生前全く交際がなく生命侵害によって経済的損害を全く受けない者も、戸籍上相続人というだけで多額の損害賠償請求権を相続することになって不当である（いわゆる「笑う相続人」の出現）。つまり、死者と生活を共にしていた内縁の妻は相続できないが、死者と生前は全く交際のなかった兄弟姉妹は損害賠償請求権を相続するというのは、おかしい。

　　④ 民法起草者は相続否定説に立っていたし、比較法的にみても、相続肯定説はほとんどみられない。

(II) 相続肯定説（我妻139頁以下、内田427頁など）

　　① 仮に時間的間隔説や極限概念説の説明が不自然だとしても、そのような技巧的な説明は、法の世界ではよくあることであって、肯定説にとって致命的なものではない。

　　② 否定説では、被害者が死亡した場合は、被害者の逸失利益を内容とする損害賠償を請求できないが、被害者が受傷したにとどまる場合は、こ

れを請求できることになって、生命侵害という被侵害利益が重大な方が加害者の責任が軽くなる（死亡させた方が加害者には有利）という不均衡が生じている。また、否定説では、即死の場合は損害賠償請求ができないが、受傷後死亡した場合は、死亡するまでに和解が成立するなどして具体的な損害賠償請求権が発生した場合はもちろんのこと、和解に至っていない場合でも、受傷について損害賠償請求権は観念的には発生していると考えざるを得ないはずだから、相続人はこれを承継し加害者に請求できると考えざるを得ず、そうなると即死の場合との間で均衡を失する。

　③　子の逸失利益を内容とする損害賠償請求権を親が逆相続することを認めることは、子の生命を財産的なものと考えているというふうに否定説は指摘する向きがあるが、否定説でも、子が受傷後死亡した場合には、結局、逆相続を認めざるを得ないはずである。

　④　否定説では、損害賠償を請求できる者は、被害者の死亡によって固有の損害を受けた者ということになるから、固有の被害を受けた者は誰かという基準を定立しなければならず、例えば、配偶者でも、死亡した被害者によって扶養されていた者は、扶養利益の喪失を理由に損害賠償を請求できるが、別居しているなどして扶養を受けていなかった者は、固有の損害はなく損害賠償を請求できないことになるなど、損害賠償請求権者の範囲を画する基準が明瞭ではないし、固有の損害につきその損害額の算定という新たな問題を抱えることになる注(1)。これに対して、肯定説では、請求権者は相続人に限られ、しかも戸籍上の記載によってこれを確定できる容易さがあるし、また、死者の所得額を基準として逸失利益を算定するから、損害額の算定も容易である。即ち、肯定説では、自己が損害賠償請求権者であることの立証の負担が軽いし、損害額の立証の負担も軽く、その結果、事件ごとのバラツキが生じにくく、公平な処理が可能となる。

　⑤　否定説では、死亡した被害者に被扶養者がいない場合は、加害者は全く損害賠償義務を負わなくてよいから、「笑う相続人」の出現を回避しようとして相続を否定すると、今度は「笑う加害者」の出現を許してしまう。

　⑥　肯定説の方が賠償額が高額となり、被害者に有利である。否定説

でも遺族は扶養利益の喪失分を損害として賠償請求できるが、その額は、死亡した被害者の逸失利益を内容とする賠償額よりも少ないはずである。なぜなら、死亡した被害者の逸失利益が全額遺族の扶養に当てられるわけではなく、それに当てられるのは逸失利益の一部にすぎないからである。

> 注(1) 相続否定説の論者は、結局、損害賠償請求権者の範囲に関する新たな基準を提示することを求められる。その場合、遺族がどのような利益が侵害されることになるのかについては、相続期待利益説、扶養請求権ないし扶養利益とする説、監護養育・教育・扶養等の利益とする説、生活権とする説などがある（幾代234頁、四宮512頁参照）。この中で有力なのは、死亡した被害者から将来において扶養を受ける利益を失ったこととし、被扶養者の扶養利益の喪失という損害は死亡した被害者の損害の賠償請求権の否定の代わりに発生するものであるから、扶養利益の侵害自体については加害者の故意・過失を問わないとする説である（森島256頁、幾代240頁、四宮483頁、512頁、平井174頁など）。例えば、この説に立つ平井教授は、生命侵害において、損害賠償請求権を自己固有の損害として請求できる者は次のような者だとされる（平井175頁以下）。まず、配偶者は常に請求権者であり、かつ請求できる損害額は、死者の逸失利益から死者自身の生活費および扶養する者に対する必要額を控除した残額であると事実上推定され、この推定を覆すためには、賠償義務者は、例えば、その配偶者が婚姻共同生活を営んでいなかったことを立証しなければならない。次に、子のうち、未成熟子も特段の事情がない限り請求権者であるが、損害額は死者から扶養が期待される年数に至るまでに限られる。これに対し、死者との共同生活から脱して独立の家計を営んで生活する成熟子は、賠償請求権者たる地位を認められない。また、子が死亡した場合の親については、子が未成熟子の場合は、親はそれから財産的利益を受けているわけではないから、請求権者たる地位を否定されるが（但し、慰謝料の高額化をすべきである）、成熟子の死亡の場合は、その子によって扶養されている親は、請求権者たる地位を認められる。以上に述べた者以外の者（兄弟姉妹や内縁の配偶者など）は、個別に立証することにより、死者からの扶養による利益に相当する額を請求できる。そして平井教授は、配偶者の一方または親が死亡した場合は、請求権者たる地位の立証は困難ではないが、その場合でも損害額の算定は相続肯定説よりも複雑であるし、これらの者以外の者の場合は、請求権者たる地位と損害額の立証の双方が肯定説よりも複雑になる、と結んでいる。

(Ⅲ) 私　見

結論からいうと、相続肯定説をもって正当としたい。不法行為制度の目的

論との関係でいうと、不法行為の目的として「損害の塡補」を重視すると、全額賠償の原則の反面としての等価塡補の原則（被害者に受けた損害以上を塡補してはならないという原則）を重視する結果、相続否定説に傾くが、「不法行為の抑止」という目的を重視すると、相続肯定説に傾く、と指摘されることがある（四宮484頁）。ただ、不法行為制度の目的論からのみ論理的に結論を出すというのは、いささか大雑把にすぎるように思われる（平井174頁、内田726頁もこのような態度を疑問とする）。そのような観点だけではなく、「司法政策的な配慮ないし便宜」（幾代236頁）の観点からも考えていくべき問題であろう。また、現在否定説が有力化している中にあって、「均衡論の説得力、命を奪う不法行為に対する国民感情、そして不法行為法の抑止効果を考慮すると、現在の段階では判例を支持すべきではないかと思う」（内田427頁）という見解も依然存在するということも見逃されてはならない。思うに、①請求権者の範囲が明確であること、②傷害の場合との不均衡が生じないことのほかに、③賠償額が高額であるうえに賠償請求の立証の負担が軽く、被扶養者不在の場合でも加害者は賠償責任を免れず不法行為の抑止力があるなどの利点を有する相続肯定説を支持すべきであろう。

　ところで、相続肯定説も遺族固有の賠償請求を否定するわけではなく、例えば、相続権のない被害者の内縁の配偶者が、被害者によって扶養されていたならば、扶養利益の喪失を損害として賠償請求することができることは、いうまでもない。しかし、このように遺族固有の損害賠償請求権が認められたからといって、それ故に、損害賠償額が増額されるわけではなく、それは死者の逸失利益を基準として算定され、その上限は動かないのであって、そのようにして決まった枠内で各請求者に配分されるにすぎないのである。例えば、死亡したAに内縁の配偶者Bと離婚した前妻との間の子CDがおり、Dは未成年者でAが扶養していたとする。BがAの収入によって生計を立てていたとすると、DとBは扶養利益の喪失を理由に賠償請求できる。この場合、まずAの逸失利益をもとに賠償額の総額を算定し、そこから扶養されていたBDが現実の扶養の実態に応じた割合で賠償金の支払いを受け、その後で残額があれば、相続人がこれを相続することになる（東京地判S61・5・27判時1206−56）。もともとAの収入が少なくBDを扶養して余剰がないよう

な生活であったならば、相続人に残る逸失利益はゼロということになる（以上、内田428頁）。

(3) **慰謝料請求権の相続性**　この問題については、以下のような判例の変遷がある。判例は当初、慰謝料請求権は、主観的な感情が根拠となっているから、一身専属的権利であり、相続の対象とならないが（§896但書）、ただ本人がその請求の意思を表示すれば、具体的な金銭債権となるから、相続されるとした（大判M43・10・3民録16-621）。これを意思表明相続説という。そして、被害者保護の観点から、この意思表明の態様を緩和する姿勢を示し、大判S2・5・30新聞2702-5は、事故の被害者が「残念」と叫びつつ即日死亡した事案で、また、大判S12・8・6判決全集4-15-10は、「むこうが悪い」と言った事案で、いずれもこの慰謝料請求の意思表示があったとした。しかし、東京控判S8・5・26新聞3568-5は、船が沈没して溺死した人が水中から手を出して「助けてくれ」と言っただけでは慰謝料請求の意思表示があったとはいえないとした一方で、大阪地判S9・6・18新聞3717-5は、「くやしい」と言ったのは慰謝料請求の意思表示であるといった判決も出た。学説の大勢は、被害者が死に際に何と言ったかによって決する判例の奇妙な論理を批判し、確かに慰謝料請求権が発生する場合における被害法益は一身専属的であるが、これを侵害したことによって生じる慰謝料請求権そのものは、純然たる金銭債権であること、財産上の損害について相続性を認めていることとの均衡、請求意思の表明の有無で請求権の発生を区別することは、受傷後相当期間後に死亡した場合と請求意思を表明するいとまのない即死の場合とで不均衡を生ずること、§711はそこに規定された者については精神的損害の発生についての立証責任を軽減しただけのことで、死亡による慰謝料請求権者の範囲を特に限定したものではないこと、相続を認めると自己固有の慰藉料請求権（§711）と重複し二重取りの余地もあるが、実際の損害額の算定において、二重取りの弊害を避ければ問題はないことなどを理由に、当然に慰謝料請求権は発生し、かつ、相続性をもつと主張した（我妻213頁、注釈民法⑲199頁（植林）など）。かくして、最判S42・11・1民集21-9-2249は、「ある者が他人の故意過失によって財産以外の損害を被った場合には、その者は、財産上の損害を被った場合と同様、損害の発

生と同時にその賠償を請求する権利すなわち慰藉料請求権を取得し、右請求権を放棄したものと解しうる特別の事情がないかぎり、これを行使することができ、その損害の賠償を請求する意思を表明するなど格別の行為をすることを必要とするものではない。そして、当該被害者が死亡したときは、その相続人は当然に慰藉料請求権を相続するものと解するのが相当である」として、その理由につき、「損害賠償請求権発生の時点について、民法は、その損害が財産上のものであるか、財産以外のものであるかによって、別異の取扱いをしていないし、慰藉料請求権が発生する場合における被害法益は当該被害者の一身に専属するものであるけれども、これを侵害したことによって生ずる慰藉料請求権そのものは、財産上の損害賠償請求権と同様、単純な金銭債権であり、相続の対象となりえないものと解すべき法的根拠はなく、民法711条によれば、生命を害された被害者と一定の身分関係にある者は、被害者の取得する慰藉料請求権とは別に、固有の慰藉料請求権を取得しうるが、この両者の請求権は被害法益を異にし、併存しうるものであり、かつ、被害者の相続人は、必ずしも、同条の規定により慰藉料請求権を取得しうるものとは限らないのであるから、同条があるからといって、慰藉料請求権が相続の対象となりえないものと解すべきではないからである」として、これを無条件に肯定するに至った（最判S43・5・28判時520-52など同旨）。

ところが、この判決が出たころには、学説は相続否定説に流れが変わりつつあった。また、最高裁判決にもかかわらず、その当時、下級審判決の中には、相続否定説に立つものもみられた（好美「慰謝料請求権者の範囲」現代損害賠償法講座7・230頁注(17)の判決参照）。相続否定説は、①被害者が死亡を原因とする慰謝料請求権を生前に取得するということは論理矛盾であること、②逆相続の場合の不合理さ、③民法は身体・自由・名誉の侵害について§710で慰謝料請求権の発生を規定しながら、生命の侵害についてはこれを規定せず、別に§711を設けて被害者の最近親者に慰謝料請求権の発生を認めていること（立法者は慰謝料請求権の相続を認めない前提で、§711で遺族に固有の慰謝料請求権を与える趣旨だった）、④慰謝料請求権は一身専属権であり相続の対象とはならないこと、などを理由として挙げる（好美・田中古稀記念・現代商法学の諸問題709頁、加藤一郎・ジュリ391号48頁、幾代237頁以下、四宮483頁以

下、平井180頁、内田430頁など)。①②は、逸失利益を内容とする損害賠償請求権における相続否定説の根拠と重なるものであるが、③④は、慰謝料請求権の相続問題に固有の点である。本書は、逸失利益を内容とする損害賠償請求権については、これを肯定することが請求権者の範囲を明確にするほか、賠償額の高額化、被扶養者が存在しない場合でも加害者は賠償責任を免れず不法行為の抑止効果がある、といった点に着目し、理論的難点は承知のうえで相続肯定説を支持したが(加えてこの問題については、最高裁判例が変更される可能性が全くないという点も考慮しているが)、慰謝料請求権の問題については、§711が遺族に固有の慰謝料請求権を認めており相続性を肯定する必要性に乏しいこと、相続性を肯定し遺族は固有の慰謝料請求権と相続した慰謝料請求権の両方を合わせて請求できるとしても、慰謝料額は裁判官の裁量で決められるから、高額になるわけではないこと、逸失利益を内容とする損害賠償請求権については、これを肯定すれば損害賠償請求権者の範囲は相続人の範囲と一致し明確になるというメリットがあるが、慰謝料請求権については、その相続性を否定しても固有の慰謝料請求権を認められる者は§711所定の者であるから、請求権者の範囲が不明確になるおそれはないし、§711所定の者を拡大解釈したとしても、決して請求権者の範囲が不明確になるわけではないこと、最高裁判決の存在にかかわらず相続否定説に立つ下級審判決が存在することから、将来において判例変更の可能性がないとはいえないことなどから、慰謝料請求権については、相続性を否定する立場をとりたい(このように、逸失利益を内容とする損害賠償請求権については相続肯定説、慰謝料請求権については相続否定説に立つものとして、内田430頁がある)。

なお、慰謝料請求権の相続性に関しては、次のような点も問題となる。

第一に、受傷後死亡した場合に、既に受傷によって生じた本人の慰謝料請求権とその後の死亡による遺族の慰謝料請求権との関係はどうなるか。この問題については、発生原因も法益も当事者も異なるから併存するとする説(前掲最大判Ｓ42・11・1、好美・田中古稀記念・現代諸法学の諸問題725頁以下)、既に支払済みもしくは和解・債務名義によって金額が確定しているものについては、受傷を原因とする慰謝料請求権も相続されるが、それに至っていない慰謝料請求権は§711による慰謝料請求権に吸収されるとする説(加

藤一郎・前掲42頁以下、平井181頁)、およそ慰謝料請求権は一身専属的なものであるから、相続性は否定すべきで、すべて§711の慰謝料請求権に吸収され、既に受領されているものは§711による慰謝料の支払請求の際に清算されるべきであるとする説(加藤260頁以下)がある。

第二に、§711による慰謝料請求権は、その請求権者の死亡によって相続されるか。この問題については、相続を認める説(川井・ジュリ500号224頁)、相手方への明確な請求意思が表示されている場合には相続性を認め、表示されていない場合には認めない説(東京地判S44・11・27判タ242-212)、慰謝料請求権の一身専属性と§711が請求権者を限定している趣旨から、相続性を一切否定する説(好美・前掲「慰謝料請求権者の範囲」235頁以下)がある。

(4) **父母・配偶者・子以外の者の固有の慰謝料請求権・傷害の場合の被害者の父母・配偶者・子の固有の慰謝料請求権**　§709・§710と§711との関係については、基本的に次のような二つの対立する立場がある。

(I) 本来、遺族の慰謝料請求権は§709・§710の一般原則から発生するが、その請求権者をある理由から限定しようとしたのが§711であるとする説(我妻138頁、加藤241頁、四宮502頁以下、内田421頁など)。

(II) 遺族の慰謝料請求権は§709・§710の一般原則からは発生しないので、これを補充するために遺族に固有の慰謝料請求権の発生を認めたのが§711であり、同条は§709の例外規定であるとする説(好美・田中古稀記念・現代商法学の諸問題675頁以下)。

(II)説は、民法の起草者の立場の流れをくむ見解である。起草者によると、生命侵害における慰謝料請求権の相続性は認められない代償として最近親者(父母・配偶者・子)に固有の慰謝料請求権を与えようとしたが、例えば妻は「夫を生かしておく権利」を有しないから、夫が殺害されても妻の「権利侵害」とはならず、従って、§709からは最近親者固有の慰謝料請求権を導き出すことはできないので、§711を特に設けて生命侵害の場合の遺族の保護を図ったとされる。従って、(II)説では、生命侵害において固有の慰謝料請求権を認められる者は、原則として§711所定の者(父母・配偶者・子)に限るとされる(但し、§711所定の者に準ずる場合に同条を類推適用することは認める)。また、生命侵害以外の場合、例えば傷害の場合に、§711を類推適用することは

否定されるべきだとされる（好美・前掲書、平井181頁）。

しかし、今日では、§709の「権利侵害」の理解も大きく様変わりしているし、身分権の侵害も§709の「権利侵害」として不法行為となりうることは一般に承認されているところであって、遺族に固有の慰謝料請求権が§709・§710を根拠に発生することを認めるべきであって、それが§711によってはじめて発生するという解釈は不当である。このように、遺族に固有の慰謝料請求権は§709・§710によって発生するという考えを前提とした場合、§711の存在理由とは何かが次に問題となるが、一般に、§709・§710を根拠に慰謝料を請求する場合は、現実に精神的苦痛を受けたこと、その苦痛と加害行為との間に因果関係があること、近親者に対する加害者の故意・過失、などを証明しなければならないのに対して、§711所定の父母・配偶者・子は、生命侵害の場合はそういった点を何ら証明する必要がなく当然に請求できるという違いがある。即ち、父母・配偶者・子のように、死亡した被害者と特別に親密な身分的関係を有する者は、深い精神的苦痛を受けるのが普通であることに鑑み、これらの者については、ただそういう身分的関係を有するというだけで慰謝料を請求できるとしたのが§711である。だとすれば、§711所定の者に形式的には該当しない者であっても、父母・配偶者・子に準ずべき社会的実態を有する者については、同条を類推適用すべきである（これらの者は、そのような実態が存在することを証明しさえすれば、それ以外の点を証明しなくても固有の慰謝料を請求できる）反面、父母・配偶者・子であっても、既にその実質的関係を失っている者については（失っていることの証明責任は被告にある）、同条の適用を否定すべきである（四宮507頁以下、加藤241頁）。そして、§711所定の近親者に準ずる者以外の者、例えば、婚約者が車にひかれて即死したのを目の当たりにしショックを受け健康を害した女性（四宮511頁）などのような者については、§711が類推適用されないから、不法行為の成立要件を証明して、（§709・§710を根拠に）慰謝料を請求することになる。

次に、この点についての判例の立場を紹介しよう。最判Ｓ49・12・17民集28-10-2040は、「文言上、同条§711に該当しない者であっても、被害者との間に同条所定の者と実質的に同視しうべき身分関係が存し、被害者の死亡により甚大な精神的苦痛を受けた者は、同条の類推適用により、加害者に対

し直接に固有の慰謝料を請求しうる」とした。事案は、被上告人Xは、Aの夫の実妹であり、原審の口頭弁論終結当時46年に達していたが、幼児期に罹髄等カリエスの後遺症により跛行顕著な身体障害等級2号の身体障害者であるため、長年にわたりAと同居し、同女の庇護の下に生活を維持し、将来もその継続が期待されていたところ、同女の突然の死により甚大な精神的苦痛を受けたというのである。このほか、§711所定の者に準ずべき者とされた例として、被害者の身の回りの世話をしていた祖母（東京地判S42・11・20判時499-27）、未認知の子を嫡出子同様に養育していた（未認知の子の）父（東京高判S36・7・5高民集14-309）、生活を共にしていた内縁の妻（東京地判S36・4・25下民集12-866）、被害者の姉が独身を通して親代わりに面倒をみてきた弟（東京地判S45・8・17判タ254-190）がある。これに対して、§711所定の者に準ずべきではないとされた例として、被害者が4歳の時に叔父の家に引き取られたため別れ別れのまま現在に至っている兄（東京地判S44・7・16判時574-46）、内縁関係にある妻との間の未認知の子（大判S7・10・6民集11-2023。これに対して、神戸地伊丹支判S46・4・16判タ267-344はこれを肯定する）がある。

　なお、§711の保護を受ける者が複数人いる場合の慰謝料総額の算定については、もし死亡者が慰謝料請求権を取得するものとしたら与えられるべきであろう額を念頭において算定すべきだという考え方と、遺族の慰謝料は彼固有の損害だとして人数によって総額が増減することになるとする説、どちらの要因も考慮すべきだとする説がある（この点については、四宮508頁以下参照）。

　次に、被害者が傷害を受けたとき、その近親者が固有の慰謝料を請求できるか、の問題を検討する。最判S33・8・5民集12-12-1901は、被害者X_1は加害者Yの不法行為により顔面に傷害を受けた結果、外傷後遺症の症状となり、果ては医療によって除去しえない著明な瘢痕を遺すに至り、ために同女（X_1）の容貌は著しい影響を受け、これによりその母X_2は不法行為により精神上多大の苦痛を受けたという事案で、「民法§709、710の各規定と対比してみると、所謂民法§711が生命を害された者の近親者の慰藉料請求につき明文をもって規定しているとの一事をもって、直ちに生命侵害以外の場

合はいかなる事情があってもその近親者の慰藉料請求権がすべて否定されているものと解さなければならないものではなく、むしろ、前記のような……事実関係によれば、X_2はその子の死亡したときにも比肩しうべき精神上の苦痛を受けたと認められるのであって、かかる民法711条所定の場合に類する本件においては、X_2は、同法709条、710条に基いて、自己の権利として慰藉料を請求しうるものと解するのが相当である。」とした。このほか、12歳の女児が交通事故で大腿部・坐骨に傷害を受け、将来結婚するのに相当不利な条件となるような瘢痕等を残した場合に関し、父母の慰謝料請求を認めた例（最判S39・1・24判時365−26）、逆に、交通事故で重傷を受け、左下肢の短縮、股・膝関節の運動領域の障害、正座不能等の障害が残った場合に関し、妻および子の慰謝料請求を否定した例（最判S42・6・13民集21−6−1447）などがある。判例の基準は、未成熟の子の負傷による親の精神的損害についてのみ肯定する傾向にあるといえよう。ところで判例は、傷害の場合において近親者に固有の慰謝料請求を認める要件として、子が死亡したときにも匹敵するような精神上の苦痛を親が受けたと認められる場合（§711の生命侵害に類する場合）に限定しているが、しかし、その際の根拠条文は、§711ではなく、§709・§710だとしている。理論的には、§709・§710を根拠に近親者は固有の慰謝料を請求できることは既に述べたとおりであるが、傷害において近親者が固有の慰謝料を請求できる場合を、判例のように死亡したときにも匹敵するような精神上の苦痛を受けたと認められる場合に限定するのであれば、根拠条文は§711とされるべきであろう。もっとも、近時は、子が傷害を受けた場合に、もし子の苦痛が親の苦痛でもあるなら、子が慰謝料によって慰謝されれば親の苦痛も慰謝されることになり、親の慰謝料を認める必要はないのであって、負傷した本人に十分な慰謝料額を与えるならば、それで十分なはずだなどとして、いかに重傷であっても、近親者は慰謝料を請求できないと解すべきだとする見解もかなり有力になっている（好美「慰謝料請求権者の範囲」現代損害賠償法講座7によって代表される考え方で、前田97頁、平井181頁らが賛同する）。確かに、傷害を受けた被害者の近親者が、被害者との一般的な近親感情や家族的共同生活の利益を侵害されたとして慰謝料を請求できるとするのは、行き過ぎであろう。ほとんどの人に近親者や家族があ

る以上、人を傷害する者には近親者の近親感情などを侵害することについて過失があるということになるが、それだけにその過失は多分に擬制的であるといえるし、また、一般的な近親感情などは保護されるべき権利としてはいささか弱いというべきであるから、近親感情などの侵害について故意や害意のある場合を除いては、近親者の慰謝料請求を認めるべきではないであろう（四宮516頁以下）。しかし、§711の生命侵害の場合との均衡、今日では判例理論がほぼ確定した状況にあることを考えるならば、未成熟の子の受傷が重傷で死亡したときに匹敵するくらいの精神上の苦痛を親が受けたときは、親自身の慰謝料請求も容認されるべきではなかろうか（四宮517頁）。なお、夫が負傷による後遺症のために妻との性的関係が不可能ないし困難となった場合（東京高判S49・2・27判時738-68）のように、直接の被害者の負傷の結果、近親者の「特別の法益」が侵害されたような場合には、近親者は§709、§710に基づき権利侵害についての故意・過失を立証すれば固有の慰謝料を請求できるとする点で学説上争いはない（四宮517頁、好美・前掲248頁、前田・不法行為97頁）。

　(5)　**間接被害者**　　例えば、AがBを死亡させあるいは負傷させた結果、Cも損害を被ることがある。Bを直接被害者、Cを間接被害者という。BがAに対し損害賠償を請求できることはいうまでもないが、Cも同様の請求ができるかである。ここで重要なことは、Cが受けた損害の種類である。財産的損害と精神的損害とがあるが、精神的損害については、§711がCのような間接被害者の慰謝料請求権について定めているから、同条の解釈によって決すればよい。しかし、財産的損害については、§711に相当する規定は存在しない。さて、Cの被った財産的損害には、次の二つの種類が存在する。

　　①　CがBの近親者で、治療費、付添看護費、葬儀費、墓碑建設費、仏壇購入費、看護・葬儀のための帰国旅費等を支出した場合。あるいは、CがBを雇用していた企業で、治療費、生活費、入院費、付添看護費、労働基準法上または労働契約上の療養等補償費、葬儀費などを支出した場合。

　　②　CがBを雇用していた企業で、Bの死亡あるいは休職によって収益が減少した場合。

　判例は、①──近親者の場合──について、直接の被害者からの請求も、

治療費等を支出した近親者からの請求も、「相当因果関係」が認められる限り、ともに認めている。例えば、大判S18・4・9民集22-255は、子供の負傷に際して親が治療費を支出した事案で、子供からの請求を、最判S46・6・29民集25-650は、付添看護費について直接被害者の請求を、また最判S49・4・25民集28-447も、看護のための帰国旅費について直接被害者の賠償請求をそれぞれ認めていると同時に、大判S12・2・12民集16-46は、負傷した母親の入院費用を子が支出した場合に関し、子からの賠償請求を認めた。次に、②のいわゆる企業損害と呼ばれるものについては、最判S43・11・15民集22-12-2614は、Yは交通事故でXをはねて負傷させたが、Xは薬品販売をする有限会社Zの代表者であり、会社の実体はXの個人会社といってよく、薬剤師Xが負傷したことで営業利益が著しく減少したという事案で、「Z会社は法人とは名ばかりの、俗にいう個人会社であり、その実権は従前同様X個人に集中して、同人にはZ会社の機関としての代替性がなく、経済的に同人とZ会社とは一体をなす関係にあるものと認められるのであって、かかる原審認定の事実関係のもとにおいては、原審が、YのXに対する加害行為と同様の受傷によるZ会社の利益の逸失との間に相当因果関係の存することを認め、形式上間接の被害者たるZ会社の本訴請求を認容すべきものとした判断は、正当である。」と判示し、直接の被害者となった従業員ないし代表者と企業との間に「経済的一体関係」が認められる場合に限り、「相当因果関係」を肯定でき、企業は固有の損害につき加害者に対し賠償請求できるとした。この判決以後、下級審判決も、このような限定的条件の下で企業損害の賠償請求を認めるようになっている（東京地判S44・12・10判夕244-266、東京地判H3・12・12高民24-6-1534など）。

　①の損害は、既に「損害賠償の範囲」の箇所で詳論したように、治療費や旅費などの損害事実（損害費用項目）は、身体傷害という重大性の大きい損害に包摂されるものであり、身体傷害が保護範囲に含まれ賠償請求が可能である以上、治療費等の個々の損害は、損害の金銭的評価の問題として位置づければ足りる。そして、直接の被害者Bが請求すれば当然認められるはずの治療費、付添費などは、加害者Aが最終的に負担すべきものであり、これを近親者・企業Cが肩代わりしただけのことであるから（不真正間接損害、肩

代わり損害、反射損害などと呼ばれる)、これらの近親者・企業(不真正間接被害者という)は、直接、加害者Aに対し支出した費用の損害賠償を請求できると解すべきである。もっとも、近親者・企業が直接加害者に対して賠償請求できるというこの結論は、近親者が法律上扶養義務を負う場合や企業が労災法、就業規則上支出義務を負う場合には、簡単にこれを導くことができる。即ち、直接の被害者Bが負傷して要治療状態となったとき、費用支出義務を負う近親者・企業C——不法行為の加害者と一種の不真正連帯債務の関係に立つ——が費用を支出したときは、直接の被害者の二重利得を回避するために、賠償者の代位に関する§422を類推適用して、直接の被害者Bが不法行為者Aに対して有する損害賠償請求権の一部に代位すると考えればよいのである。もっとも、賠償者の代位という構成では、Bの損害賠償請求権が当然にCに移転するから、Bはもはや請求できないことになって不都合ではないかとの疑問が生ずるが、請求権者はできるだけ直接被害者一人にしぼって訴訟の簡素化を図るのが訴訟経済の要請であるから、Bが請求することは容認すべきである(以上、四宮525頁以下)。費用を支出したCが代位するが、便宜上Bの請求も認められるという結論を理論的にいかにして導くかについては、§422の類推適用に際して「当事者が欲する場合には、§422によって代位することができる」と読みかえればよいとする説(徳本・金沢法学17巻1号26頁)と、BとCとは不真正連帯債権関係に立つとする説(加藤234頁、幾代248頁、四宮526頁)が対立する。

　以上に対して、近親者・企業Cが義務に基づかないで費用を支出した場合は、Cは事務管理または委任契約に基づく費用償還請求権をBに対して取得するが、直接Aに対して請求できるとする構成は困難である。Cの支出を不法行為者Aのために行った事務管理とみるのは無理があるし(内田511頁)、また、Bが無資力ならば、債権者代位権に基づいてBのAに対する権利をCは行使できるが、これもBの無資力が条件となるという限界がある。Cが費用支出義務を負わない場合は、Cは直接Aには請求できずBにしか請求できないと割り切るのも一つの方法であるが、これではBが自ら治療費を支出していればAに請求していたであろう損害を、たまたま近親者・企業Cが負担したために、Aは請求されないというのではAを利するだけだし、実際にC

がBに立て替えた費用を請求するということは、両者の関係からいって、期待し難い。従って、支出義務を負わない場合でも、CからAへの直接の請求を肯定すべきであって、その場合の法律構成は弁済者の任意代位（§499）を類推適用するのが妥当である（内田432頁、511頁）。

②の企業損害（直接の被害者とは別個の損害を被った者を真正間接被害者という）については、初期の学説は、損害の範囲の問題として捉え、企業損害が賠償されるべきかどうかは、その損害が相当因果関係の範囲内にあるかどうかによって決定されるとし、かつ、相当因果関係の判断にあたって特にこれを制限する姿勢はみられなかった。これに対し、これと同じ立場に立つ判例は、前掲最判S43・11・15にみられるように、「経済的一体関係」が認められる場合に限り相当因果関係の範囲内にある損害であると限定している。この企業損害の問題へのアプローチ方法としては、次の三つが考えられる。

(a) 債権侵害という構成
(b) 損害賠償請求権者の範囲の問題とする説
(c) 損害賠償の範囲の問題とする説

(a)は、企業が従業員に対して有する労務請求権、あるいは被害者が取締役のときは委任契約に基づく請求権を侵害したことになり、企業を直接の被害者とする債権侵害という別個の不法行為が成立するとする（丸尾「企業の損害」判タ212号102頁、東京高判S35・2・15下民集11－2－341）。しかし、不注意で交通事故を起こした加害者に企業の有する債権を侵害することについての過失を認めることができるかについては疑問があり、過度の擬制を強いることになろう。

(b)は、相当因果関係の有無で決する判例に対し、相当因果関係の概念は、特定の請求権者に関する損害賠償の範囲画定に関するものであって、誰が請求権者かを画定するにあたっては有用ではなく、相当か否かによってこれを決定しようとすれば、不明確かつ恣意的になるのであって、そもそも本問は相当因果関係説の適用範囲外の問題に属すると批判し、直接の被害者以外の企業に生じた損害について、その企業に損害賠償請求権を認めるべきか否かは、損害の公平な分担という見地から検討すべきだとし、以下のように主張する（好美「間接被害者の損害賠償請求」判タ282号22頁、倉田・課題63頁）。即

ち、交通事故において、過失しかない加害者に企業損害の責任まで負わせることは、ときに直接の被害者が大企業の重要なポストについている場合など、賠償額が莫大なものになるおそれがあり酷であること、従業員や代表者の負傷に伴う企業の損害は、リスクとして予め企業の計算の中に織り込むことができるし、また企業は、損害を分散させることも軽減することもできる（例えば、企業は人材保険やVIP保険などで自衛できる）ことから、間接被害者である企業は、原則として、賠償権利者の範囲に入り得ない。但し、例外的に、第一に、代表者と会社との間に「経済的一体関係」の認められる個人企業の場合、第二に、企業に損害を加える目的で従業員等を死傷させた場合（企業そのものに対する故意を認定できる場合）には、間接被害者である企業も賠償権利者たる地位を認められる。なお、基本的にこの説に従いながらも、上記「例外」に該当する場合でも、会社は原告として損害賠償請求をすることはできず、営業上の損害は常に代表者個人が自己の逸失利益として賠償請求すべきであるとする説もある（浜崎「間接被害者」判タ268号136頁、幾代273頁）。

　しかし、(b)のようなアプローチは損害賠償請求権を直接の被害者に限定する前提から出発しており、損害賠償請求権者を原則として直接の被害者に限定するドイツ民法（ドイツ民法§823）の下でなら整合的な構成だといえるが、損害賠償請求権者の範囲を特に限定せず、被害者が直接の者か間接の者かを問わず、およそ損害を被った者はすべて損害賠償を請求できるという建前をとるわが民法§709の下では、むしろ本問は損害賠償の範囲の問題として捉えるのが妥当である（平井185頁、内田434頁など）。もちろん、企業損害の問題を損害賠償の範囲の問題として捉える(c)のアプローチを妥当だとしても、そもそも判例のように相当因果関係の概念によって賠償の範囲を決定すべきではないことは、既に繰り返し述べてきたとおりである。損害賠償の範囲の問題とみた場合、既に詳論したように、過失不法行為では、加害者がある損害に対して損害回避義務を負っているかどうか、即ち、企業に生じた損害が行為義務の及ぶ射程距離内にあれば、企業損害も損害賠償の保護範囲に含まれることになる。この見地から、企業の従業員が交通事故で負傷したとしても、自動車事故における損害回避義務の射程距離は、当該自動車によって生

じる定型的危険にさらされる者（例えば歩行者など）に限られ、被害者が勤務する企業にまで及ばないとみるべきであるから、企業損害は保護範囲には含まれない。但し、前掲最判Ｓ43・11・15の事案におけるような、法人とは名ばかりで法人格否認法理が適用されてもおかしくない、企業の損害イコールその個人の損害とみられるような個人会社の賠償請求は、「実質的には直接の被害者の請求そのもの」（平井186頁）とみることができるから、損害を受けた企業も賠償請求することが認められてよい。従ってまた、その際の賠償額の算定は、その個人が企業から得た報酬等を中心にして行うべきで、企業の逸失利益はそれを認定するための一資料にすぎないとみるべきである（平井186頁）。一方、故意不法行為の場合は、事実的因果関係の認められる損害はすべて保護範囲に含まれるから、この場合は、従業員の死傷によって企業が損害を被った場合は、企業はその損害の賠償請求をすることができる（平井185頁、内田434頁）。

7　損害賠償請求権の消滅

(1) **総説**　§724は、不法行為による損害賠償請求権は、被害者またはその法定代理人が損害および加害者を知った時から3年間で時効消滅し、不法行為の時から20年を経過したときも同様と規定している。

　3年という短期消滅時効を定めた根拠については争いがあり、①多数説（四宮646頁、平井167頁など）は、3年の経過によって証拠の収集・保全が困難になるからだとしているが（起草者の立場）、このほか、②3年の経過により被害者の憤怒の感情も静まるからだとする説、③義務者の方でもはや請求されないとの信頼を抱く可能性があるからだとする説がある。しかし、②の説明は精神的損害には当てはまるが、財産的損害については無理であろう。また、③も通常の10年よりも短縮する理由としては弱いであろう。いずれにしても、3年の消滅時効が加害者を不安定な状態から早期に解放する機能をもつことはいうまでもない（四宮646頁）。

　被害者が「損害及び加害者を知りたる時」から時効が進行するとしたのは、その時から損害賠償請求権の行使を合理的に期待しうるからである。

(2) **3年の時効期間の起算点**　「被害者またはその法定代理人が損害及び加害者を知りたる時」から起算する（§724）。

「被害者」とは、直接被害者のみならず、間接被害者・損害賠償請求権の承継人なども含まれる。「法定代理人」の意義については、被害者が法人の場合、法人の代表機関がこれを知ることを要せず、実際の職務担当者が知ればよいと考えるべきである（大判 S 13・9・10 民集 17－1731、幾代 328 頁、四宮 648 頁など）。職務担当者が知れば、その時から損害賠償請求権の行使を期待できるからである。

　「損害及び加害者を知りたる時」の意義については、問題が多い。被害者の保護ということからすれば、被害者またはその法定代理人の認識対象は、「損害及び加害者」に止まらず、被害者が権利を行使しうるに足りるすべての要件に及び、かつ、認識は現実に知ることを意味する（知りえたというのでは足りない）という結論になるはずであるが、ただ、これは、前述した短期の消滅時効とした趣旨と調和しづらいし、不法行為の要件具備の認識は法的評価を伴うから、被害者が不法行為責任成立について認識するまで時効は進行しないとするのは、「法の不知は弁解とならない」の原則にも抵触する（四宮 647 頁）。ここに、両者の対立をいかに調整すべきかという問題が生ずる。

　まず、「損害を知りたる」とは、損害発生の事実を知ることであって（損害事実説からの帰結）、損害の程度または数額を知ることを要しないとするのが通説・判例（大判 T 9・3・10 民録 26－280）である。これに関して、次の二点が問題となる。

　第一に、不法行為時には発生していなかった後遺症が後に発生した場合である。最判 S 42・7・18 民集 21－1559〔追補 17〕は、①被害者が既に知っていた損害と「牽連一体をなす損害であって、（不法行為）当時においてその発生を予見することが可能であった損害」については、損害発生を知っていた時から時効が進行するが、②判決確定後、受傷当時には医学的に通常予想しえなかった治療方法が必要とされ、その費用を支出するに至ったものについては、治療を受けるようになるまでは時効は進行しないとする。②については問題がないが、①については、交通事故などでは症状が流動的で、後遺症が固定するまでに一定の期間の経過が必要とされる場合が多く、その場合には、治療費はもちろんのこと、逸失利益や慰謝料などの算定も困難であっ

て、傷害による損害賠償請求権の行使は期待できないから、症状が固定した時を起算点とすべきである（四宮650頁、内田438頁など）。下級審の実務も、症状が固定した時を認識し、その時点で稼働能力の喪失率を計算して逸失利益を算出している。

　第二に、継続して不法行為が行われ損害が日々発生しているような場合、判例（大連判Ｓ15・12・14民集19－2325）・通説は、損害が継続して発生している限り、日々新たな損害が発生するものとして、各損害を知った時から別個の時効が進行すると解している。これを逐次進行説と呼ぶ。しかし近時、次のような批判説が登場している（野村・公害の判例347頁以下、内池・法学研究48巻11号41頁以下、四宮650頁、平井169頁、内田438頁）。即ち、逐次進行説は、不動産の不法占拠のケースを想定して主張されてきたものであるが、①騒音公害のような不法行為では、不動産の不法占拠と同様に、同質の損害が継続的に発生するにすぎないから（非進行性被害）、逐次進行説で処理してよいが（名古屋高判Ｓ60・4・12判時1150－30（東海道新幹線騒音公害訴訟）、東京高判Ｓ62・7・15判時1245－3（横田基地騒音公害訴訟）、福岡高判Ｈ4・3・6判時1418－3（福岡空港騒音公害訴訟）、②時間の経過とともに被害が進行・累積する大気汚染などの事案（累積性被害を生じさせる場合）では、継続的な不法行為によって発生した損害を一体として評価し、損害の全体を知った時、即ち、損害の進行が停止した時（加害行為が止んだ時）に全体についての時効が進行するというのである（大阪地判Ｈ3・3・29判時1383－22（西淀川大気汚染公害第1次訴訟）は、発生した損害を一体と評価して、訴訟提起時まで起算点を遅らせている）。②のような場合は、大気汚染が長期間の経過によって累積した結果、一定の地域に健康障害などの損害を及ぼし、その時点において損害賠償を請求することが可能になった以上、その時に発生した損害を一体として評価し、その時をもって起算点とするのは当然であろう。なお、日照妨害は①に分類できよう（四宮650頁、高松高判Ｓ58・9・20判タ510－130）。

　次に、「加害者を知りたる」とは、従来、必ずしも加害者の姓名まで知ることを意味するものではなく、他人と識別しうべき程度に特定できれば足りると考えられてきた。理論的には、この状態で提訴できるからというのがそ

の理由である。判例も、例えば、大阪地判Ｓ45・12・17交民3－6－1891は「加害者の姓名まで知ることを要する意味ではなく、賠償請求の相手方が現実に具体的に特定されて認識されることを意味し、従って、社会通念上、調査すれば容易に加害者（賠償請求の相手方）の姓名、宛名が判明しうるような場合にはその段階で『加害者を知った』ことになるものと解するを相当とする」と判示した上「事故車の運転者の職業、勤務先は一見明瞭で原告Ａにおいてこれを知悉しており、その上、被告Ｂが事故直後に原告Ａを病院へ運んだのち原告Ａ宅まで送り届けていることや、同被告Ｂと原告Ａの住居が近接しており、事故日の翌日に原告Ａの方面で両名が顔を合わせているというのであるから、原告Ａにおいて賠償請求権を行使しようと思えば、直接氏名を尋ねるなり、運転者の勤務先や近隣を調査することにより、特別の努力を要することなく比較的容易にその姓名、宛名が判定しうる状況にあった」事実を認定して、原告Ａは、事故当日、加害者を具体的に認識していたとした。これに対して、最判Ｓ48・11・16民集27－10－1374は、戦時中スパイ容疑で警官によって拷問を受けた被害者が、加害者の名と住所を知らず（姓と容貌は知っていた）、戦後探索して加害者に慰謝料を求めたが、それは既に加害行為から19年11ヶ月後であり、裁判で3年の短期消滅時効にかかっているのではないかが争われた事案で、「民法724条にいう『加害者ヲ知リタル時』とは、同条で時効の起算点に関する特則を設けた趣旨に鑑みれば、加害者に対する賠償請求が事実上可能な状況のもとに、その可能な程度にこれを知った時を意味するものと解するのが相当であり、被害者が不法行為の当時加害者の住所氏名を的確に知らず、しかも当時の状況においてこれに対する賠償請求権を行使することが事実上不可能な場合においては、その状況が止み、被害者が加害者の住所氏名を確認したとき、初めて、『加害者を知リタル時』にあたるものというべきである。」とした。

　また、使用者責任の場合、「加害者を知る」とは、①使用者ならびに、②使用者と不法行為者との間に使用関係がある事実のほかに、③一般人が当該不法行為が使用者の事業の執行につきなされたものであると判断するに足りる事実を認識することをいうとするのが判例（最判Ｓ44・11・27民集23－11－2265）・通説（平井169頁ほか）である。①～③の事実のうち一つでもその認

識を欠けば、使用者に対して損害賠償請求権を行使できるとは思わないのが普通であり、それにもかかわらず3年で時効消滅すると解するときは、使用者に対する責任追及の途を不当に閉ざすことになり、被害者に酷だからである。

ところで、通説（幾代326頁など）は、「損害及び加害者」を知った時を起算点とし、知りえた時を起算点とはしないようである。これに対しては、§724前段の趣旨から、一般人を基準に知りえた時を起算点とすべきであり、これが今日の実務だとする見解もある（平井170頁、前掲最判S48・11・6参照。また使用者責任に関する前掲最判S44・11・27も、一般人が事業の執行につきにあたると判断できる事実の認識で足りるとし、使用者責任の要件の充足についての知・不知を一般人を基準として判断している）。

(3) **不法行為性の認識の要否**　時効が進行するためには、損害や加害者を知るだけではなく、不法行為による損害賠償請求権を行使できるとの認識まで必要かという問題がある。当該加害行為が不法行為の要件を具備するかどうかの判断は、専門家でも困難を伴うことがあるから、不法行為が成立するとの認識が生ずるまで時効は進行しないとするのは、「法の不知は弁解とならない」の原則に照らし問題がある。従って、不法行為であるとの認識までは必要がなく、原則として「賠償請求が事実上可能な状況のもとに、その可能な程度にこれを知った」（前掲最判S48・11・16）ことで足りると解すべきである（平井170頁）。但し、これには以下のような例外を認めなければならない（平井前掲、内田439頁）。

第一に、大判T7・3・15民録24－498は、仮処分の不当執行の場合、請求権の不存在が本案訴訟で確定され、仮処分が不法行為であることが確定されたことを知るまでは、時効は進行しないとする。不法行為かどうかが客観的に明らかでなく高度の法的判断を要し裁判を待たなければならない場合である。同様に、最判S46・7・23民集25－805は、離婚の際の有責配偶者に対する慰謝料請求権は、判決確定などで離婚が成立した時にはじめて「損害及び加害者を知りたる時」となるとする。

第二に、最判S50・2・25民集29－143は、自衛隊員が勤務中に同僚の運転する車輌にひかれて死亡したが、国家公務員災害補償法に基づく補償金の

給付を受けていた遺族は、それ以上の損害賠償は請求できないと思いこんでいたため、事故発生後3年以上を経過した後、国に対し損害賠償を請求した事案で、単なる法の不知にすぎないとして、時効の完成を認めた（但し、同判決は、国の安全配慮義務違反による債務不履行責任（時効は10年）を認めた）。この種の事案では、信義則や権利濫用論により例外的に時効の進行を否定するという方法も考えられてよい（内田440頁）。

(4) 20年の期間の性質　§724前段の3年の期間については、法文に照らしても時効期間であることに争いはない。これに対して、20年という期間が消滅時効か、除斥期間かについては争いがある。20年の長期の期間制限は、債権一般の時効期間が民法の原案で20年とされていたのに歩調を合わせたもので、その後の議会の審議において、債権一般の時効期間が10年に修正されたにもかかわらず、§724後段の期間については特に改められなかったという経緯からみれば時効期間とみるべきであるし、起草者も法文からも明らかなように、時効期間と考えていたが、近時は、起算点を「不法行為時」に置き、被害者の認識の如何を問わず、それから20年を経過すれば損害賠償請求権を行使できないものとして法律関係を確定しようとした本条の趣旨から、除斥期間とみるのが通説（加藤263頁、幾代328頁、四宮651頁、内田436頁）・判例（最判H元・12・21民集43-12-2209）である。もっとも、時効期間とする説も一部に主張されている（内池「損害賠償請求権の消滅時効」現代損害賠償法講座1・211頁など）。除斥期間が消滅時効と異なる重要な点は、中断がないこと、当事者の援用を要しないことなどである。この違いが鮮明に表れたのが前掲最判H元・12・21である。これは、昭和24年、Aは国の不発弾処理作業に従事していた際、地元の巡査の誤った指示による不発弾の爆発で重度の火傷を負い障害が残った。それ以来、Aは地元の市役所、県庁などを訪ねて被害の補償を求めたが、いずれも要領を得ず、その間わずかばかりの生活保護費などを受けたのみで、係りの間をたらい回しにされ、責任の所在が明らかにならず、所管部局さえ判明しない始末であった。そしてついに、事故発生から20年以上が経過した時点で、Aは国に対し国家賠償を求めて訴えを提起したという事案である。これに対し、被告は§724所定の期間が経過していると主張した。原審である福岡高宮崎支判S59・9・28訟月31-5-1176

は、まず3年の時効につき、時効は完成していないが、仮に完成していても、時効の援用は信義則に反し権利濫用として許されないとし、次に20年の期間につき、これを時効期間と解したうえで、時効の完成を認めたが、「消滅時効を援用ないし除斥期間の徒過を主張することは、信義則に反し、権利の濫用として許されない」と判示した。これに対し被告は、20年の期間は除斥期間であるから、信義則違反や権利濫用論が成り立つ余地はないと主張して、上告した。前掲最判は、この上告を認め、§724後段の20年の期間は、被害者の認識の如何を問わず、一定の時の経過によって法律関係を確定させるため請求権の存続期間を画一的に定める趣旨であるから、除斥期間だとし、除斥期間であるならば、裁判所は、当事者の援用がなくとも、期間が経過していれば職権で権利は消滅したものと判断すべきであるから、被告について信義則違反または権利濫用は観念できず、そのような原告の主張は、主張自体失当であるとした。理論的には、20年の期間が除斥期間ならば、相手方から期間の経過の主張・援用がなくとも、裁判所は損害賠償請求権は消滅したと判断すべきであるから、相手方の主張が信義則違反とされ権利濫用と判断される余地はないことになる。しかし、本件の事案をみると、このような形式論理で原告敗訴という結論を導くことは明らかに不当である。そこで、この判決を契機として、20年の期間を援用を要する時効と解すべきだとする説（この援用を信義則違反による権利濫用と評価する）、中断を認める除斥期間と解すべきだという説が主張されることになる。しかし、中断を認めると、§724後段の趣旨は活かされなくなってしまう。思うに、判例・通説のように除斥期間と解したうえで、本件のような事案においては、原審のように処理することで対処するのが妥当と考える（内田436頁）。

(5) **20年の期間の起算点**　20年の期間の起算点は「不法行為時」である（§724後段）。通説はその意味を、加害行為時であって、損害発生時ではないと解している。ただ、長期間にわたる加害行為の後に損害が顕在化するような不法行為の事案を考えると、加害行為時と解すると、損害発生を認識した時には既に加害行為から20年を経過した後ということが起こりうるから、損害発生時をもって起算点と解するのが妥当である（四宮651頁、平井170頁、内田493頁）。東京地判S56・9・28判時1017−34も、クロム災害について同様

の立場をとる。ちなみに、製造物責任法§5Ⅱは、同法の10年の提訴期間について、「身体に蓄積した場合に人の健康を害することとなる物質による損害又は一定の潜伏期間が経過した後に症状が現れる損害については、その損害が生じた時から起算する」と定めている。

8　債務不履行責任と不法行為責任の関係

この両者の責任の関係については、次の二つのレベルで問題となる。

(1)　ある人に対し損害を与えたとき、損害賠償責任が発生するが、その責任が債務不履行責任か不法行為責任かが問題となる。いずれの責任かで効果が異なることから問題となる。近時は、債務不履行責任を拡大する傾向がある（詳細は拙著『現代民法コンメンタール4・債権総論』122頁以下参照）。

(2)　一つの効果が債務不履行責任とともに不法行為責任の要件も充たす場合、損害を被った者は、債務不履行による損害賠償請求権と不法行為による損害賠償請求権の二つの請求権を取得するのか、それとも片方の請求権のみを取得するのかという問題である（詳細は前掲・拙著『債権総論』167頁以下参照）。

第4章　特殊不法行為

第1節　責任無能力者の監督者の責任

1　加害者が責任無能力者のときの監督義務者の責任

　加害者に責任能力がない場合は、その加害者を監督する義務を負う者（法定監督義務者）および監督義務者に代わって責任無能力者を監督する者（代理監督者）が、賠償責任を負う（§714Ⅰ・Ⅱ）。但し、監督義務を怠らなかったときは、その限りではない（同条Ⅰ但書・Ⅱ）。

　(1)　監督者が責任を負う根拠　　判断能力が低いために加害行為を行いやすい責任無能力者を、いわば「人的危険源」と解し、その継続的管理者たる監督者に§709よりも重い責任を課すもので、一種の危険責任だとする見解がある（四宮607頁）。しかし、行為の危険性ではなく責任無能力者の存在自体を危険と捉えることには賛成できない。そこで通説は、家長に家族員の不法行為について絶対的責任を認めたゲルマン法的な団体主義的責任主義に立ちつつ、これに近代法の個人責任主義を加味したもの（免責の余地を認めている）と解している（我妻156頁、加藤138頁、幾代179頁、平井214頁など）。

　(2)　監督者が責任を負う要件

　　①　加害者が責任無能力者であること。

　加害者が責任無能力者であることは、賠償請求をする被害者が立証しなければならない。

　　②　責任無能力者の行為が責任能力以外のすべての不法行為の要件（加害行為・故意過失・事実的因果関係・損害事実）を備えていることが必要である（最判Ｓ37・2・27民集16－2－407）。

　　③　監督義務者が監督義務を怠らなかったという証明がないこと。

　§714Ⅰ但書の規定に照らし、この監督義務者を怠らなかったことの証明責

任は、監督義務者が負う（大判Ｓ18・4・9民集22-255）。

　監督にあたって用いるべき注意の程度は、善良な管理者の注意であり、職業・地位・地域等をふまえた、通常人の能力を基準とする抽象的軽過失である。もっとも、失火責任と監督義務については、監督者自身が失火した場合との均衡などから、責任無能力者に対する監督につき重過失がなければ責任を負わないとする見解と、被監督者の行為から直接生じた失火については§714をそのまま適用し、延焼部分については、監督について重過失がなければ責任を負わないとする見解（福岡地小倉支判Ｓ47・1・31判時683-117、四宮674頁、340頁）とがある。

　監督義務の及ぶ範囲については、次の二種類を区別しなければならない。第一は、監護の任務が特定の生活場面に限られている者の監督義務は、その生活場面およびそれと密接に関連する生活関係に限定される（これを四宮675頁は特定生活監護型と呼び、平井218頁は第一種監督義務と呼ぶ）。第二は、責任無能力者の生活全般にわたって監護・教育し、躾をする義務である（四宮674頁はこれを身上監護型と呼び、平井218頁は第二種監督義務と呼ぶ）。小学校の校長や教師の監督義務は、学校内という特定の場面に限定された監督義務であるから前者である。この点、和歌山地判Ｓ48・8・10判時721-83は、保育園内で園児が他の園児に板切れを投げつけて負傷させた事件で、園長の監督義務者としての責任を肯定したのに対して、高松高判Ｓ48・4・9判時764-49は、小学校の校庭で6年生の生徒が運動会の準備作業終了後帰宅を命ぜられたのに帰らず、ライン引きに使用した水練り石灰の塊を投げて遊んでいて同級生に怪我をさせた事案で、校長や担任教諭は、教育活動ないしこれに準ずる関係において発生した不法行為で、通常その発生が予想されうるものについてのみ責任を負うとして、その責任を否定し、加害者の親の責任を肯定した。これに対して、親権者や後見人の監督義務は後者である。従って、親は子供が学校で行った加害行為についても責任を問われる。即ち、学校内で生じた傷害について児童が教師の監督を受ける立場にあっても、親は監督義務を免れない（福岡地小倉支判Ｓ56・8・28判時1032-113）。

　④　監督義務の懈怠と加害行為（権利侵害）との間に因果関係が必要かについては争いがある。

§715Ⅰ但書後段には、選任・監督について相当の注意をしたとしても損害が生じたであろうときは免責を認める規定があるが、§714にはそのような規定がないことから、問題となる。監督義務の懈怠と加害行為との間に因果関係が存在しない場合にまで責任を認めることは、絶対責任を認めることになるとして、因果関係を必要とすべきだとする見解も有力である（四宮678頁など）。しかし、監督義務の懈怠と生じた損害との間に因果関係があれば、§709の不法行為が成立するはずであって、そのような因果関係が存在しないときにも監督義務者の責任を肯定するところに§714の責任の独自の価値があると思われるから、因果関係は不要と解すべきである（注釈民法(19)260頁、内田370頁）。

(3) **効 果**　責任無能力者を監督すべき法定の義務者（§714Ⅰ）または監督義務者に代わって責任無能力者を監督する者（同条Ⅱ）は、責任無能力者が第三者に加えた損害について賠償義務を負う（直接の加害者が責任を負わない場合の補充的責任）。前者を法定監督義務者、後者を代理監督者という。

　法定監督義務者は法律に基づいて監督義務を負う者をいい、未成年者については親権者（§820）、後見人（§857）、児童福祉施設の長（児童福祉法§47。児童福祉施設に入所していて、しかも親権者や後見人のいない場合）、成年被後見人については後見人（§838）、精神障害者については法が定める保護者（精神保健法§20〜§22）である。

　代理監督者とは、法定監督義務者との契約、法律の規定、事務管理によって責任無能力者の監督を委託されまたは引き受けた者をいう。施設ないし事業体（例えば、託児所・保育園・幼稚園・小学校・少年院・精神病院等）が監護・教育等を委託されまたは引き受けた場合、代理監督者は、保母・教諭・医師などの個人か、それともそれらの施設・事業体自体またはその長かが問題となる。前者と解し、施設または事業所は§715による責任を負うにとどまると解する立場（加藤161頁、平井220頁）と、個人が委託を受けているわけではないし、個人に過大な職業上の責任を負わせることは不当だとして、後者と解する立場（幾代180頁、四宮679頁、内田368頁）とが対立している。判例も分かれており、幼稚園に代理監督者責任を認めたもの（札幌地判Ｈ元・9・28判時1347-81）、小学校教師を代理監督者としたもの（福岡高判Ｓ56・

9・29判時1043-71) などがある。

学校事故などにおいて教師の責任と親の責任とが併存するような場合、両者の間には不真正連帯債務の関係が成立する（通説）。

なお、§714に基づいて損害を賠償した監督義務者は、加害者本人に対して求償できないことはいうまでもない。被監督者である加害者には責任能力が欠けるからである。

2 加害者が責任能力者のときの監督義務者の責任

例えば、14歳の少年が他人に損害を与えた場合、この少年に責任能力があれば、§714の反対解釈により、この少年の監督義務者は賠償責任を負わない。§714の監督義務者の責任は、加害者本人に責任能力がないために賠償責任を負わないときの補充的責任だからである。判例も、古くは、未成年者に責任能力がある場合は父の責任はないとしていたし（大刑判M34・12・27刑録7-11-139)、また学説も、加害者に責任能力があれば、不法行為を防止するための監督は必要がない（横田・債権法各論448頁）などとして、§714の反対解釈により、加害者に責任能力があれば監督義務者の責任は発生しないとしていた。しかし、このような立法と解釈のあり方は、次の点で不当である。第一に、未成年者は賠償能力のないことが多いので、監督義務者の責任を追及できないというのでは、被害者の救済に無力である。第二に、判例は、前述したように、§714との関係においては、責任能力年齢を高く設定することによって監督義務者の責任追及をできるだけ可能にしようと配慮しているが、これにも限界がある。第三に、§714の監督義務者の責任を問うには、被害者は行為者の責任無能力を立証しなければならないが、これは被害者にとって負担である。第四に、加害者に責任能力があれば監督義務者の責任を追及できず、加害者に責任能力がなければこれができるというのでは、責任能力の有無の判定が困難なケースでは、被害者は加害者を訴えるべきか、監督義務者を訴えるべきか、難しい選択を迫られる（被告選定のリスクを何の責任もない被害者に負わせるのは不当）。そして判例（最判Ｓ43・3・8民集22-551）は、訴えの主観的予備的併合を認めないから、この点は解決困難な問題である。第五に、未成年者に責任能力があれば、たとえ監督義務者に監督義務違反があっても免責されるというのは、過失責任主義に照らし不

当である。第六に、ドイツ法§832、フランス法§1384などは、いずれも未成年者の責任能力の有無を問わず、監督者の賠償責任を認めており、加害者が責任能力がないために賠償責任を負わない場合にのみ監督者は責任を負うという、わが国のような補充的責任とするやり方は、比較法的にみても稀有な例である。そこで、このような不都合を解消するべく、次のような理論が出現した。即ち、監督義務者は監督義務を負担していること、§714の「無能力者に責任なき場合に於て」というのは、同条Ⅰ但書との関連において読まれるべきで、同項但書の場合には過失の推定がある（挙証責任の転換）という意味にすぎず、監督義務者の責任について§709の一般原則を制限する趣旨ではないとして、被害者は、監督義務者の監督義務違反（過失）およびそれと責任無能力者の行為との間の因果関係を証明すれば、加害者の責任無能力を立証しなくとも、§709によって監督義務者に対して賠償を請求できるという理論（並存責任説）が松坂博士によって提唱され（松坂「責任無能力者を監督する者の責任」我妻還暦上165頁）、その後これが通説化し（加藤162頁など）、最判Ｓ49・3・22民集28－2－347も、これを採用するに至った。この最判の事案は、中学3年生のＢ（15歳11か月）が同級生Ａを殺害し金銭を強奪したという事案である。原審は、因果関係を肯定するにあたって、「Ｂは未だ義務教育の課程を終了していない中学生であり、親権者であるＹ₁Y₂のもとで養育監護を受けていたものであるから、Y₁Y₂のＢに対する影響力は責任無能力者の場合と殆ど変らない程強いものがあるというべきであり、Ｂについての中学二年生の頃から不良交友を生じ、次第に非行性が深まってきたことに対し適切な措置をとらないで全くこれを放任し、一方Ｂのさほど無理ともいえない物質的欲望をかなえてやらなかったのみならず、家庭的情愛の欠如に対する欲求不満をもつのらせ、その結果同人をして本件犯行に走らせたものということができるから、Y₁Y₂らのＢに対する監督義務の懈怠とＡの死亡の結果との間における因果関係はこれを否定することができない」とした。最高裁も、「未成年者が責任能力を有する場合であっても監督義務者の義務違反と当該未成年者の不法行為によって生じた結果との間に相当因果関係を認めうるときは、監督義務者につき民法§709に基づく不法行為が成立するものと解するのが相当」と述べ、因果関係を認めた原審判決を支持し

た。

　§714の責任を追及する場合は、§709に基づいて責任を追及する場合に比べて、原告は監督義務者の監督義務の懈怠を立証する必要がないこと（監督義務者は監督義務の懈怠がなかったことを立証しなければ責任を問われるし、監督義務者には損害に対する直接の過失が必要がないこと）、監督義務の懈怠と損害との間には因果関係は不要であること、の二点において圧倒的に有利であるにもかかわらず、この最高裁の事案では、§709に基づき監督義務者の責任追及がなされているのは、加害者の少年に責任能力が備わっており、§714の責任を追及できないと考えられたためである。§709に基づき監督義務者の責任追及をする場合、監督義務者の監督義務違反自体が§709の不法行為を構成するというものであるから、監督義務違反の事実（過失）及び監督義務違反と損害との間の因果関係は、原告がこれを立証しなければならない。つまり、最判の事案でいえば、少年が行った強盗殺人に対して、親には監督義務の懈怠（過失）があり、かつ、その懈怠の故に子供がそのような犯行に及んだという関係を立証しなければならないのである。ところが、これに対しては、§709の一般的不法行為とは単純に同視できるものではないとする見方が学説の一部にはある。即ち、第一に、§709の一般的不法行為における過失は特定の損害に対する行為義務違反であるが、本件で取り上げられている義務違反は、親が日常的に子供に対して監護・教育すべき義務の懈怠といったもので特定の損害の関係が希薄であって、その点では、§709の過失というよりも、§714Ⅰ但書の監督義務違反に近いものである。第二に、かといって原告は自ら監督義務違反を立証しなければならないから、§714Ⅰの責任とも異なる。第一の点に着目すれば、本件は判例のように§709に位置づけるべきではなく、§714に吸収するか、§714の類推とすべきである（寺田・法時48巻12号68頁以下、50巻6号49頁）ということになろうが、しかし、第二の点をみると、§714の責任とは異なることから、§709と§714との合体した特殊な規範に基づく不法行為責任だとみる余地が出てくる（四宮672頁）。ちなみに、平井教授は後説に立ち、本件は§709と§714とが融合した新しい複合型不法行為であって、§714に基づく従来の監督者責任を無能力者責任、この新しい類型を監督義務違反責任、と呼んで区別している（平井216頁）。判例のように§709に位

置づけようと、§714、あるいは§709と§714の複合として位置づけようと、要件の面で違いはないと思われるから、必ずしも実益のある議論ではない。ただ強いて言えば、拡大された行為義務の故に行為義務違反と発生した損害との関係が希薄化しているという点は否定できないところであるが、そのことをもって§709の過失とは異質のものだというのは早計であって、「§709の過失概念自体が拡大していく流れの一環」(内田371頁)にすぎないのではなかろうか。

　いずれにしても、前記最判の考えは、その後多くの下級審判決においても採用されている(例えば、東京高判H6・5・20判時1495-42「中野富士見中学いじめ自殺事件」など)。また、福島地いわき支判H2・12・26判時1372-27(いわき市いじめ自殺事件)では、学校設置者の責任が安全配慮義務違反を理由として肯定されている。

第2節　使用者責任

1　責任の法的性質と根拠

　(1)　**総　説**　§715は、ある事業のために他人を使用する者は、被用者がその事業の執行につき第三者に加えた損害を賠償する責めに任ずる。但し、使用者が被用者の選任およびその事業の監督につき、相当の注意をしたとき、または相当の注意をしても損害が生じたであろうときは、この限りでない、と定める。加害行為について故意・過失を要件としていないが、選任・監督について過失を要件とし、その挙証責任を転換しているから、§714と同じく中間責任といえる。もっとも、後にも述べるように、選任監督についての無過失の証明による免責は事実上否定されているから、事実上の無過失責任となっている。

　(2)　**使用者責任の法的性質——自己責任か代位責任か**　被用者の加害行為に関する使用者の責任のあり方については、古くローマ法では、人は自己の故意・過失についてのみ責任を負い(自己責任)、他人の行為については責任を負わないのが原則であったのに対して、ゲルマン法では、結果責任主義がとられ、例えば、家長はその家子や同居人などの他人の行為に対して無

過失責任を負った（代位責任）。このゲルマン法の結果責任（無過失責任）の立場は、フランス民法§1384に受け継がれているが、ドイツ民法§831は、ローマ法の過失責任（自己責任）の立場を継受している。わが国では、旧民法は、フランス民法に倣い、結果責任主義をとり、使用者の免責を認めなかったが、現行民法§715は、ドイツ法系の自己責任主義に倣い、使用者の免責を認めた（§715Ⅰ但書）。つまり、現行民法の起草者は、使用者が被用者の行為に対して責任を負うのは、使用者が被用者の選任・監督を怠ったという自己の過失に基づく自己責任の故であるから、使用者は選任・監督につき過失がないことを証明すれば、免責されるとしたのである。つまり、使用者の責任のあり方については、他人の不法行為について自己の帰責事由なしに課せられる責任＝代位責任と、あくまで自己の選任・監督についての過失に基づく責任＝自己責任とがあるわけであるが、代位責任では、被用者自身に不法行為責任が成立することが前提となり、使用者・被用者の両者につき不法行為責任が生じ、使用者には免責事由は認められない（あるいは、免責条件付きの代位責任というものもありうるが）。これに対して、自己責任では、被用者に不法行為責任が発生していることは要件とならず、使用者に免責事由が認められる。

では、§715を自己責任的に解釈すべきか、代位責任的に解釈すべきか。既にみたように、同条が使用者の免責事由を認めていることから明らかなように、民法の起草者は、自己責任的立場から同条を規定したことは明らかである。しかし、自己責任的立場から同条を位置づけることには、次のような疑問がある。

　① 使用者に選任・監督についての過失があるならば、§715の規定をまつまでもなく、使用者は§709あるいは§719によって責任を負うから、§715は、単に使用者の過失について立証責任を使用者に負わせたという意味しかなくなってしまう。

　② 判例は、古くから§715Ⅰ但書の免責をほとんどの場合に否定して、これを空文化してきている。即ち、免責を認めたのは、戦前において大判Ｓ15・5・8新聞4580－7くらいであり、戦後はその例はないようである。

　③ また判例は、被用者の行為が不法行為の要件を充たすことも要求し

第4章　特殊不法行為　151

てきており、②と併せてみると、判例は代位責任的に同条を位置づけてきており、判例が築き上げてきた現実の姿との整合性を図るならば、代位責任的に捉えるのが妥当である。

　それでは、代位責任的に同条を捉えることには問題がないかというと、決してそうではない。今日では、企業活動の拡大に伴い、その重要性が認識され、不法行為者個人よりも資力のある企業にその責任を集中させるのが望ましく（同じことは政府の活動についてもいえ、国家賠償法が使用者である国の責任を定めている）、また、そのように考えても、企業は保険で対処し、保険料の負担はコストに上乗せするなどして社会に分散できるから問題はない、というのがほぼ一致した見方である。ところが、代位責任的解釈は、企業への責任の集中の障害となる可能性がある。代位責任は、使用者の免責事由を認めない点では、企業への責任の集中に役立つが、被用者の行為は不法行為の成立要件を充たす必要があるとされる結果、被害者が企業の責任を追及するには企業内部で働く被用者の立証困難な過失を立証しなければならないばかりか、被用者が責任無能力の場合は使用者責任を追及できない、といった障害が出てくるのである。一方、自己責任的解釈には、このような問題はない。加えて、§715Ⅲは、賠償を果たした使用者は被用者に求償できると定めているが、企業への責任集中の要請及び企業の指揮命令に従って使用者のために仕事をして事故を起こした被用者の責任軽減の要請から、使用者からの被用者に対する求償を制限すべきだという解釈が正当化されるが、そのためには自己責任的解釈が有益である。そこで企業への責任の集中という要請を背景に、企業自体について§709の責任を認めるべきだという説が登場するが（企業責任）、この説はさておき、民法の起草者のように自己責任的に解釈すべきだという説（国井・法時48巻12号52頁）、被用者の有責条件を要求しない完全な自己責任的解釈を行うべきだとする説（田上・鹿児島大学法学論集8巻2号・（通巻）9号）が登場している。従来、判例は、ほとんど免責を認めないなど代位責任的解釈を行ってきており、通説もこれを支持してきたことを考えると、長年蓄積された実務から遊離するこれらの見解にはにわかに賛成できないものの、使用者の被用者への求償権を制限したり、被用者自身について不法行為が成立していなければならないとすることから生ずる問題など

を考えると、代位責任的解釈も問題を抱えていることはいうまでもない。

(3) **使用者責任の根拠——報償責任か危険責任か**　使用者の責任を代位責任と解した場合、何故に使用者は他人の不法行為について責任を負わなければならないのか、の根拠が特に問われなければならない。この点、通説は、その根拠を報償責任の原理に求めてきた。これは、「利益の帰する者に損失も帰する」というもので、被用者の活動によって事業範囲を拡大して多くの利益をあげている使用者が、被用者が与えた損害について責任を負うのが公平だとするものである。その後、危険責任、即ち、人を使用して自己の活動範囲を拡大する場合には、社会に対する加害の危険を増大させ、「使用者は危険を支配するもの」として、賠償責任義務があるとする考えも主張されるに及んで（川島・判民昭11年度62事件評釈）、報償責任に危険責任を加える説が有力になっている（注釈民法(19)278頁（森島）、前田141頁、四宮681頁）。なお、自己責任的に捉える立場でも、使用者の責任加重（§709よりも責任が重い）の根拠はやはり問題となるはずで、同じように報償責任または危険責任が指摘されることになろう（例えば、使用者の被用者に対する求償権の制限の根拠として、報償責任の原理が指摘される）。

2　使用者責任の要件

(1) **総　説**

① 「或事業」の為めに「他人を使用」していること（使用関係）

② 「事業の執行に付き」なされたこと（事業執行性）

③ 第三者に損害を加えたこと

④ 被用者の行為が§709の一般不法行為の要件を備えること（判例・通説）

⑤ 使用者が§715但書の主張・立証をしないこと

(2) **「ある事業」のために「他人を使用」していること（使用関係）**

(a) **「事業」の意義**　事業とは、広く仕事という程度の意味で、一時的であると継続的であると、また営利・非営利を問わない。違法であってもよい（宇都宮地栃木支判Ｈ8・1・23判時1569-91は、暴力団のいわゆるしのぎ活動（営利活動）を事業と認めて組長の使用者責任を肯定した）。

(b) **「他人を使用する」の意義**　使用関係の意味である。使用関係と

は、§715Ⅰ但書、及び注文者から独立している請負人に§715は適用されないと定める§716からも（平井230頁）、実質的な指揮監督関係が存在することをいうと解されている。契約の有無、報酬の有無、期間の長短を問わない。使用者の選任によって生じたものである必要もない。

弁護士と依頼人との間には、弁護士の独立性に鑑み、一般的にいって、指揮監督関係は存在しないから、使用関係は成立しない（平井231頁は、§716は弁護士のような、他人の指揮監督を受けず専門的知識により他人に労務を提供する者一般について類推すべきだとする）。判例には、弁護士に競売実施を委任した依頼者との間に使用関係を肯定したものがあるが（大判Ｔ12・6・7民集2-386）、不当である（加藤172頁、四宮684頁、平井231頁など）。同様に、請負人も、原則として注文者から独立して仕事に従事する者であるから、使用関係は生じない。§716はこの当然のことを定めた注意規定である。しかし、元請負人と下請負人の関係になると、使用関係が肯定される場合が少なくない。即ち、元請負人Ａから仕事を請け負った下請負人Ｂ（またはＢからの孫請負人Ｃ）の被用者Ｄが、Ａの実質的な指揮監督に服していたならば、ＡＤ間に使用関係が認められる（最判Ｓ45・2・12判時591-61）。また、ＡＢが親会社・子会社の関係にある場合は、Ａ会社とＢ会社の被用者Ｃとの間の使用関係を認めて差し支えない（最判Ｓ42・11・9民集21-2336〔追補4〕）。

実質的な指揮監督関係が存在すれば足り、現実に指揮監督が行われていることを要しない。あくまでそれは規範的概念であるから、例えば、雇傭契約が存在すれば、法令上指揮監督すべき地位にあるといえ、その実態が何であれ、使用関係を肯定すべきである（平井229頁）。また、被用者と生活を共にするなど密接に接触する事実があれば、指揮監督可能な状況にあるといえるから、それだけで指揮監督関係を認めるべきである。この点、大判Ｓ2・6・15民集6-403は、医師とその父の雇人である同居の女中との間の使用関係を否定したが、使用関係を認める余地がある（平井229頁）。

免許を必要とする営業について、免許を有するＡがＢに名義を貸して事業を行わせ、Ｂが他人に損害を与えた場合、判例は名義貸与者Ａの責任を肯定するが、その根拠は明確ではない。もちろん、名義貸与者が名義借主を指揮監督している関係があれば、名義貸与者の使用者責任を肯定できるが（最判

S41・6・10民集20－5－1029は、指揮監督関係の存在から使用者責任を肯定した例である)、問題は、そのような関係が全く認められないのに使用者責任を肯定できるかである。この点、大判S4・5・3民集8－447は、名義借主が貨物引換証を引き換えないで貨物を引き渡した事案で、名義貸与がすべての行為を名義貸主に代わってなす権限を有する旨を「表示」したことを根拠に、名義貸主は責任を負うべきだとし（表示による禁反言）、名義貸主の責任の根拠を使用関係の存在に求めてはいない。思うに、名義貸与者と名義借主との間に現実の指揮監督関係が存在しない場合でも、名義貸与者は法律上名義借主を指揮監督すべき地位にあるといわなければならない。特定の営業を行うことのできる免許を与えられた者は、自らこの営業を行うべきで、他人にこれを行わせることは厳しく禁止されているのであるから、これに違反して他人にその営業をさせた場合は、その他人に対し指揮監督すべき義務を負うと解するのが、免許制度の趣旨からみて妥当だからである（前掲最判S41・6・10の原審判決、加藤176頁、四宮684頁、平井232頁）。これに対して、営業譲渡が行われたがなお営業名義が譲渡人に残っているような場合には、違法ではないから、実質的な指揮監督関係が存在する場合にのみ、名義が残っている譲渡人は使用者責任を問われるにすぎない（平井232頁）。

(3) 「事業の執行に付き」の判断基準

(a) 総説　「事業の執行に付き」に該当するかどうかは、使用者責任を追及する訴訟においては非常に重要であり、§715 I 但書の免責がほとんど認められていない現状では、使用者はこの要件について争うことがしばしばみられる。民法の起草者は、「事業の執行に付き」とは、「事業の執行のため」よりも広く、「事業の執行に際して」よりも狭い概念だとするが、これは感覚以上のものではなく、そういってみたところで適用可能な基準とはいえない。例えば、トラックの運転手が輸送中に人をはねて怪我をさせたとか、不動産会社の営業マンが説明義務を怠り損害を与えたというような場合は、明らかに「事業の執行に付き」に該当するから、特にその判断基準を必要としないであろうが、ボーダーライン上のケースでは、具体的な基準が必要である。

古い判例は、「事業の執行に付き」とは、「事業の範囲に属する行為または

これと関連して一体をなし不可分の関係にある行為」でなければならないと解し、会社の株式に関する一切の事務を任されていた株券系が、株券を発行すべき場合（増資）でないのに株券用紙を使い株券を偽造し発行した行為は、「事業の執行に付き」とはいえないとした（大判Ｔ5・7・29刑録22－1240など。一体不可分説）。しかし、これでは狭すぎ、賠償能力のある使用者の責任追及の道が狭められ、被害者の保護に欠ける。そこで、大連判Ｔ15・10・13民集5－785は、同じように、権限を濫用し株券係が株券を偽造・発行した事案で、「事業の執行に付き」に該当するとし、やがて判例は、この立場を「外形理論（外形標準説）」として語るようになった。それを最も明確に語った最判Ｓ40・11・30民集19－8－2049（会計係員が手形を偽造したケース）は、「『事業の執行に付き』とは、被用者の職務執行行為そのものには属しないが、その行為の外形から観察して、あたかも被用者の職務の範囲内の行為に属するものとみられる場合をも包含する」とし、①当該加害行為が被用者の本来の職務と相当の関連性を有し、かつ、②被用者が権限外の行為を行うことが客観的に容易である状態におかれているとみられる場合には、外形上の職務行為に該当すると判断すべきであるとし、そう解する理由について、①のように本来の職務との間に相当の関連性を有することは、「当該行為が被用者の職務の範囲内に属するものと思料される契機となりうることは疑いがなく」、しかも、被用者の権限外の行為に対し使用者の支配が及びうるにもかかわらず、②のごとく「これを容易に行いうる客観的状態が事業の施設機構等に存するときは、被用者の行為がその職務の範囲内に属するものと外観をもたらすのが通常の事態であると認められるからである」と述べている。そして判例は、この外形理論を、(A)株券や手形の偽造、物品や金銭の詐取などの取引行為による不法行為（取引行為的不法行為）のみならず、(B)交通事故などの事実行為的不法行為にもその適用を拡げた。例えば、最判Ｓ37・11・8民集16－2255は、仕事の必要に応じ随時会社の自動車を運転使用できる被用者が、勤務時間後に会社の自動車を運転して私用に供したという事案で、これも外形的にみれば会社の運転手としての職務行為の範囲内だとし、また最判Ｓ30・12・22民集9－2047は、通産大臣用乗用車の運転手が、既に辞表を出したがまだ官を失っていなかった大臣秘書官の依頼により、大

臣秘書官とその子供を乗せて競輪見物に行く途中で事故を起こしたケースで、当該運転行為は一般的・外見的にみて職務行為の範囲内に属するとした。その一方で、(C)護岸工事を請負った建設会社の小規模な作業所主任が会社の代理人として出入り業者に額面220万円の手形を勝手に振り出したケースで、最判Ｓ43・1・30民集22-63は、額面の大きさからみても、「特段の事情がないかぎり、外形上も、同人の職務の範囲に属するものとはいえない」と判示し、外形理論の適用の限界についても判示している。

　判例上、上記(A)から分かるように、外形理論は濫用・逸脱という事実だけでは事業執行性は失われないとするために機能（消極的機能）しているほか、上記(C)から事業執行性の外延を画するという積極的機能をも果たしていることは確かであるが、判例も、事実行為的不法行為の事案では「外形」という表現を用いながら実質的には別の要素（本来の職務との密接関連性など）を考慮して判断するなど、外形理論が唯一の窮極的な判断基準として機能しているわけではないし、外形理論は被害者の外形に対する信頼を本質とする以上、信頼が問題とはならない事実行為的不法行為に当てはまるものでもない。そこで、学説は、事業執行性についての窮極的な積極的判断基準を模索し、例えば、取引行為では行為の外形に対する信頼が考慮されるが、事実行為の場合は、客観的に使用者の支配領域内の事柄かどうかで決すべきだとする説（加藤182頁以下）、加害行為が被用者たる地位にあることから通常予見されうるものかどうか、加害行為と被用者の本来の職務との近接性・遠隔性、加害行為の場所的状況、被害者の善意ないし無過失など種々の要因を総合して判断すべきだとする説（幾代194頁）、職務・職場の具体的状況などからみて一般的に使用者の監督義務が要求される範囲内の行為か否かという観点を基本に据えるべきだとする説（神田・使用者責任（叢書民法総合判例研究㊴）72頁）、使用者は被用者が職務権限を濫用するなどして他人に損害を与えないよう監督する義務を負っている点を根拠に、加害行為と被用者の本来の職務との関連性（職務関連性）と、補充的に、被用者が加害行為を行うことが客観的に容易である状態に置かれていること（加害行為への近接性）を判断基準とし、ただ取引行為的不法行為では、職務関連性と加害行為への近接性によって作出された外形を基礎として、この二つの要件に加え、被害者

の「外形への信頼」が要件となるとする説（平井235頁以下）、などが主張されている。思うに、統一的な基準ではなく、事案類型ごとの事業執行性の判断基準を、判例の中から析出する道を選ぶしかないであろう。使用者責任が問題となる事案には、取引行為と事実行為とがあり、また後者で多いのは、被用者の暴行と被用者の自動車事故といった事案であり、これらの異質な事案に一つの基準を適用するには無理がある以上、基準の明確化を図るうえでも、事案類型に即した基準を多元的に立てていくしか方法はないと思われる（四宮692頁以下、内田447頁以下など）。もちろん、このような手法では別の新しいタイプの事案に対応できないという難点もあるが、そのような事案に対しては、その事案が従来想定した事案のどれに近いかをみて判断していけばよかろう（内田前掲）。

(b) 取引行為的不法行為　判例上、株券や手形の偽造、物品や金銭の詐取といったように、権限のある者がこれを濫用し、あるいは権限のない者がそのような行為をして被害者に損害を与えるといったケースが多い。このように加害行為が取引行為として行われた場合には、判例上確立している外形理論を適用して事業執行性を判断するのが妥当である。

例えば、手形の作成をまかされていたが手形振出の権限はなかったA会社の会計課長Bが、Cに対しA会社振出の手形を偽造して振り出し、この手形をCがDに裏書譲渡し、DがAに手形金の支払いを請求したところ、拒絶されたとしよう。確かにこの場合、Dは表見代理（§110）の適用を主張して、Aの責任を追及する方法が考えられる。しかし、§110の表見代理が成立するには、権限外の行為をしたBに基本代理権が必要であり、この基本代理権には、手形の作成といった事実上の行為を行う権限は含まれないというのが判例である（最判S35・2・19民集14-2-250）。また、§110の適用は取引の相手方Cとの関係に限られ、転得者Dには適用されず、このことは、手形の取引についても同様とするのが判例である（商法学者の多くはこれに反対するが）。そうすると、表見代理によってDが保護される範囲は狭く、ここに不法行為規定である§715の適用の必要性が高いことが分かる。即ち、§715を取引安全のために機能させる必要があるとすれば、外形理論を適用すべきことになる。取引行為的不法行為に外形理論を適用する背景には、使用者責任の

根拠とされる報償責任・危険責任の原理が作用していることを否定するつもりはないが、その根拠は主として取引の安全の原理だというべきである。そして最判Ｓ42・11・2民集21－9－2278は、たとえ被用者の行為が外形的にみて職務の範囲内に属すると認められる場合でも、被用者の濫用・逸脱について被害者が悪意または重過失である場合には、被用者の行為は「事業の執行に付き」とはいえないとする。不法行為において被害者に過失があっても、不法行為の成立自体は認めたうえで、過失相殺をするにとどめるのが普通であるが、この場合は悪意・重過失がないことを事業執行性の要件に組み込み（前田・判例不法行為法137頁、内田455頁）、不法行為の成立自体を否定しようというもので、外形理論が相手方の信頼を保護し取引の安全を図ろうとする理論である以上、悪意または重過失（この立証責任は使用者側にあると考えるべきである）のある者には、その適用を拒否するのが妥当だということである。

　(c)　事実行為的不法行為

　　①　自動車事故　　自動車事故に関する判例の事案は、既にいくつか紹介したが、(a)最判Ｓ37・11・8民集16－2255は、仕事の必要上会社の自動車の運転をすることがあった被用者が、勤務時間後に会社の自動車を運転して私用に供した際に事故を起こしたケースで、外形的にみれば会社の運転手としての職務行為の範囲に属するとし、(b)最判Ｓ46・9・16判時645－74は、被用者が休憩時間中に原動機付自転車を無断で持ち出し事故を起こしたというケースで、この被用者がかつて外回りの仕事をしたこともあったこと、原動機付自転車のキーが会社事務所内の施錠されない引出しに保管されていたという事実に照らし、「事業の執行に付き」にあたるとした。一方、(c)最判Ｓ52・9・22民集31－5－767は、従業員は通勤・工事現場への往復に自家用車を利用することが禁止されていたのに、出張の際自家用車で往復し事故を起こしたケースで、外形からみて「事業の執行に付き」にあたるとはいえないとした。さて、(a)では、加害車輌が使用者の所有であったことが事業執行の「外形」を作っているとみる余地があるし、(b)についても、同じような見方ができるかもしれない。これに対し、(c)では、加害車輌が使用者の所有物ではないことが「外形」の否定に働いているともいえる。しかし、既に述

べたように、自動車事故のような事実行為においては、相手方の信頼を基礎としている外形理論に依拠して事業執行性を判断することは適当でない。(a)(c)の判決は、「外形」という言葉を用いてはいるものの、別の要素を考慮しているとみざるをえない。思うに、§715Ⅰ但書に照らし、使用者は被用者を監督し、被用者の加害行為を防止するよう監督すべき義務を負っている。もちろん、使用者の監督が及ばない領域については、使用者に責任を負わせることはできないから、加害行為が客観的に使用者の支配領域内の危険に由来するかどうかを基準に、事業執行性を判断すべきである（四宮693頁、内田455頁）。(a)は、危険物である加害車輌は使用者の所有物でありその管理は使用者の支配領域内にあったといえるし、(b)についても同じことがいえる。特に(b)では、原動機付自転車のキーが施錠されない引き出しに保管されていたというのであるから、被用者が加害行為を容易にできる状態におかれていたといえる。これに対して、(c)では、使用者としては自家用車による通勤・出張を禁止していたにもかかわらず、無断で従業員が出張の際自家用車を用い事故を起こしたというのであるから、もはや本件加害行為は使用者の支配領域内のものとはいいにくい。

　ところで、例えば(a)のケースで、被用者の運転する自動車に同乗した者が事故で怪我をしたが、同乗者は、被用者が勤務時間後に、しかも私用で運転したことを知っていた場合、前述した取引行為的不法行為の場合と同様に事業執行性自体を否定するか、単に過失相殺の問題として処理すべきかが問題となるが、事実行為的不法行為についても、事業執行性の要件の中に悪意でないこと（さらに重過失がないこと）といった信頼の要素を組み込むのは、疑問である。

　　② 暴　行　被用者が職務中職務に関連して暴行を加えたというケースでは、判例は外形理論を明確に放棄している。いかなる意味においても（つまり、外形的にみても）暴行を職務とみることはできないからである。判例は、外形理論に代えて、「事業の執行行為を契機とし、これと密接な関連を有すると認められる行為」という基準を打ち出している。例えば、最判S44・1・18民集23-2-2079は、工事現場で作業に従事していた者同士が、仕事に関係して口げんかとなり暴行を加えて負傷させた事案で、上記の基準

に従い、事業執行性を肯定している。最判Ｓ46・6・22民集25－4－566も、業務上の自動車運転時の喧嘩について、同様の判断をしている。被用者が事業の執行に関係して暴行をはたらいたというケースでは、前述の「加害行為が使用者の支配領域内の危険に由来していたかどうか」という基準は有用ではない。被用者を使用者が管理する危険物とみるべきではないからである。そこで判例のように、「事業の執行行為と密接な関連を有すると認められる行為か否か」という基準で判断するのが妥当である（四宮695頁、平井234頁、内田456頁）。従って、例えば、店の店員が客と代金のことでもめてそれが原因で暴行をはたらいた場合は、事業執行性を肯定できるが、店員が店に来た客にたまたま恨みをもっていたことが原因で暴行を加えたという場合は、事業執行性を否定すべきである。

(4) 「第三者」に損害を加えたこと　「第三者」とは、使用者及び加害行為をした被用者を除くその他の者をいう。同一使用者に使用されている被用者の一人が他の被用者に加害された場合、例えば、被用者たるトラック運転者の過失で事故を起こした際、同乗していた運転助手が負傷したような場合、同乗者も本条の第三者にあたる（最判Ｓ32・4・30民集11－646）。また、取引行為的不法行為では、取引行為の直接の相手方に限らず、転得者など広くそれ以外の者も含まれる。

(5) 被用者の行為が§709の一般的不法行為の要件を備えること　使用者責任は、既に述べたように代位責任であり被用者について不法行為責任が発生することを前提とする（通説・判例）。§715Ⅲは被用者への求償権を認めているからである（被用者が求償されるということは、本来は彼の不法行為責任だったからだと考えられる）。また、この要件を不要とすると、小企業や家事使用人の雇主に過酷な責任を負わせることになって不当でもある。

これに対しては、報償責任の法理からいって、被用者の不法行為責任の成立を必要とする理由はない、被用者が責任無能力のときは使用者責任が成立しなくなり不当である（責任能力不要説）、公害や製造物責任訴訟で大企業が被告となる場合、個々の被用者の不法行為をいちいち立証しなければならないというのでは被害者の負担が重すぎる、といった批判がある。最後の批判は、後に述べるように、企業自体の責任を認めることでクリアーできるが、

第一・第二の批判については、使用者責任を代位責任として位置づける以上、批判説の主張をそのまま受け入れることはできない。

(6) 使用者が§715但書の主張・立証をしないこと　§715Ⅰ但書は、前段で、使用者が被用者の選任および監督に相当の注意をなしたとき、後段で、相当の注意をしても損害が生じたであろうときは、使用者は責任を負わなくてよい旨規定している。

　まず、但書前段からみると、使用者は、被用者の選任と監督の双方について、相当の注意をしたことを立証しなければならない。規定の形式からみて、この点の立証責任は使用者が負うが、立証責任を使用者に転換したのは、無過失責任に近づけるとともに、選任・監督の過失が使用者の内部事情に属するために被害者が立証しがたい点を考慮したものと考えられる（四宮705頁）。もっとも、既に述べたように、この点に関し使用者の免責が認められることは実際上ほとんどない（戦前において免責を認めた判例が一件あるのみ）。その結果、使用者責任は事実上無過失責任化しているといえる。判例が証明責任の転換だけでは満足せず、事実上無過失責任化した背景には、使用者責任の根拠に加えて、使用者側の過失不存在の証明に対して被害者が反証を提出することが困難であるという事情を指摘できよう（四宮705頁）。

　次に、但書後段の、使用者が相当の注意をしても損害が生じたであろうという場合とは、選任・監督上の過失と損害との間に因果関係がない場合のことと解されている（通説）。従って、但書後段は単なる注意規定にすぎない。しかし、使用者責任を通説・判例のように代位責任と理解すれば、使用者の過失と損害との間には必ずしも因果関係は必要ないはずであり、但書後段は誤解を招く規定といわざるをえないから、これを削除すべきであろう（内田459頁）。但し、後段但書が適用されて免責された例は、現実には存在しない。

　なお、最判Ｓ42・6・30民集21-1526〔追補6〕は、「『失火の責任に関する法律』は、失火者その者の責任条件を規定したものであって、失火者を使用していた使用者の帰責条件を規定したものではないから、失火者に重大な過失があり、これを使用する者に選任監督について不注意があれば、使用者は民法715条により賠償責任を負うものと解すべきであって、選任監督につ

いて重大な過失ある場合にのみ使用者は責任を負うものと解すべきではない」とする。実質的には、§715が報償責任に基づくことから、敢えて使用者の責任を軽減する方向で解釈すべきではないという配慮によるものとみてよい。また、失火責任法の文理(「民法§709の規定は……」とある)からいっても、§715については適用がないというべきであろう。

3 §715と損害賠償責任の主体

使用者責任における責任主体としては、使用者のほかに、使用者に代わって事業を監督する者、即ち、代理監督者があげられており、代理監督者も使用者と同様の責めに任ずるとされている(§715Ⅱ)。判例によれば、代理監督者とは、「客観的にみて使用者に代わり現実に事業を監督する地位にある者」をいうから(最判S35・4・14民集14-863)、代表取締役は、現実に事業を監督していない限り、これに該当しない(最判S42・5・30民集21-4-961は、営業所の営業を現実に監督する立場にないタクシー会社の代表取締役は、代理監督者ではないとする)。これに対して、木材会社の営業所の所長は、経理業務に従事する者の手形偽造に対して、代理監督者であるとされている(最判S38・6・28判時344-36)。もっとも、営業所長のごとき下位の者について、使用者と同じ責任を課するのは酷だといえる。そこで、代理監督者とは、個人会社の代表者のような、実質的利益帰属者に限定すべきだという見解が登場する(神田・小樽商大商業討究27巻3・4号20頁以下)。ただ、個人会社の代表者については、法人格否認法理によってこれを「使用者」として扱うことが可能なので、代理監督者の規定を必要とするとは思われない(四宮707頁)。やはり代理監督者には営業所長のごとき下位の者も含めざるをえないと思われるが、しかし、こういった者には報償責任の原理は当てはまらない。営業所長は実質的利益帰属主体ではないからである。だとすれば、代理監督者の責任の根拠は、「現実に監督するからこそ加害行為による損害発生の危険を予見し回避することが可能」(平井241頁)という点に求めざるをえないであろう。代理監督者の責任の根拠をこのようにみる限り、代理監督者の責任は§709の過失責任に近いものとみて、§715Ⅰ但書前段の選任監督上の過失を§709の過失に近づけて解釈することで、免責の余地を広げる解釈運用を行うのが妥当である(四宮707頁、平井241頁)。

なお、使用者責任が成立する場合でも、代位責任説に立つ判例・通説は、被用者自身の不法行為責任（対外的責任）を認める。ただ、これに対しては、企業への責任集中の要請、企業が利益を取得しながらその責任を組織の一分子にすぎない被用者に転嫁するのは公平を欠くとして、被用者個人の不法行為としての要素が強い場合や、使用者と被用者の共同不法行為を観念できるような場合は、判例・通説のように考えてよいが、企業が全体的活動によって他人に損害を与え、企業自体が被用者の不法行為を媒介とすることなくして§709によって責任を負うべき場合には、被用者の不法行為責任を否定すべきであるとする見解（四宮708頁、前田151頁）が主張されている。さらに、同様の問題意識から、被害者に賠償をした被用者は、使用者に逆求償できてよいのではないかという見解も主張されている（逆求償の問題については後述する）。

最後に、§715の使用者の責任と§709の被用者の責任の関係については、両者の責任は不真正連帯債務（全額賠償義務）の関係に立つと解されている（最判S45・4・21判時595-54、通説）。使用者と被用者との間に主観的共同関係がなく、連帯債務とする根拠を欠くこと、不真正連帯債務とする方が、絶対効に関する規定の適用がない点で、被害者の保護に厚くなること、が理由である。

4 使用者の求償権

(1) **求償権の法的性格**　使用者・代理監督者が被害者に賠償したときは、被用者に求償できる（§715Ⅲ）。この求償権の法的性格については、不真正連帯債務の属性だとする説もあるが、被用者と使用者との間に雇傭契約などの契約があれば、使用者に損害を与えてはならない義務を負っているから、その義務違反（債務不履行責任）、あるいは、契約関係がない場合には不法行為責任ということになろう。

(2) **求償の範囲**　使用者責任を代位責任とみる判例・通説では、使用者が被用者に求償できるのは当然であって、使用者は、被害者に賠償した全額について、被用者に求償できると解されてきた。しかし、企業への責任集中の要請、報償責任原理、被用者を使用して利益をあげておきながら生じた損害の全部を組織の一分子にすぎない被用者に負わせるのは不公平であること

などを考えると、求償の範囲を制限する必要がある。最判Ｓ51・7・8民集30-689も、被用者である運転手の交通事故により賠償を果たした使用者が運転手に求償した事案で、「使用者は、その事業の性格、規模、施設の状況、被用者の業務内容、労働条件、勤務態度、加害行為の態様、加害行為の予防若しくは損失の分散についての使用者の配慮の程度その他諸般の事情に照らし、損害の公平な分担という見地から信義則上相当と認められる限度において、被用者に対し右損害の賠償又は求償の請求をすることができる」と述べ、4分の1を限度として求償を認めた原判決を支持した。もっとも、判例があげる求償範囲の決定基準は、明確を欠き有用性を欠くとして、被用者が法令・契約上の義務の履行過程において、あるいは、使用者の具体的な指揮監督を受けた行為の過程において生じた損害については、求償権は全面的に否定する一方で、被用者が法令または契約上の義務に故意に違反した場合には、求償権は全額認めるべきであるとする見解がある（平井240頁。四宮711頁も概ね同旨）。ただ、このように単純に二つの場合に分けることには疑問がある。使用者と被用者の関係、不法行為の内容等についても現実にはさまざまなものがあることを考えると、判例のように、具体的諸事情を考慮し、公平の見地から求償額を割り出していく方が妥当ではなかろうか。

(3) **被用者の逆求償**　企業への責任集中、報償責任原理、被用者の責任軽減などの観点から、§715には規定を欠くが、賠償を支払った被用者は、逆に使用者に求償できるとする見解がある。即ち、使用者と被用者の責任の関係は不真正連帯債務であり、使用者の被用者に対する求償を認めるのと同じ論理で、即ち、不真正連帯債務の属性として過失の程度と寄与度を考慮して決定された負担割合による求償を認める説（椿・評論116号23頁以下）、使用者と被用者とが共同不法行為者となる場合には、その属性として負担部分の求償を認めることができるとする説（加藤190頁）などがそれである。ただ、仮に逆求償を認めるとしても、濫用のケースや故意・重過失の場合にまで逆求償を認めるのは、行き過ぎであろう。また、逆求償を認める実益がはたしてあるかも疑問がないわけではない。使用者責任が問題となる場合は、被害者は賠償能力のある使用者を相手に請求するのが普通であって、被用者に請求するのは、①使用者に賠償能力が乏しいとか、②被用者の過失が重大であ

るといった場合であろうが、①では被用者からの逆求償は実効性を欠き、②では、そもそも逆求償を認めるべきではないケースと思われるからである。さらに、逆求償が可能で、かつ、実効性をもちいる場合であっても、企業内の平和を乱すという弊害も指摘されている（以上、四宮714頁）。

(4) 使用者に対する第三者の求償権の有無 　使用者甲の被用者乙と第三者丙との共同過失によって生じた損害につき、丙が全額賠償した場合、丙は乙の負担部分について甲に対して求償しうるか。

最判Ｓ63・7・1民集42－6－451は、報償責任原理を根拠として被用者と使用者は被用者との共同不法行為の一方の当事者たる第三者に対しても「一体をなすもの」とみるべきだとしてこれを肯定し、次のように判示した。即ち、「被用者がその使用者の事業の執行につき第三者との共同の不法行為により他人に損害を加えた場合において、右第三者が自己と被用者との過失割合に従って定められるべき自己の負担部分を越えて被害者に損害を賠償したときは、右第三者は、被用者の負担部分について使用者に対し求償することができるものと解するのが相当である。けだし、使用者の損害賠償責任を定める民法第715条１項の規定は、主として、使用者が被用者の活動によって利益をあげる関係にあることに着目し、利益の存するところに損失をも帰せしめるとの見地から、被用者が使用者の事業活動を行うにつき他人に損害を加えた場合には、使用者も被用者と同じ内容の責任を負うべきものとしたものであって、このような規定の趣旨に照らせば、被用者が使用者の事業の執行につき第三者との共同の不法行為により他人に損害を加えた場合には、使用者と被用者とは一体をなすものとみて、右第三者との関係においても、被用者と同じ内容の責任を負うべきものと解すべきであるからである」。実質的にみても、判例の考えは第三者が後に資力ある使用者に求償しうるとなれば第三者も安心して被害者に対して金額賠償をすることが期待できるから、被害者の救済にも資する（重要判例解説昭和63年度81頁（前田））。結局、共同不法行為者として全額賠償した第三者は、被用者に対してその過失割合に応じた求償ができるのみならず、被用者と使用者とを一体とみて、被用者の負担部分について使用者にも求償しうることになる。

5 法人の被用者の不法行為について法人に帰責させる理論構成

第一に、法人代表者に過失があるときは、§44により法人自体の不法行為責任を問いうる。この場合は、法人の理事その他の代理人が職務執行につき他人に損害を加えたことが要件となる。

第二に、使用人の行為が§709の要件を満たすときは、§715により法人の責任を問いうる（§715Ⅰ但書の免責が認められる）。既に述べたように、この場合は被用者に不法行為が成立することが前提となる。

第三に、「企業自体の過失」が認められるときは、企業（法人）は、§709自体によって責任を負うことを認めるべきである。これに対して、「理論的には過失の前提たる行為義務違反の有無を判断するには、特定人の行動を問題にしなければならないのに、擬人化された『企業自体』の過失を問うている点において疑問がある。観念的存在たる企業について、それ自身の『過失』を論じるのは、一種の比喩にすぎない」（平井227頁）として反対する見解がある。判例は、下級審判決であるが、肯定例と否定例に分かれる。否定例は、企業自身の過失として§709を適用することは、§44または§715との関係をどう解すべきか等の困難な問題を生ずることを否定の根拠として指摘する（クロロキン薬害訴訟に関する東京地判Ｓ57・2・1判時1044－19。このほか、否定した判例として東京地判Ｓ62・5・18判時1231－3などがある）。肯定例としては、例えば、熊本地判Ｓ48・3・20判時696－15（熊本水俣病事件）は、「廃水の放流は被告の企業活動そのものであって、法人の代表機関がその職務を行なう上で他人に損害を加えたり……、あるいは又被用者が使用者の事業の執行につき第三者に損害を加えたり……したときのように、特定の人の不法行為について法人（使用者）が責任を負うべき場合とは自らその本質を異にするものというべきであるから、被告は民法第709条によって原告らの蒙った右損害を賠償すべき責任がある」とし、福岡地判Ｓ52・10・5判時866－21（カネミ油症事件）も、「有機的統一組織体としての企業において、複数かつ不特定の被用者の企業活動の一環としての行為に過失がある場合には、むしろ個々の被用者の具体的行為を問題とすることなく、使用者たる企業自身に過失あるとして直接民法709条による責任があると解するのが直截、簡明であり、相当であ（る）」とした。

このように、法人自体の不法行為責任を問題とするときは、例えば、長期間（数10年）にわたって不法行為がなされ、その間に数度にわたって代表者の交替が行われたような場合（富山イタイイタイ病のケース）に、特にその威力を発揮する。なぜなら、代表者全員の過失をいちいち立証する必要がないからである。また、実際の企業活動が複雑多様であり、被用者の活動は統一体としての企業活動に埋没しているとみられる場合が多いが、このような実態にも適した処理であると思われる。もし企業自体の§709責任を認めないならば、例えば製造物責任訴訟においては、製造過程に関与した被用者を全員特定し、その過失をすべて立証しなければならなくなるし、またマスコミによる名誉毀損事件では、現場の特定の記者の過失を問題とせざるをえないが、明らかにそのようなやり方は適さないというべきである。それに、企業活動の一部を担うにすぎない被用者を全損害の加害者とする考え方もおかしい。このように企業自体を加害者と位置づけ、企業自身の注意義務違反を問題として不法行為責任を認めるならば、§715Ⅲで特定の被用者が企業から後で求償されるといった不当な結果も避けることができる。ただ、企業自体の§709責任を肯定するときに問題があるとすれば、§715の適用に適する事案と、§709の適用に適する事案とを、どのような基準で区別するかという点である。被用者の単なる交通事故について、§709に基づく企業責任を認めるのは適当ではなかろう（内田463頁）。

6 §715と隣接する規定・制度との関係

(1) 民法§44 既に述べたように、民法§44の法人の責任は、法人の代表機関の行為を基礎とするのに対して、§715の責任は、代表機関以外の被用者の行為を基礎としている。このことを反映して、前者では法人の免責規定が置かれていない（無過失責任）のに対して、後者では免責が認められている（中間責任）。但し、既に述べたように、§715の場合も実際にはほとんど免責は認められていないので、両者の違いはほとんどないといってもよい。

(2) 民法§110 一定の権限を有する被用者が権限を逸脱して取引行為（法律行為）をした場合、§110、§715のいずれで処理すべきかが問題となる。損害を受けた相手方は、§110を主張して当該取引行為（法律行為）の使用者への効果帰属（有効）を主張すべきか、§715を主張して使用者に損害賠償を

請求することもできるのかいう問題である。同じような問題は、§110と§44との間にもみられる。越権行為が法律行為による場合は、§715の適用は原則的に排除され§110のみが適用されるという考え方もありうる。即ち、株券の発行が無権限で行われた場合のように、表見代理を認めて有効とすると会社の資本金と発行株式の総額が一致しなくなり、会社法上許されないような場合以外は、すべて§110によるべきだという見解である。しかし、§110と§715の適用要件が同じでない以上、§110で保護されない場合に、§715による救済を認める必要性があるはずである。一つの考え方としては、相手方はいずれの法条も自由に主張できると考える余地もある（内田452頁）。しかし、取引行為（法律行為）として行われている以上、その効力が有効であることを主張しないで、無効を前提とした不法行為責任を追及していくというのは筋違いであって、当事者の合理的な意思に照らせば、まずそれが有効であるとして本来の履行を求めるべきであって、その主張が認められるならば、損害不発生として不法行為責任の追及を認める余地はなく、表見代理が成立しない場合にのみ使用者責任の追及を認めるのが妥当である（我妻・民法講義Ⅰ164頁、四宮720頁）。即ち、軽過失者・転得者は§110では保護されないが、§715では保護されるから、軽過失者や転得者については表見代理が成立せず、従って、使用者責任の追及が認められることになる。その代わり、善意・無過失の直接の相手方は、まず表見代理を主張すべきであって、それをしないでいきなり使用者責任を追及することは認められない。

　(3)　**国家賠償法§1**　公権力の行使にあたる公務員の不法行為について、国家賠償法§1Ⅰは、「国又は公共団体の公権力の行使に当る公務員が、その職務を行うについて、故意又は過失によって違法に他人に損害を加えたときは、国又は公共団体が、これを賠償する責めに任ずる」（同条§1）と規定している。この規定は、民法§715と同じような趣旨に基づき、民法のそれよりも責任を強化しようというもので、民法§715に対して特別法の関係に立っている。民法§715との相違点は、次のとおりである。

　　①　「公権力の行使」が要件とされる。この意味については争いがあるが、判例・多数説は、国・公共団体の作用のうち、純然たる私経済作用及び営造物の設置管理作用（国家賠償法§2）を除いた一切のものを指すと解して

いる。

　②　国家賠償法§1は「違法に」と規定しており、民法§715が前提としている§709の「権利侵害」と異なる。これは、立法当時の民法§709の「権利侵害」に関する通説的解釈の影響を受けたものである。

　③　国家賠償法の責任ははじめから無過失責任として構成され、§715Ⅰ但書のような免責規定はない。

　④　判例（最判S30・4・19民集9−534）・通説は、被害者は公務員個人に対して直接損害賠償請求できないと解している。従って、公務員からの逆求償は問題とならない。但し、明白に違法な公務で行為時に公務員自身がその違法性を認識していたような場合は、公務員個人の個人責任を肯定すべきだとする判例もある（東京地判H6・9・6判時1504−40）。

　⑤　国・公共団体から公務員に対する求償が認められるのは、その者に故意または重過失あった場合に限られている（国家賠償法§1Ⅱ）。

　⑥　公務員の選任・監督にあたる者と公務員の給与等の費用を負担する者とが異なるときは、被害者は後者に対しても請求できる（国家賠償法§3）。これは、民法§715にはみられない規定である。

(4)　自動車損害賠償保障法　　同法は、危険責任原理に基づき、自動車事故における被害者の救済を図るために、加害者側の責任を無過失責任に近づける一方で、責任保険を強制し、賠償のコストを保険によって分散することで加害者の負担軽減を図るとともに、被害者の救済を確実にしようというねらいがある。

　同法§3は、次のように規定する。

「自己のために自動車を運行の用に供する者は、その運行によって他人の生命又は身体を害したときは、これによって生じた損害を賠償する責に任ずる。ただし、自己及び運転者が自動車の運行に関し注意を怠らなかったこと、被害者又は運転者以外の第三者に故意又は過失があったこと並びに自動車に構造上の欠陥又は機能の障害がなかったことを証明したときは、この限りでない」

　責任主体は、「自己のために自動車を運行の用に供する者」であり、運行供用者と呼ばれる。運行供用者が責任を負う対象は、「他人の生命又は身体

を害した」ことによる損害である。生命・身体の侵害という重大な損害に限定しているのが特徴であり、その他の損害については保険による保護は受けられず、民法によって保護されるだけである。また、同条但書は免責を認めているから無過失責任ではないが、免責要件は極めて厳しく、同条但書所定の三つの事由をすべて証明しない限り、免責されない。つまり、民法§715と同様に立証責任が転換されているが、規定上は§715よりも厳格になっている。もっとも、免責の点については、被害者に100パーセント落ち度があるというような事例では、自賠法§3但書の免責が認められることも少なくなく、規定とは裏腹に民法§715に比べ実際には免責が広く認められている。これは、§715の場合は、被害者に一方的に落ち度があるケースでは、そもそも被用者に不法行為が成立せず、従って、免責を認めるまでもなく使用者責任を否定できるからであって、両者の責任要件の違いが反映しているものと思われる（内田465頁以下）。そして、このような重い責任を運行供用者に課する反面、責任主体には損害賠償義務の履行を確保するために保険を強制することで賠償のコストを分散する仕組みがとられている。

以下では、同法§3に関する解釈上の問題点を紹介する。

① **運行供用者の概念**　自賠法§3は、運行供用者と現実の運転者とが同一人である場合を含むが、問題なのは、両者が別人である場合である。かつて判例は、農協の運転手が私用のために組合の自動車のキーを無断で持ち出して事故を起こしたケースで、農協が運行供用者であると認めるにあたり、自動車の所有者である農協と運転手との間に雇用関係があり、かつ、日常の自動車の運転および管理状況などに照らして、外形的には自動車の所有者のためにする運行と認められると述べた。これは、民法§715の事業執行性の判断について、事実行為的不法行為にも適用してきた外形理論と同じものであるが、その背景には、自賠法§3の根拠を危険責任と報償責任原理に求め（民法§715の特別法と位置づける）、運行供用者の判断要素に運行支配のみならず運行利益をも加えた結果といえる（加藤81頁など）。しかし、現在では、後述する判例からも分かるように、自賠法§3は危険責任の現れであって、§715よりも、§717、§718に近いものと捉えるのが通説である（川井「運行供用者の基本理念」判タ212号、内田465頁）。即ち、自動車という危険物を所

有している点にその責任の根拠を求めようというもので、その結果、運行供用者の概念は著しく拡大されることになる。これは、既に述べた§715において、交通事故において妥当する「支配領域内の危険」と同じ発想である。このようにみると、自動車の所有者は、ほとんどの場合、運行供用者である。レンタカー会社もこの意味において運行供用者である（最判S46・11・9民集25－8－1160）。しかし、自動車の所有者であっても否定されるケースもある。例えば、タクシー会社の自動車が、警備員のいる塀に囲まれた駐車場から盗み出され事故を起こしたというケースで、最判S48・12・20民集27－11－1611は、タクシー会社を運行供用者ではないとした。自動車にキーが差し込まれたままでドアもロックされていなかったとはいえ、警備員を置き自動車を管理していた点が重視されたのである。これに対して、自動車の所有者がキーを差し込んだまま路上に放置していて盗難にあって事故が起きたというケースでは、車の管理が不十分であったといわざるをえず、所有者は運行供用者とされなければならない（札幌地判S55・2・5交民13－1－186）。つまり、自動車という危険物の所有者が、その危険物を十分に管理していたかどうかという「運行支配の有無」が重要な決め手となる（危険物の管理責任）。運行支配に加えて運行利益も考慮されることがないわけではないが、あまり重視されるべきではない。同様の観点から、自動車の所有者でない者も運行供用者とされることがある。最判S49・7・16民集28－5－732は、自動車の所有者は未成年の子であるが、実質的な資金の負担は同居の父親であるというとき、父親が運行供用者となるとし、また最判S50・11・28民集29－10－1818は、成年の子が自己資金で購入した自動車の登録名義が父親となっていて、二人は同居し、自動車は父親宅の庭に保管されていたというケースで、父親はその車に乗ったことがなく運行利益が全くないとしても、運行供用者だとした。いずれも判例は、父親は自動車の運行を事実上支配管理できる立場にあったという点を重視している。

　　② 「他人」の要件　　自賠法§3は、「他人の生命又は身体を害したとき」と規定している。運行供用者自身には自賠法の保険の保護は与えられないのである。このように被害者は「他人」でなければならず、これに該当しないときは、強制保険による保護を受けられない。問題点を簡単に紹介する

と、最判Ｓ47・5・30民集26－4－898は、夫が運手する車に同乗していた妻が事故で怪我をした場合、それまでの実務は妻は「他人」ではないとして、自賠法の責任保険を支給しなかったが、これを改め、妻も「他人」に該当するとした。また、好意同乗者も「他人」と認めて差し支えないであろう（但し、過失相殺などで減額されることになる）。また、最判Ｓ57・11・26民集36－11－2318は、自動車の所有者Ａは友人Ｂが「自分が運転をする」と言うのでＢに運転させ自分は後部座席に乗っていたところ、事故を起こしＡが死亡したので、Ａの親が自賠法§16に基づき保険会社に対し保険金の支払いを請求した事案で、Ａはいつでもに運転の交替を命じることもできたし、Ｂに対し運転についての具体的な指示をすることもできたとし、この自動車の運行支配はＡにありＢにはなかったとして、Ａの「他人」性を否定した。Ａが運行供用者だとすれば、Ａは自賠法の保険の保護を受けることができないわけであるが、しかし、Ｂの行為がＡに対する不法行為になることはいうまでもないから、別にＡの親はＢのこの責任を追及することになる（自賠法§4）。

第3節　注文者の責任

　§716は、請負人の不法行為について注文者はその責任を負わず、ただ、注文または指図につき注文者に過失があった場合はこの限りでないと規定する。

　かつての判例（大判Ｓ9・5・22民集13－784）は、本条を§715と同じ平面で捉え、請負であっても注文者は§715の使用者責任を負うが、ただ、請負人は通常の使用関係に比べて独立性が強く、注文者に無過失の立証責任を免れさせるのが適当であることから、被害者の側で注文者の過失を立証しなければならないとしたのが本条の趣旨だとした。注文者の責任を使用者責任とみる判例の立場では、注文者に責任が生じるためには、請負人につき不法行為が成立することが必要となろう。これに対して、通説（我妻165頁、加藤107頁、四宮725頁、前田156頁など）は、請負人は注文者から独立して業務を行う者であり、注文者が請負人を指揮監督する関係が存在しない以上、請負人の

行為につき注文者が責任を負わないのは当然であって、本条本文は§715が適用されないことを明らかにするための注意規定であり、また、もし注文者の注文または指図に過失がありこれと損害の間に因果関係があれば、注文者に§709の不法行為責任が発生することも当然であり、本条但書もこの当然のことを定めた注意規定であるとする。通説のように、本条但書の注文者の責任を注文者自身の§709責任と捉える限り、請負人につき不法行為が成立することは前提とはならない。

ところで、現在の判例は、次の判例に代表されるように、通説の立場に傾斜しているといっても過言ではない。即ち、最判Ｓ54・2・20判時926-56は、建物の建築現場で請負人が隣家の建物に損傷を与えた事案で、注文者にたとえ建築工事等についての専門的知識がなくても、本件工事が施行されれば隣家の建物に被害を及ぼすことを予測しえた以上、被害を及ぼさないような措置をとるよう請負人に命ずべく、また、その措置を講じない場合は直ちに工事を中止させるなどの注意義務があると述べ、注文者の責任を肯定した。これは、§716但書の注文者の責任（過失）を、§709の一般的不法行為の責任（過失）と同じように捉える考え方とみることができる。なお、学説には、§716は、弁護士のような他人の指揮監督を受けず専門的知識により他人に労務を提供する者一般について類推適用すべきだとする見解がある（平井231頁）。この説の評価は別としても、独立性の強い弁護士に競売実施を委任した依頼者に§715の責任を肯定した判例（大判Ｔ12・6・7民集2-386）が不当であることはいうまでもない（加藤172頁、四宮684頁）。

いずれにしても、一般的には注文者と請負人の間には指揮監督関係は存在しないから、§715の責任は発生しないが、元請負人と下請負人の関係になると、実際には指揮監督関係が存在する場合が多く、使用関係が肯定される場合が少なくない（この場合は、元請負人に使用者責任が発生する）。

第4節　土地工作物責任

(1) **総説**　§717Ⅰは、土地の工作物の設置または保存に瑕疵があることによって他人に損害を及ぼしたときは、第一次的に工作物の占有者が損害

賠償責任を負うが、占有者が損害の発生を防止するのに必要な注意をなしたときは、占有者は免責され、工作物の所有者が損害賠償責任を負うと定めている（所有者には占有者のような免責事由を認めていない）。本条の責任の特徴は、第一に、責任を負う要件を、ある特定の行為ではなく、占有者または所有者という法律上の地位と定めていること、第二に、その結果として、行為と損害との間の因果関係は要件とはならないこと、第三に、占有者が第一次的に責任を負うが、占有者が免責事由を立証したときは免責され、その場合は所有者が責任を負わされ、所有者はたとえ損害の発生防止のための注意義務を十分尽くしていても、賠償責任を免れない、という点にある。このように、占有者については、免責事由を立証すれば免責されるから、中間責任であるが、所有者には免責事由がないから、無過失責任である。

　占有者には中間責任、所有者には無過失責任という重い責任を課したのは、この土地工作物責任が§718とともに危険責任原理に立つからである（通説）。土地の工作物は、その崩壊等によって損害を生ぜしめる危険性を有することから、§718の動物とともに、損害発生の危険源と考えられたのである。「人口の集中と土地の工作物の高層化・複雑化・多機能化とに伴い、工作物がもたらす危険は高度ないし広汎」（平井60頁）となっている今日、土地工作物責任は極めて重要になっている。なお、学説には、土地工作物責任の根拠につき報償責任も加える見解もある。

　(2)　**土地の工作物の意義**　「土地の工作物」とは、土地に接着して人工的作業を加えることによって成立し、人に危害を及ぼす危険性のある物をいう（大判S3・6・7民集7-443）。

　　①　天然に存在した物は、土地の工作物ではない。例えば、天然に存在した池沼は、土地の工作物ではない（東京高判S50・6・22判時794-67）。これに対して、スキー場のスロープは自然の地形を利用したものではあるが、人工的作業が施されたものであるから、土地の工作物である（長野地判S45・3・24判時607-62）。

　　②　土地に物理的に接着し、かつ、ある程度定着していなければならない。かつて自動車や航空機さらには企業全体などにも§717の重い責任を及ぼすべきだとする主張があったが（我妻181頁）、土地との接着性を欠き、無理

な解釈である。この点から、デパート屋上のデッキチェアー（東京地判S47・12・11判時704-70）、ごみ箱の上に乗せてあったコンクリートの流し台（東京地判S46・11・29判時665-66）は、いずれも土地の工作物ではない。但し、土地に接着していれば、直接に接着していることを要しない。かつて判例（大判T元・12・6民録18-1022）は、工場内に据えつけられた機械は、土地に直接に接着していないとして、土地の工作物ではないとしたが、工場内の機械は、工場の建物と一体をなすものとして、土地の工作物にあたるとみるべきである（加藤195頁、幾代150頁など通説）。下級審判決ではあるが、例えば、工場内クレーンのワイヤーロープ（高松高判S50・3・27判時789-45）、工場内の製麺機（東京地判S55・5・19判時985-98）を土地の工作物としている。今日では、上記の大審院判決は、実質的には変更されたものとみてよかろう（平井62頁）。最高裁は、保安設備のない踏切事故の場合、踏切道が「土地の工作物」にあたるかどうかについて、「踏切道の軌道施設は、保安設備と併せ一体として考察すべき」であるとして、工作物は一個の物に限らず、付属設備等を含め、施設全体を土地の工作物として捉えるに至っているからである（最判S46・4・23民集25-3-351）。なお、土地に接着しある程度定着していれば、それが一時的なものであってもよいし、定着の程度が弱く取り外し可能なものであってもよい。この点、浴室の一部であるプロパンガス用風呂釜も土地の工作物である（広島高松江支判S55・4・16判タ422-103）。

③　道路、トンネル、架線施設などが土地の工作物にあたることはいうまでもないが、これらは国家賠償法§2の「営造物」にあたるから、国家賠償法の問題として処理される。

④　以上に紹介した例のほか、判例上土地の工作物とされた例を挙げると、次のとおりである（いずれも下級審判決）。エレベーター、自動販売機、門扉、電動シャッター、ブロック塀・石垣、電柱・電線、プール、駅のホーム、貯水池・井戸、宅地のための造成地、左官工事のための足場、資材置き場、廃棄物を埋めるために掘った穴とその後に生じた水たまりなど。

(3)　「設置または保存」の「瑕疵」とは何か　設置とは、工作物を新たに作ることであり、保存とは、作られた工作物の維持・管理をいう。つま

り、設置の時点から原始的に瑕疵がある場合が前者、作られた後に維持管理が悪くて後発的に瑕疵が生じた場合が後者である。いずれでも効果は同じであるから、当該瑕疵が設置の瑕疵か保存の瑕疵かを区別する意味はない。

瑕疵とは、「工作物が本来備えるべき安全性を欠いている状態」のことである。この定義から分かるように、瑕疵は規範的概念であり、安全性を欠く状態を解消すべき義務の違反を観念できるから、過失の概念と何ら変わりがない（平井64頁）。裏を返せば、安全性を欠く状態を解消する手段が存在しない場合は、瑕疵は存在しないというべきである。ただ、§717の責任は、占有者、所有者という法律上の地位に基づく責任であるから、そのような地位にある者にとって安全性を欠く状態を解消する手段が客観的に存在していたかどうかを問題とすべきであって、個々の具体的行為者にとって予見可能であったかどうかを問題とすべきものではない。即ち、個々の占有者ないし所有者の能力等の個人的特性を考慮する余地はなく、従って、責任能力を具備することは本条の責任の要件ではない。従来から、通説は、少なくとも所有者の責任については（占有者については不明）、その責任が無過失責任であることを理由に、責任能力を具備することは要件ではないと解してきたが、占有者の責任についても同様に解すべきである（平井65頁）。

(4) **瑕疵と損害との間の因果関係**　§717Ⅰに「瑕疵あるに因りて」とあることから、瑕疵と損害との間の因果関係を要求するのが判例（最判S46・4・23民集25-3-351）・通説（加藤197頁、幾代159頁）である。従って、瑕疵の有無にかかわらず損害が生じたであろうと考えられる場合（不可抗力）は、土地工作物責任は生じない。しかし、自然力や第三者もしくは被害者の行為が競合した場合であっても、瑕疵と損害との間に因果関係がある限り、本条の責任を免れない。

(5) **工作物の瑕疵が原因となって火災を発生させた場合と失火責任法の適用**　判例（大判S7・4・11民集11-609）は、民法§717に失火責任法の要件をはめ込み（はめ込み理論）、失火に対して重過失を要せず、工作物の瑕疵について重過失があれば足りるとする。このほか、①失火責任法のみを適用する説、②逆に、民法§717の適用のみを認め、失火責任法の適用を否定する説（東京高判S31・2・28高民集9-130）、中間説として、③工作物から直接

生じた火災については民法§717を、延焼部分については失火責任法をそれぞれ適用する説（東京地判S38・6・18下民集14-1164）、④危険工作物と認められる土地の工作物（石油タンク・電柱・電線・ガス管等のほか広く企業用工作物を含む）の設置等の瑕疵による火災については、§717に従い無過失責任の法理が適用され、一般住宅等の工作物については、失火責任法を適用する説（東京高判S58・3・31判時1085-57）がある。この問題は、§717の危険責任の法理と、失火責任法が失火者の責任を軽減した趣旨——木造家屋の多いわが国においては、延焼範囲が拡大し、とかく失火者の責任が拡大するおそれがあり、一般の法理で処理するときは失火者に苛酷な結果となるおそれがあることから、失火者の責任を軽減した——をいかに調和するかという問題である。上記の判例・学説はいずれもこの調和をめざしたものであり、従って、その調和の仕方の点で各説の当否が検討されなければならない。思うに、判例の立場及び①の立場は、失火責任法の趣旨（責任軽減）を重視する余り、§717の趣旨（無過失責任）が没却されるように思われる。逆に、②の立場は、§717の趣旨を重視する余り、失火責任法の上記の趣旨が——耐火建築、火災保険の普及によって失火責任法の意義が薄らいだとはいえ——無視されることになろう。結局③④の立場が妥当な調和点ということになろう。

(6) **§717による責任負担者**　第一次的に工作物の占有者が賠償責任を負うが、占有者が免責事由を立証したときは、工作物の所有者が賠償責任を負い、所有者には占有者のような免責は認められない。民法起草当時における原案は、占有者のみが責任を負うというものであったが、審議の過程で占有者には資力が乏しく被害者の救済に欠けるといった点が指摘され、所有者が最終的責任主体として追加された。比較法的にみれば、稀有な例といわれている（ドイツ民法は占有者、フランス民法は所有者に責任主体を限定している）。

さて、例えば、Aが所有する建物をBに賃貸していたところ、ブロック塀が倒れCが怪我をしたとする。判例（最判S31・12・18民集10-1559、東京地判S50・3・10判時787-84）・通説は、§717の占有者とは、物権法上の占有者概念と同じであり、従って、占有者には単なる占有機関は含まれないが、直接占有者・間接占有者の双方が含まれ、そのうち直接占有者が免責事由を具備しない限り第一次的責任を負うと解している。しかし、本条が占有者に賠

償責任を課した理由は、占有者が工作物を支配管理し危険の発生を防止できる立場にあるからであって、占有者の帰責の根拠はこのように危険な工作物を創出・支配・管理する地位にあると考えられる以上、そのような観点から§717の占有者の概念は決定されなければならず、物権法上の占有者概念にこだわるべきではない。だとすれば、単なる占有機関は危険な工作物を創出・支配・管理する地位に立つものではないから、§717の占有者には含まれないと解してよいが、間接占有者はそのような地位に立つと判断できる場合は、§717の関係では共同占有者であると解するのが妥当である（平井67頁、内田472頁）。従って、間接占有者Ａは賃貸人としてブロック塀を維持・管理しその危険を防止できる立場にあるから、§717の関係では共同占有者であって、仮にＢが免責事由を具備したとしても、Ａがそれを具備しなければ、Ａは賠償責任を免れない。ところで、§717Ⅰ但書の占有者の免責は、ほとんど認められないのが普通であるが、ただ、もしＡＢ間の契約でブロック塀の補強や修理は賃貸人Ａが行うという契約であったとか、通常の維持・管理ではブロック塀の瑕疵を補強できず、ブロック塀を新しく作り直さなければ解消できないような瑕疵を具備していたような場合は、賃借人Ｂの免責を認めざるをえないであろうから、そのような場合にはＡを共同占有者として位置づける実益は大きいし、さらに、Ｂの免責を認めずＢの賠償責任を認めるとしても、Ｂが賠償能力に欠けるならば、Ａの共同占有者としての第一次的責任を認める実益は大きい。

　次に、工作物につき占有者と所有者が併存するとき、両者の責任の関係については深刻な問題がある。§717の体裁では、占有者が第一次的責任主体であるから、被害者はまず占有者を訴え、占有者が免責事由を具備したときにはじめて第二次的責任者である所有者を訴えるということになる。しかし、占有者について免責事由が存在するとされることはあまり考えられず、占有者の賠償責任が肯定されるのが普通であるから、その場合にもし占有者に賠償能力が欠ければ、被害者の救済に欠ける。従って、被害者としては占有者、所有者のいずれが賠償能力を有するかの判断を迫られる。もちろん、所有者が間接占有者で、かつ、危険を創出・支配・管理する立場にある場合は、共同占有者と位置づけることで被害者を救済することが可能であること

は、前述したとおりであるが、そのように位置づけることができないケースにおいては、占有者に対してのみならず、所有者に対しても同時に訴訟を提起できると解すべきであり、かつ、所有者に対する訴訟においては、§717Ⅰ但書の占有者の免責事由は被告である所有者が立証しなければならない（所有者は占有者が注意をしなかったこと、即ち、占有者が責任を負うことを立証しなければ責任を負う）と解することで被害者の負担を軽減すべきである（名古屋地判Ｓ53・12・15判タ388－114、幾代162頁、四宮744頁、平井68頁、内田474頁など）。

　最後に、「所有者」かどうかを判断する場合、登記を基準にすべきかどうかという問題がある。即ち、損害を生じさせた工作物の所有権が譲渡されたが、移転登記がまだ行われていない場合、未登記の譲受人が「所有者」なのか、登記を有する譲渡人が「所有者」なのかという問題である。学説には、責任の相手方を明確にすることは被害者の利益になるとして、譲受人・譲渡人のいずれもが「所有者」であるとする見解もある（幾代162頁、四宮747頁）。しかし、通説は、登記を有するという理由だけで責任を負わせる根拠を見出しがたいとして、実質的な所有権の所在を基準に判断すべきであって、登記を基準とすべきではないと解している（大阪地判Ｓ30・4・26下民集6－4－856、加藤200頁、平井68頁）。

　(7)　**§717ⅡⅢ**　　§717Ⅱは、竹木の栽植または支持に瑕疵があり、これによって損害が生じたときは竹木の占有者・所有者は、土地工作物の占有者・所有者と同様の責任を負う旨を定めたものである。

　§717Ⅲは、工作物の占有者・所有者は対外的には本条の責任を負うが、他に損害発生の原因たる瑕疵を生じさせるにつき過失ある者（不完全な工作物を築造した請負人・不十分な保存をした前占有者など）が存在する場合には、公平の見地から、賠償した占有者または所有者は対内的にこの者に対して（この者の過失を立証して）求償することを認めたものである。但し、占有者や所有者自身にも過失があった場合は、求償額は過失の割合によって減額されることになろう。

　(8)　**国家賠償法§2**　　国家賠償法§2Ⅰは、「道路、河川その他の公の営造物の設置又は管理に瑕疵があったために他人に損害を生じたときは、国又

は公共団体は、これを賠償する責めに任ずる」と定めている。同条は民法§717の特別法として位置づけてさしつかえない。国家賠償法では、土地の工作物ではなく「公の営造物」となっていて、土地の工作物よりもはるかに広く、例示された道路・河川のほか、動産類も含まれるとする判例もある（福岡高判S37・3・19判タ130-100は、刑務所の洗濯脱水機について、また札幌高函館支判S29・9・6下民集5-1436は、警察署の公用車を「営造物」に含める）。実際、裁判例では、落石事故、地すべり、トンネル事故、河川の氾濫などによる被害に基づく訴訟が多い。国道上に事故で故障したまま放置された大型貨物自動車に原動機付自転車の運転手が衝突して死亡した場合に、道路の管理者の責任を肯定した例もある（最判S50・7・25民集29-6-1136）。さらに、空港や新幹線なども公の営造物とされているし（大阪空港公害訴訟の最大判S56・12・16民集35-10-1369、新幹線騒音公害訴訟の名古屋高判S60・4・12判時1150-30など）、学校における子供の事故についても、国家賠償法§2に基づく損害賠償請求が可能である。

第5節　製造物責任

(1)　**総説**　製造物責任（Product Liability）とは、製造者が製作し販売した商品に「欠陥」があったために、消費者もしくは利用者による利用ないし加工の際に、その身体・生命・財産上に損害を生じさせた場合に製造者に課せられる損害賠償責任をいう。

　今日の市民の消費生活の大部分は、商品として供給される物に依存せざるをえないのが現状であり、しかも、消費者はその安全性をチェックする能力をもたない一方、製造者は予め危険の分散をなしうる立場にある。このような状況下では、製造者などに重い責任を認めて、消費者の救済を十全ならしめる必要がある。もっとも、通常は製造者（メーカー）から直接消費者に製品が流れるわけではなく、中間に販売店その他の売主が介在することが大部分であり、一般的には消費者と製造者（メーカー）は直接の契約関係に立たない。

　①　**売主と消費者の関係**　製品に欠陥があったため損害を被った場

合、消費者は売主に対し、不法行為責任のほか、契約責任を追及できる。消費者が買い受けた製品の大部分は種類物であるから、通説の下では、§415の不完全履行の一態様として完全履行請求権を有するほか、それによって被った損害の賠償を請求しうる。さらに、例えば自動車の欠陥により事故を起こし怪我をしたような場合には、その負傷による損害の賠償も請求できる。自動車の売買の趣旨として、その安全性の確保についても、製造者には債務が発生しており、製造者には債務不履行が認められるからである（§415）。そのほか、売主が保証をしている場合には、これに基づいて責任追及が可能であることもちろんである。

② **製造者と消費者の関係**　消費者は製造者に対し不法行為責任を追及できることはいうまでもない。しかし、不法行為では過失の立証責任は被害者（消費者）にあり、かつ、この立証は必ずしも容易ではない。また、現代の商品取引において、買主の信頼の対象が、直接の売主から製造者に移ってきている点などから、伝統的な不法行為の枠内でのみ処理することの妥当性も問題となってくる。そこで登場した構成として、契約責任に取り込む見解と不法行為責任の追及を容易にしていく見解とに大別できる。

まず、買主とメーカーとの間には何らの契約が存在せず、従って、契約構成は困難であるが、メーカーがユーザーに対し直接宣伝・広告を行うこと、品質保証書を交付すること及び商標やブランドを通じ信用を創造すること、他方、ユーザーがメーカーに対し全面的な信頼を置いていること及び中間販売人が無機能化していることなどから（民法の争点Ⅱ216頁（植木））、契約責任として構成する見解が主張されてきた。例えば、製造者が明示の品質保証をしている場合はもとより、そうでない場合でも、製造物を一般に売り出すことにより製造物の品質につき黙示の保証をしているから、製造物の瑕疵による損害につき、製造者は品質保証違反による債務不履行を負うとする説、製造者は、品質を保証したり、あるいは広告・宣伝などを通して購買者の信頼を惹起しているから、両者間に、契約関係と同視しうるような信頼関係が存在しており、これに伴い、信義則上製造者は購買者に損害を与えないよう配慮する注意義務・保持義務を負っていると考えられ、この義務に違反して損害を与えた場合には、製造者は債務不履行責任を負担するとする説、メー

カーがその製品を自己の利益のために流通に置いた以上、特に強くその品質を担保し責任を負担する意思でなされたとみてよいとする説などがそれである。このほか、債権者代位の構成も登場した。即ち、買主の損害額が多額にのぼる場合、売主は無資力であることから、買主の売主に対する前記請求権を被保全権利として、売主の製造者に対する損害賠償請求権（これは契約責任である）を代位行使するというものである（岐阜地判大垣支部S48・12・27判時725-19（卵豆腐中毒事件）は、このような代位構成を認めた）。

　以上が、契約責任の構成であるが、買主が製造者に対し不法行為責任を追及できることはいうまでもない。もっとも、この場合には、買主が製造者の過失を立証しなければならず、ときとして買主の救済として十分でないことが予想される。そこで、製品の安全性に対する一般公衆の信頼度が、土地の工作物に対する場合より劣らないと認められるならば、製品の瑕疵から発生した損害につき§717を類推してよいとする説、瑕疵を立証すれば事実上過失は推定され、損害と瑕疵の因果関係も判例のとる蓋然性説（最判S50・10・24民集29-9-1417）によればよいとする説等が登場する。後説は今日一般的に承認されている見解であって問題がないが、前説については、製造物責任で問題となる製品の大部分が動産であり、これを§717の「土地の工作物」に含めることには文理上の障害がある。

　以上、契約構成と不法行為構成の両者を紹介したが、しかし、今日では、両者の間に大きな違いは実際上あまりないと考えてよかろう。もとより、契約構成か不法行為構成かは、前者では、買主は売主の過失を立証する必要がないのに対して、後者では、これが要求されるから、後者の方が買主に不利であると一応はいうことができる。しかし、契約構成の下で売主の過失を立証する必要がないとしても、少なくとも欠陥（瑕疵）を立証し、かつ、その瑕疵から損害が発生したことは立証しなければならず、逆に、不法行為構成でも、過失の立証は、普通、欠陥ないし瑕疵の存在を立証することで十分だとされることが多いからである。そして、民法の特別法として、無過失責任主義を採用し、欠陥の立証で足りるとする現在の製造物責任法の下においては、あえて上述したような契約責任の構成をとる必要は、ほとんどなくなったといってよかろう。そして、欠陥ないし瑕疵の立証は、製造物責任の事案

では通常困難を伴うことから、いずれの構成の下でも、この欠陥ないし瑕疵の立証の行方こそが訴訟の勝敗を決するといっても過言ではない。

(2) **製造物責任法の制定と概要**

① **同法の制定** かつてわが国においても、スモン事件、森永砒素ミルク事件、カネミ油症事件など深刻な薬品・食品被害を争った製造物責任訴訟が提起され、薬品被害については、昭和54年に医薬品副作用被害救済基金法が制定され（現在では、医薬品副作用被害救済・研究振興調査機構法に改称）、個別に対応がなされたが、1985年にECにおいて製造物責任に関する法統一のためのEC指令が出され、各国で立法化が進んだこともあり、平成6年、わが国でも製造物責任法が制定された。同法は、民法の不法行為法の特別法であるが、これにより民法§709が排除されるわけではない（製造物責任法§6）。即ち、製造物責任法では、責任の期間制限が民法§724よりも短く、製造物責任法上は責任追及できないが、民法上はなお可能という場合があり、この場合は、民法709により、加害者の過失を立証して責任追及する道を残している。

② **要 件**

　i **欠 陥** 同法§3は、製造業者が引き渡した製造物の「欠陥により他人の生命、身体又は財産を侵害したときは、これによって生じた損害を賠償する責めに任ずる」と定めている。欠陥が存在すればよく、過失は要件とはなっていないから、無過失責任である。

　欠陥とは、「当該製造物の特性、その通常予見される使用形態、その製造業者等が当該製造物を引き渡した時期その他の当該製造物に係る事情を考慮して、当該製造物が通常有すべき安全性を欠いていることをいう」と定義されている（同法§2 II）。民法§570の「瑕疵」に近い概念であるが、安全性と無関係な品質や性能の瑕疵は同法の「欠陥」には含まれない。欠陥概念は、一般に、製造物が設計・仕様どおりに製作されず、かつ、検査の際に見落とされたために安全性を欠く製造上の欠陥、設計や計画に問題のある設計上の欠陥、製品に不可避的に内在する危険性について適切な情報を消費者に与えない指導上の欠陥に分類され、いずれも同法でいう「欠陥」に含まれる。通常は、欠陥があれば過失を認定できるが、製造物責任法上はその必要はな

い。過失ではなく、あくまで欠陥の存在を立証すればよいから、被害を受けた消費者には有利である。

欠陥の存在時期は、明文はないが、責任の根拠が欠陥のある製造物を引き渡した点に求められていることから（§3）、欠陥は引渡時（出荷時）に存在しなければならず、その後の使用によって生じた欠陥は含まれないと解されている。これでは消費者に不利であることから、推定規定（EC指令§7参照）を置くべきだという意見もあったが、経済界が反発し、見送られた。

　　　ii　製造物　　製造物とは、「製造又は加工された動産をいう」とされている（§2Ⅰ）。中古品であっても、この要件を充たせば「製造物」である。これに対して、不動産や無体物であるソフトウェアは「製造物」ではない。未加工の農産物、水産物、畜産物は「製造物」ではないが（EC指令§2参照）、化学肥料を用いて生育を管理されて生産された農産物、抗生物質などを使用して養殖された魚類などは、「加工された動産」として製造物と解釈すべきであろう。

　　　iii　責任主体（製造業者等）　　製造物責任法上の責任を負うのは、「製造業者等」である。この中には、「当該製造物を業として製造、加工又は輸入した者」（§2Ⅲ①。製造業者）、「自ら当該製造物の製造業者として当該製造物にその氏名、商号、商標その他の表示（以下「氏名等の表示」という）をした者又は当該製造物にその製造業者と誤認させるような氏名等の表示をした者」（同②。これを表示製造業者という）、および、「当該製造物の製造、加工、輸入又は販売に係る形態その他の事情からみて、当該製造物にその実質的な製造業者と認めることができる氏名等の表示をした者」（同③。これを実質的製造業者という）の三者が含まれる（EC指令§3参照）。従って、輸入業者は1号の製造業者であり、また1号の製造業者に該当しない場合でも、製品上に「発売元」などと表示され、その者が製造業者あるいは輸入業者であると社会的に認知されているような場合は、2号ないし3号の責任を問われる。

　　③　**免　責**　　以下の場合には、製造物に欠陥があっても、製造業者等は免責される。

　　　i　「当該製造物をその製造業者等が引き渡した時における科学又は

技術に関する知見によっては、当該製造物にその欠陥があることを認識することができなかった」ことを製造業者等が証明したとき（§4①）（EC指令§7(e)参照）。

　開発危険の抗弁と呼ばれるもので、新製品の開発意欲を阻害しないために認められた免責である。但し、この抗弁が認められるのは、その時点における科学・技術の最高水準の知見をもってしても欠陥を認識できない場合と解されているから、実際には、この抗弁が適用される余地があるのは、医薬品等に限られよう。

　　　ⅱ　「当該製造物が他の製造物の部品又は原材料として使用された場合において、その欠陥が専ら当該他の製造物の製造業者が行った設計に関する指示に従ったことにより生じ、かつ、その欠陥が生じたことにつき過失がないこと」を証明したとき（§4②）（EC指令§7(f)参照）。

　製品の部品製造などに下請業者もかかわっているとき、部品を供給した下請業者も製造業者として責任を問われるが、下請業者が元請業者であるメーカーの指示どおりにその部品製造をしていた場合にまで責任を負わせるのは酷であることから認められた免責である。

　④　**効　果**　製造物の欠陥により他人の生命・身体又は財産を侵害し、これによって生じた損害を賠償する責めを負う（§3）。即ち、賠償の対象となる損害は、人損・物損を問わないし、また精神的損害・財産的損害を問わない（EC指令§9と異なる）。但し、「その損害が当該製造物についてのみ生じたとき」は、製造物責任法上の責任は生じない（§3但書）。即ち、当該製造物についてのみ生じた損害は、契約責任で保護されることから、拡大損害のみを対象としているのである。

　責任の存続期間については、損害賠償請求権は、「被害者又はその法定代理人が損害及び賠償義務者を知った時から3年間行わないときは、時効によって消滅」し、「その製造業者等が当該製造物を引き渡した時から10年を経過したときも、同様」である（§5Ⅰ）。10年の期間制限は、民法の20年（民法§724）よりも短いが、これは製品の耐用年数が10年以下のものが多いことが原因している。但し、この10年の期間制限は、「身体に蓄積した場合に人の健康を害することとなる物質による損害又は一定の潜伏期間が経過した後

に症状が現れる損害については、その損害が生じた時から起算する」（§5 II）とし、責任の期間制限を10年に短縮したことから生ずる不都合を是正している。

第6節　動物占有者の責任

　§718は、動物の占有者は、動物が他人に加えた損害について、動物の種類および性質に従って相当の注意をもって保管をなしたことを立証しない限り、その責任を負い（I）、占有者に代わって動物を保管する者（保管者）も同様の責任を負う（II）と定めている。§717と同様、本条は、他人に危害を及ぼす危険性を有する動物の管理責任を定めたもので、いうまでもなく危険責任の原理から過失の立証責任を転換させた中間責任を定めたものである。

　責任負担者について、§718は、Iで「占有者」と定め、IIで「占有者に代わって動物を保管する者」（保管者）と定めている。法文上は占有者と保管者を区別しているが、これは、古い占有理論、即ち、占有に関する主観説（§180）に立って受寄者や運送人などは占有者ではないと考えたためであって、主観的要素を問題としない現在の占有理論の下では、これらの保管者も占有者に含まれるから、IIが規定する保管者とは、即ち、Iの占有者であると考えて差し支えない（「保管者」について別に規定する意味はない）。ところで、例えば、犬の所有者AがBにその保管を頼んだところ、保管中に犬が人に嚙みつき怪我を負わせた場合、保管者Bが§718の責任を負うことは明らかであるが、保管を依頼したAも§718の責任を負うかについて争いがある。間接占有者も本条の責任を負うかという問題である。肯定説（我妻480頁）は、物権法上の占有者概念からみれば間接占有者も占有者であるとするのに対して、否定説（加藤203頁以下など）は、損害防止を最もよくなしうる立場にある者に重い責任を課そうとする§718の趣旨に照らし、間接占有者は動物に対し直接的に制御できる立場にないことを理由とする。肯定説では、ABは§718によって重複して責任を負い（併存的責任）、証明責任の点で被害者の保護に厚いのに対して、肯定説では、間接占有者Aは§709・§715で責任を負うにとどまる。最判S40・9・24民集19-6-166は、直接占有者と間接占有

者とが§718によって重複して責任を負うとし、肯定説に立っている。

なお、本条によって損害賠償をした占有者や保管者は、他に責任を負うべき者があるときには、この者に対し求償権を行使することができる。§717Ⅲのような明文の規定はないが、当然のことと解されている。

第7節　共同不法行為

1　総説

　§719は、①数人が「共同の」不法行為によって他人に損害を加えた場合には、それら数人の間に（Ⅰ前段）、②「共同行為者」の中の「孰れが其の損害を加へたるかを知ること能はざる」場合には、それら「共同行為者」間に（Ⅰ後段）、③他人の不法行為を「教唆」または「幇助」した者がある場合には、その他人と教唆者・幇助者との間に（Ⅱ）、それぞれ、損害に対して「連帯」責任を生ずると規定している。①を特に狭義の共同不法行為とよんでいる。同条が損害に対する「連帯責任」を課することで被害者の保護を厚くしようとする趣旨であることは異論がないものの、本条の解釈は混迷を極めている。その原因として、制定に際して想定された事例が、例えば共謀して大勢の者が乱暴を働くといった単純なものであったのに、その後の社会・経済の複雑化・高度化に伴って交通事故と医療ミスの競合、複数車輌による交通事故、複数企業による同一公害の発生などの新しい紛争類型が出現し、§719に§709とは異なる独自の機能を発揮させる必要に迫られたことに加え、§719の文言のあいまいさや、被害者保護、共同行為者間の公平などの政策的判断が論者によって異なることなどを指摘できよう。いずれにしろ、§719全体の解明は、同条1項前段の「共同」の意義の解明に大きく依存しているといえよう。

2　§719Ⅰ前段の「共同」の意義

　(1)　**従来の通説・判例**　従来の通説（我妻194頁、加藤104頁）は、§719Ⅰ前段の「共同」とは、客観的共同の意味であって、共同意思ないし共謀といった主観的共同の意味ではないと解している（客観的共同説）。即ち、数人が共同して他人に暴行を加えるといった場合に限定されず、そのような共謀

ないし共同意思が存在しない場合でも、各自の行為が客観的に関連共同するか、損害の共同原因になっていればよいとする。こう解するのが、被害者保護を目指す§719の立法趣旨と、現行法が共謀が存在する場合に限り連帯責任としていた旧民法財産編§378を改め、連帯責任の要件として共謀の要件をはずしたという経緯に沿うからだとする。但し、全額連帯責任を負わせるための要件としては、個人責任の原則に照らし、各人の行為がそれぞれ独立に§709の不法行為の要件（故意・過失、責任能力のみならず因果関係も）を具備しなければならないとする。要するに、従来の通説は、各自の行為が§709の不法行為の要件をすべて具備する場合において、各自の行為が客観的にみて関連共同している場合には、§719Ⅰ前段の「共同」に該当し、連帯責任を生じ、客観的に関連共同していなければ、各自の不法行為は独立の不法行為として§709が適用されるとするものだといえよう。

判例も共謀を不要とし客観的に関連共同していれば足りるとする立場に立つとみられる。例えば、大判S18・7・6民集22-593は、Aからの株の買入れの委託を受けてそれを実行した証券売買業者Bが、Aに無断でBの代理人として取引所の取引員Cに株式の清算株式を委任し、その株券を証拠金代用としてCに差入れた結果Aは証券を失うことになったという事案において、Bの故意行為とCの過失ある行為とが「右損害ニ対スル共同ノ原因タル以上、一ハ故意他ハ過失ニ基キ其ノ間ニ通謀加巧等ノ主観的共同関係存セズ」といえども、§719Ⅰ前段の共同不法行為になるとする。最高裁判決にも、同様の立場を一般論として述べるものがある。即ち、最判S43・4・23民集22-4-964（山王川事件）は、「共同行為者各自の行為が客観的に関連し共同して違法に損害を加えた場合において、各自の行為がそれぞれ独立に不法行為の要件を備えるときは、各自が右違法な加害行為と相当因果関係にある損害についてその賠償の責に任ずべきであ」ると判示する。事案は、国が経営する工場の排水によって川の窒素量が過大となり、川の水を使用していた流域の農民が被害を受けたとして損害賠償を請求したものである。しかし、被告が、本件廃液以外にも都市下水等の原因もあると主張したので、共同不法行為についても判断が下されたが、原審の認定によれば、被告工場の排水のみで被害が生じたとされており、排水と損害発生との間に因果関係が

あるというのであるから、共同不法行為の事案ではなく、§709の一般的不法行為で処理することが可能であったといえる。従って、共同不法行為の先例としての価値はないというのが学説一般の見方である（四宮765頁、平井191頁、内田499頁など）。

(2) **従来の通説・判例の問題点**　従来の説には、以下のような重大な問題点がある。

① 従来の説では、§719は§709とは異なる独自の価値を発揮できない。即ち、従来の説は、§719の共同不法行為として連帯責任を生じるには、各自の行為が故意・過失、責任能力のみならず因果関係までも具備しなければならないとするが、各自の行為が結果に対しそれぞれ因果関係を有するならば、§719を適用せずとも§709によって結果に対する責任を負わせることが可能であり、また、各自の行為が競合する場合は、§709の解釈としても各自の債務を不真正連帯債務と解することができ、§719を適用した場合と同一の結果を導くことが可能である。§719の独自の価値は、§709の一般的不法行為における事実的因果関係とは異なり、各自の行為と結果との間において事実的因果関係が存在しない場合にも、結果に対して責任を問うことを可能とする点に求められなければならない。

② 従来の説では、各自の行為が客観的に損害の共同原因となれば、各行為者は結果について連帯責任を負わされるが、これでは複数者の単独行為がたまたま場所的に競合して公害を発生させたような場合にも、各自は連帯責任を負われることになる（従来の説では、後述する競合的不法行為と評価されるべき事例の多くが§719Ⅰ前段の共同不法行為とされてしまう）。しかし、単に各自の行為が偶然に損害の共同原因となれば、「共同」があったとして、自己の行為と事実的因果関係のない結果についてまで責任を問うのは責任の不当な拡大といわなければならない。自己の行為と事実的因果関係のない結果についてまで責任を問うことを認めた点に§719の独自の価値があるとしても、自己の行為と事実的因果関係のない結果について責任を問うことを正当化するための要件が§719Ⅰ前段の「共同」の中に盛り込まれなければならないのであって、従来の説のように「共同」を「客観的共同」というように緩やかに解するときは、不当な結果を招く。§719Ⅰ前段の「共同」とは、自己

の行為と事実的因果関係のない結果についてまで責任を問うための要件なのであるから、「共同」の内容は限定的に解釈されなければならない。

(3) **有力説** 従来の説は以上のような問題点を抱えることから、今日では多くの説が、§719の価値は自己の行為と因果関係のない結果についてまで責任を負わせる点にあり、そして、そのような責任を負わせることを正当化するための要件として「共同」を位置づけ、これに一定の絞りをかけるべきだとしている。しかし、基本的にはこのように考える近時の多数説内部においても、微妙な対立があり、用語の使い方も統一されていない。即ち、前田説（前田・不法行為帰責論291頁以下）、森島説（森島104頁以下）、四宮説（四宮774頁以下）、淡路説（淡路・公害126頁以下）、国井説（民商72巻1号39頁以下）、能見説（民法講義6・259頁以下（能見））、平井説（平井189頁以下、同・川島還暦『民法学の現代的課題』289頁以下）などが代表的なものであるが、以下に紹介する本書の立場は、用語の使い方を含め基本的に平井教授の所説である。この説が最も理論的に成功し、かつ結果においても妥当なものと考えられるからである。

(a) §719Ⅰ前段（及び§719Ⅱ）

(Ⅰ) §719Ⅰ前段の「共同」の意義　　§719Ⅰ前段の「共同」とは、以下の二つの場合を含む。

① 意思的関与が存在する場合（主観的関連共同性・意思的共同不法行為）　　意思的関与が存在する場合の代表的なものが共謀（加害行為の共同認識）である（当然、この場合は故意不法行為に限る）。例えば、ＡＢがＣに暴行を加えることを共謀し、ＢのみがＣに暴行を加えた場合、現実の加害行為をしていない（事実的因果関係の欠如）Ａも賠償義務を負う。共謀がある場合に連帯責任を生ずることは、旧民法においても認められていたことである。そして、共謀に加わった者は結果についての責任を引き受けたとみるべきであるし、また、故意不法行為は不法行為の原型であって、社会的有用性も認められず、これを特に抑止することが望ましいからである。学説も、共謀が存在する場合、上記のような結論を認める点で争いはない（幾代211頁、四宮480頁、森島104頁など）。

しかし、共謀がなくとも、即ち、加害行為の共同認識がなくとも（従っ

て、過失不法行為でもよい）、共同行為であることを認識しつつそれをあえて行った者（各自が他人の行為を利用し、他方、自己の行為が他人に利用されるのを認容する意思を待つ者）については、上記と同様の結論を認めることができる。例えば、大判Ｓ５・４・24新聞3132－11は、数人が荷車を押して運搬していたところ転覆して通行人を負傷させた事案で、全員の過失を認めたが、これは共同で荷車を押すという行為について認識していたケースである。また、大阪地判Ｓ58・９・29判時1093－28（戸塚ヨットスクール体罰事件）は、ヨットスクールにおいて生徒に体罰を加え死亡させた事案で、経営者とコーチの責任を認めたが、これも共同行為の認識が存在した場合である。既に述べたように、§719は、旧民法財産編§378が連帯責任を生ずる場合を共謀が存在する場合に限定していたのを、被害者の保護を理由にこれを撤廃して規定されたという経緯からみて、共謀が存在しない場合にも§719が適用されるべきことは明らかであるし、たとえ共謀が存在しなくとも、共同行為であることを認識しつつそれをあえて行った者は、そこから生ずべき結果についての責任を引き受けたものとみるのが妥当だからである。

　さらに、§719Ⅱは、教唆者・幇助者も「共同行為者」とみなすとして、自ら加害行為を行っていない教唆者・幇助者についても、結果について連帯責任を負わせているが、この規定は、意思的関与が存在する場合には加害行為と結果との間の事実的因果関係の存在を要しないとする以上の考え方からすれば当然の規定であって、いわば§719Ⅰ前段が適用される一場合であり、単なる注意規定にすぎない。教唆とは、他人に加害行為をすることを決意させることであり、幇助とは、他人の加害行為を容易にすることである。教唆は故意によって行われるものであり、加害行為への意思的関与以外の何ものでもない。他人に窃盗を教唆し盗品を買い取るといった場合が典型的である。また幇助は、故意で行われる場合は共同行為の認識を伴うし、また、うっかり過失で他人の加害行為を容易にする場合（過失による幇助）は、意思の緊張を欠いたという意味において意思的関与もあるといえる。

　以上の意思的共同不法行為では、一方は他の共同者の行為を認識し、その行為による結果についての責任を引き受けたとみてよいから、例えば、ＡＢが共謀して被害者に損害を生じさせたときは、ＡまたはＢの行為と損害との

間の事実的因果関係を立証すれば、ＡＢ両名に発生した損害の賠償を請求できる。そして、損害賠償の範囲についても、故意不法行為における保護範囲の考え方が妥当するから、関与した意思と甚だしく食い違った結果を除き、全損害について賠償責任を負うと解すべきである。過失相殺も認められない。

　　②　意思的関与が存在しないが、「加害行為の一体性」がみられる場合（客観的関連共同性・関連的共同不法行為）　　学説には、§719の価値は自己の行為と事実的因果関係のない結果について責任を負わせる点にあるとしながら、そのような責任を負わせるには何らかの形で意思が働く必要があるとして、§719Ⅰ前段は主観的関与が存在する場合（前記①――共謀のほか、共同行為の認識がある場合（従って、過失不法行為でもよい））に限定されるべきであるとする見解がある（主観的関連共同説。前田180頁以下、同・不法行為帰責論291頁以下、森島104頁）。しかし、§719Ⅰ前段の適用を、上記①の場合に限定したのでは、§719の被害者保護という立法趣旨の実現は不十分となるのであって、意思的関与が存在しない場合でも、一定の要件の下で、事実的因果関係の存在しない結果について責任を問うことができると解さなければならない。即ち、「各人の加害行為が社会観念上『一体』をなすと認められるべき程度にまで相関している場合」（平井195頁）には、その一体的行為と結果との間の事実的因果関係があれば結果について責任を問うことができ（各人の行為と結果との間の事実的因果関係は存在する必要はない）、各行為者は、自己の行為と結果との間の事実的因果関係の不存在を立証したとしても、免責されない（従って、各人の行為と結果との間の事実的因果関係が存在するものと「みなす」ということであって「推定」ではない）と考えるべきである。現代の複雑な社会では、複数の行為者の行為が絡まって一つの損害を発生させるという事態が少なくなく（国井前掲8頁はこれを「事故発生に至る一体的結合性」と呼び、四宮781頁は「因果関係のからまり」と呼ぶ）、その場合、個々の加害行為がどの範囲で結果に対して事実的因果関係を有しているか明確でなく（因果関係が全然ないかもしれないし、あってもどの程度かも分からない）、このようなケースで被害者の保護を図ろうとすれば、上記のように解せざるをえない。例えば、共謀はおろか共同行為の認識すら欠けるＡとＢの行為が合

わさって、時間的にも場所的にも近接した状況で一つの損害を発生させた場合、もし§709の一般原則に従って処理するならば、被害者はＡＢ各人の行為と結果との因果関係を個別に立証しなければならなくなるが、ＡＢ各人の行為と結果との間の二つの因果関係が複雑に絡み合って結果を発生させたというような場合には、個々の行為と結果との事実的因果関係が明確でなく、それを分解して立証することは被害者にとって大きな負担となる。そこで、もしＡＢの行為が社会観念上一体をなすと認められるべき程度にまで相関しているならば（加害行為の一体性）、あたかもそれを一個の行為とみてその一体とみられる行為と損害との間の因果関係を立証すれば、ＡＢそれぞれに結果についての責任を認めることができるとし、たとえＡが自己の行為と結果との間の因果関係の不存在を立証したとしても、結果についての責任を免れないとする必要があるのである。前掲四宮説、淡路説、国井説、能見説なども、基本的にこのように解している。このように、意思的関与が存在しない場合でも、一定の客観的要件＝「加害行為の一体性」があれば、§719Ⅰ前段を適用してよいとする説を主観・客観併用説と呼んでいる。

　さて、「加害行為の一体性」は、以下の点に着目して判断されるべきである（平井196頁以下）。但し、加害行為の一体性の要件は、上述したように「事実的因果関係の立証の困難性救済のためのもの」（平井197頁）であって、各行為と結果との間の事実的因果関係が明確な場合には、このロジックを使うことはできず、共同不法行為とすることはできない（単なる競合的不法行為）。

　　　　　　（ⅰ）　時間的・場所的近接性　　例えば、Ａの運転する自動車にひかれた被害者が、病院に運ばれ治療を受けた際の医師Ｂの過失によって症状が悪化し死亡したという場合（交通事故と医療過誤）、傷害の部位が同じであるので、一応共同不法行為が問題となるが（判例は共同不法行為として扱う傾向がある）、ＡＢの加害行為の時間的・場所的近接性を欠くので、加害行為の一体性は否定される（後に述べる競合的不法行為である）。これに対して、Ａ自動車とＢ自動車が衝突し歩道に乗り上げ歩道にいた人をまき込んで死亡させたという場合は、時間的・場所的近接性が肯定され、加害行為の一体性を認めうる[注(1)]。もっとも、Ａが運転する自動車が被害者をひき、その後路

上に横たわっている被害者をさらにBの自動車が二重にひいた場合のように、損害に対する事実的因果関係の存否が明確に認められる場合は、時間的・場所的近接性はあるが、加害行為の一体性を欠き、共同不法行為ではない（後に述べる競合的不法行為である）。

(ii) 社会観念上の一体性　加害行為の一体性という要件は、各行為と結果との間の個別の事実的因果関係の立証の困難性を救済するためのものであるから、その判断には規範的・目的的考慮が働くのは当然であって、時間的・場所的近接性というような「物理的属性」（平井197頁）のみによって判断すべきではない。この点について、津地四日市支判S47・7・24判時672－30（四日市ぜんそく訴訟）が注目される。原告は四日市市の住民であり、他方、被告Y会社ら8社は、コンビナートを構成する石油精製、火力発電、石油化学工業を業とする会社であるが、Y会社らは、製品・原料の供給・利用面において機能的に密接に関連し、その中には、資本面、人的な面においてもとくに密接な結合関係が認められる企業もある（以上の点では、主観的関連共同性を肯定する余地があるケースである――平井197頁、内田494頁）。Y社らの中心とするコンビナート企業群は、およそ昭和33年から本格的な操業に入ったが、その頃から大気中の亜硫酸ガス濃度が高くなるとともに、これらの企業群に隣接する住民の間に、ぜんそく等の閉塞性肺疾患が多発、死亡するに至った者もいる。ところが、各社の排出する煤煙はそれだけでぜんそく等の疾患を発生させるに不十分なものであった。判決は、Yら工場の間により緊密な一体性が認められるときは、当該工場の煤煙が少量で、それ自体としては結果の発生との間に因果関係が存在しないと認められる場合においても、結果に対して責任を免れないことがあるとし、このような場合を「強い客観的関連共同性」と呼んだ。大阪地判H3・3・29判時1383－22（西淀川大気汚染公害第1次訴訟）も、加害行為に社会的にみて一体性が認められる場合を「強い関連共同性」と呼んで§719 I 前段の適用を認める。また、有毒物質（PCB）を食品製造業者に供給した化学工場会社（鐘化）の行為と、それが食品（米ぬか油）に混入したまま販売した食品製造業者（カネミ倉庫）の行為とによって食中毒を生じた場合も同様に共同不法行為と考えるべきである（福岡地小倉支判S60・2・13判時1144－18）。これに対して、福

岡地判Ｓ59・4・10判時1126－77は、2戸の高層ビルによる日照妨害の事案で、高層ビルの所有者を共同不法行為者とするが、各ビルと日照妨害との間の事実的因果関係の立証は可能であるから、共同不法行為とすべきではなく、後述する競合的不法行為とされるべきである。

さて、以上の客観的関連共同性が認められるときは、主観的関連共同性の場合と異なり、例えばＡＢの各行為はいわば「一個の行為」として一体的に観念され、その「一個の行為」と損害との間の事実的因果関係が存在すれば、ＡＢは結果について責任を問われる。即ち、ＡＢの自動車が衝突し付近にいた通行人をまき込んで死亡させた場合、2台の自動車の衝突という行為を「一個の行為」とみて、その行為と死亡との間の因果関係があれば足りるのである。そして、一個の行為と目されるその行為の射程の及ぶ範囲について保護義務が発生し、その範囲で賠償義務が発生することになる。

ところで、この場合、共同不法行為者中のある者については賠償責任の減額を認めるべき場合があるとする見解が有力である。例えば、四宮博士は、ＡＢＣＤが汚染物質を排出し被害者に甚大な損害を及ぼしたが、そのうちＣＤが排出した量はわずかであるという場合、発生した莫大な額の賠償責任をＣＤに負わせるのは酷であるから、このような場合は、一応§719Ⅰ前段の共同不法行為が成立することを認めつつも、ＣＤについては寄与度に応じた減責の抗弁（寄与度減責という）を認めるべきだとされる（四宮786頁以下、772頁。能見・法協102巻12号2201頁同旨）。確かに、大気汚染防止法§25の2、水質汚濁防止法§20は、民法§719Ⅰが適用される場合につき、原因力の「著しく小さい」事業者の減責を認めている。また大阪地判Ｓ59・2・28判タ522－221も、信義則を理由に減責を認めているし、札幌地判Ｓ51・12・7判タ364－43も、離婚請求の場合の慰謝料請求について、関与の度合いの少ない者の減責を認めている。ただ、客観的関連共同性の認められる場合は、一体性のある加害行為に損害の原因力を求めることで、各行為者の行為と結果との間の個々の事実的因果関係の存否を問題としないことを正当化している以上、各行為者の行為の結果に対する寄与度を取り上げ減責を認めるというのは、理論的には一貫性を欠くといえまいか（平井202頁も、共同不法行為理論一般としては減責を認める余地はないとし、前掲大阪地判Ｓ59・2・28の事案

は、大気汚染防止法§25の2の類推適用によって処理すべきであったと主張する)。

なお、客観的関連共同性では、主観的関連共同性の場合と異なり、過失相殺を認めてよいが、ただ、故意の場合は過失相殺を認めるべきではない。

(II) §719Ⅰ前段の共同の「不法行為」の意義　「行為」が存在しなければならない。即ち、意思的関与を必要とする意思的共同不法行為において、加害行為の形成・実現に向けての意思を形成する能力が欠けている場合は、「行為」の存在が否定される。これに対して、関連的共同不法行為では、加害行為の一体性が必要であるから、「事実的因果関係の起点となるべき加害行為を認めるに足る何らかの外界の事実の変化」(平井198頁)が必要であって、不作為や設置管理上の瑕疵(§717)などのように規範的評価を加えなければならない事実では足りない。この点で、道路の設置管理上の瑕疵と過失行為とが合わさって損害を生じさせた場合は、共同不法行為ではない[注(2)](静岡地判S49・11・21判タ323-203などはこの種のケースを共同不法行為としているが、後述する競合的不法行為である)。なお、既に述べたように、§719Ⅰ前段においては各行為者の行為と結果との間の事実的因果関係は不要であり、各行為者は不法行為の要件をすべて充たしている必要はないから、§719Ⅰ前段の「不法行為」とは、「加害行為」と読みかえられるべきである(以上、平井197頁以下)。

(b) §719Ⅰ後段(加害者不明の場合)　§719Ⅰ後段は、「共同行為者」のうち、いずれがその損害を加えたかを知りえないとき(加害者不明のとき)も「亦同じ」(結果に対する連帯責任)と規定している。例えば、山に猟に来ていたAとBが、偶然にも獲物と思い発砲したところ、弾丸が一発だけハイカーCに命中し死亡させたが、その弾丸がAB いずれのものであるかが判明しなかったという場合(内田489頁の例)、ひき逃げ事故において、死亡時刻と推定される時にその場所を通過した自動車が3台しかないという場合のそれぞれの運転者(平井210頁の例)、A女がB男と性交し、さらにCとも性交し、性病に感染したが、BCとも性病にかかっていたことは判明したものの、Aがどちらから感染を受けたのか判明しないといった場合である(四宮794頁の例)。ここでいう本段の「共同行為者」が上述した§719Ⅰ前段の「共同不法行為者」を指すのであれば、いずれが損害を加えたかを知ることがで

きたかどうかを問題とせず、「共同行為者」は連帯責任を負うはずであるから、この規定は無意味となるばかりか、いずれが損害を加えたか知ることができないという要件を、§719Ⅰ前段の要件にさらに加重するものとなって、被害者に不利である。従って、§719Ⅰ前段が適用されない場合、即ち、主観的関連共同性も客観的関連共同性も欠くＡＢの加害行為によって損害を生じ、その損害がＡＢの誰かの行為によって生じたことは明らかであるが、誰の行為から生じたかを特定できない場合（択一的競合）において、そのＡＢ全員に結果に対する連帯責任を負わせることで被害者の保護を厚くしようとした規定と理解するのが、現在では通説である（幾代214頁、四宮792頁、平井199頁、210頁など）。即ち、§719Ⅰ後段は、§719Ⅰ前段の共同不法行為の場合ではなく、後に述べる競合的不法行為における択一的競合の場合——損害が数人の加害者中の誰かの行為によって生じたことは明らかであるが、そのうちの誰が生じさせたか不明の場合——の特則であって、法文の「共同行為者」とは「択一的競合関係にある数人」（平井210頁）、あるいは、「当該事情のもとで、その人の行為が全体結果を招来する危険性がある、そのような人たち」（四宮794頁）を指す。即ち、被害者は自己の損害がＡまたはＢの行為によって発生し、それ以外に加害者となりうる者は存在しえないということを証明すれば§719Ⅰ後段が適用される。§719Ⅰ後段が択一的競合の場合に各人に結果に対する連帯責任を認めたのは、因果関係不明のリスクを被害者に負わせるのは不公平であること、そして、可能的惹起者ＡＢが因果関係以外の不法行為の要件をすべて備えており、結果惹起の危険性があり、しかもＡＢにおいて現実的因果関係の不存在を証明しない場合には、そのリスクを可能的惹起者ＡＢに負わせるのが公平と考えられたことによる（四宮792頁）。もちろん、§719Ⅰ後段は、加害者不明の場合に限り適用されるのであって、例えば、ある者の行為と結果との間の事実的因果関係の不存在が明らかになったり、ある者の行為の結果に対する寄与度が明確になった場合には、適用がないのであって、その場合にはそれぞれ免責あるいは減責が認められることはいうまでもない。例えば、けんかで怪我をした被害者の傷がナイフによるものであることが判明し、被害者に暴行を加えたＡＢのうち、Ｂのみは当時ナイフを携行しなかったことを証明すれば、傷害についてＢは責任を負わ

なくともよい。そして、被害者救済の見地から、加害者が不明であることは被害者において証明する必要はなく、加害者の方で自己の行為と結果との間の因果関係のないことを証明しなければならないと解しなければならないが、この点から、通説は、§719Ⅰ後段は因果関係推定規定だと解している（淡路・公害127頁、幾代214頁、前田191頁、四宮795頁、内田492頁）。これに対して、「共同行為者」であること理由に、§719Ⅰ後段は「共同行為者」であれば事実的因果関係が存在すると「擬制」され（この点が競合的不法行為の特則である）、全員が結果について賠償義務を負わされ、「共同行為者」でないことを立証しない限り、免責は認められないと説く見解もある（平井210頁）。「擬制」と解しても免責を認める以上、推定規定説と結果において差異はなかろう。下級審判決ではあるが、判例も、今日では、§719Ⅰ後段を因果関係推定規定と解している。例えば、福島地白河支判Ｓ58・3・30判時1075-28は、注射による筋短縮症を生じた事案で、筋肉注射剤を製造する会社数社の結果に対する連帯責任を認めるにあたって、§719Ⅰ後段の趣旨は、特定された数人のうちの誰かの行為が損害を生ぜしめたことは証明されたが、そのうちの誰の行為によって損害が発生したかを特定できない場合において、「その各人の行為と損害との因果関係が推定される」とした点にあり、そこでいう「共同行為者」とは、「いずれも結果発生の危険のある行為をし、かつ加害者と疑われてもやむを得ない事情にある数名の者」をいい、共同行為者間に関連共同性のあることを要しないとした。

　ところで、例えば、複数の企業が別々に有害な廃液を川に流し、その結果流域の住民に被害が生じた事案において、この複数の企業がコンビナートを形成し、製品・原料の供給・利用面において密接に関連するような場合は、「社会観念上の一体性」を肯定できるから（内田393頁の「加害行為一体型」）、§719Ⅰ前段を適用すべきであることは既に述べたとおりであるが、そこまでの一体性を認めえない場合（内田393頁の「損害一体型」）、単なる競合的不法行為として扱うべきではなく、§719Ⅰ後段を類推適用すべきであるとする見解があることを付記しておく（四宮796頁、内田491頁以下）。§719Ⅰ後段は、結果を発生させたのがＡＢのいずれかであることは明らかであるが、そのいずれが真の加害者であるか分からないときに、いずれか一人は全く責任がな

いことが明らかであるにもかかわらず、全員に全損害について責任を負わせようというものであるが、前記の事案においては、全企業が損害との関係で因果関係があるかもしれず、少なくとも部分的には因果関係があるであろうと思われるのに、各企業の寄与度を証明できないために全く賠償責任が生じないというのは、§719 I 後段が想定している事例の扱いとのバランスを失することを理由とする（内田前掲）。この点、大阪地判H3・3・29判時1383-22（西淀川大気汚染公害第1次訴訟）は、大気汚染による被害者が汚染物質を排出している企業10社と道路を管理する国と道路公団に対し（差止と）損害賠償を求めた事案で、§719 I 前段の「共同」は、「共同行為者各自に連帯責任を負わせるのが妥当と認められる程度の社会的にみて一体性を有する行為」（強い関連共同性）をいい（そして、§719 I 前段の場合は、各行為者には減責・免責は認められない）、少なくとも被告のうち3社の間には、資本面、役員派遣などの人的な面、原料の供給・利用面における協働関係があり、「強い関連共同性」を認めることができるから、§719 I 前段の共同不法行為が成立するが、一方、汚染源者ではあるがこのような強い関連共同性を認めることができない被告については（弱い関連共同性）、寄与度は不明であるが、§719 I 後段の共同不法行為として扱い、減責・免責の立証を許すべきであるとしたのが注目される。

3　§719 I 前段の「連帯」の意味

(1)　**共同不法行為者間の債務の性質**　「連帯」[注(3)]の文言からすれば、§432以下の連帯債務を意味し、従って、連帯債務に関する規定が適用されるようにみえる。民法の起草者はそう解したし、古い判例（大判T3・10・29民録20-824）も同様に解し、免除の絶対的効力を認めた。しかし、現在の通説は、これを不真正連帯債務と解している。また、最判S57・3・4判時1042-87も、共同不法行為者の連帯責任について§434の適用を否定する理由として、不真正連帯債務と解することを明らかにした。一般に学説が本段の「連帯」を不真正連帯債務と解する理由は、次のとおりである（加藤206頁、四宮789頁、平井203頁）。

第一に、共同不法行為者間には、連帯債務者間に存在の予定されるような緊密な人的関係があるとは限らない。

第二に、連帯債務と解すると、§434〜§439の絶対効の規定が適用されることになるが、§434を除き、いずれも債権の効力を弱めるもので、被害者の保護に欠ける。

第三に、使用者と被用者の負う責任（§715参照）は不真正連帯債務とされているのに、共同不法行為の方は連帯債務としたのでは、一緒になって悪事をはたらいた方が責任が軽いこととなって、不都合である。

ところで、従来の通説と判例は、不真正連帯債務では債務者相互間に何らの主観的共同関係（これは、共同不法行為の要件としてのそれとは異なることに注意）はなく、従って、——弁済などの債権を満足させるものは他の債務者に影響を及ぼすが——主観的共同関係の存在の故に認められる絶対効の規定（§434〜§439）はすべて適用されないとしてきた（前掲最判S57・3・4は、§434の適用を排除し、§437、§438、§439の適用を排除する下級審判決がある）。しかし、§434は、債務者の一人に対する請求は他の債務者に対する時効中断効を生ずるとする規定であって、債権者に有利な絶対効の規定である。この規定は共同不法行為者間の債務には適用されないとすると、被害者に不利となって、被害者の保護を図るために本段の「連帯」を不真正連帯債務と解した出発点と矛盾する結果となってしまう。そこで近時は、不真正連帯債務と解しながら、利益衡量如何では連帯債務の絶対効に関する規定が適用される場合があることを認めるべきだという見解が有力になっている。思うに、被害者に有利な§434は、不真正連帯債務にも適用されるべきである。これに対して、§434は債務者間に緊密な人的関係のある主観的関連共同性の場合に限って適用すべきだとする見解（四宮690頁）がある。しかし、たとえ共謀が存在する場合でも、契約によって共同の事業を営む場合にみられるような人的関係の継続的緊密さが常にあるとはいえないから、主観的関連共同性の場合に限り§434の適用を肯定するという議論には賛成できない。むしろ被害者の保護を厚くする趣旨で本段の「連帯」を不真正連帯債務と解した出発点に立ち返り、被害者に有利となる§434のような絶対効の規定は、共同不法行為者間の債務にも適用されるべきだと考えるのが妥当であろう（平井204頁）。また実際には、損害賠償に関する示談と絡んで、債務者の一人に対する免除（損害賠償請求権の放棄）が他の債務者についても効力を及ぼすかがしばしば問

題となる。思うに、不真正連帯債務の効果としてではなく、免除の意思表示の解釈として、その絶対的効力を認めるべきである。即ち、共同不法行為が成立するとき、その主原因となった者から損害の大部分の賠償を得て、残余の損害については放棄するという形で示談が成立した場合は、これによって一挙に紛争を解決する意思が被害者にはあったものとみてよいのであって、このような場合には、他の債務者に対する関係でも全債務を免除する意思を有していたとみるべきである（四宮790頁、平井205頁）。

(2) 共同不法行為者間の求償権　かつては、連帯債務では、共同免責のための出捐の分担という主観的共同関係の故に求償権が認められるが（§442参照）、不真正連帯債務では、そのような主観的共同関係が存在しないから求償権は認められないと考えられていた。しかし、今日では、賠償義務の一部または全部を弁済した共同不法行為者は、他の共同不法行為者に対し求償権を行使できると解されている（最判Ｓ41・11・18民集20－9－1886・通説）。求償権の根拠については、衡平説、事務管理説、代位説、損害賠償説、不当利得説などがある。求償を認めなければ公平に反するから、一種の不当利得という性格づけをするのが妥当である。そして、もし求償を認めなければ、現実に賠償した加害者が全額を負担する破目になる結果、賠償を控えることになることを考えると、求償を認めることは被害者保護の見地からも正当化される（内田500頁）。

求償権を行使できるのは、他の共同不法行為者が負担部分を有する場合であるが、負担部分の決定基準について、判例（前掲最判Ｓ41・11・18）は、各共同不法行為者の過失割合によるとしている。過失割合がはっきりしない場合は、負担部分は平等と解する以外にない（幾代216頁、四宮791頁、平井205頁）。ちなみに、鉱業法§110Ⅰは平等を推定している。

なお、求償権を行使できるのは、自己の負担部分を超えて弁済したときに限られるか、負担部分以下でもよいかという問題がある。負担部分以下の弁済によって示談が成立し最終的解決をみたというような場合には、負担部分以下でも求償権を行使できると解してよいが、そうでないときは、求償の繰り返しを避ける見地から、前者に解すべきである（四宮791頁、平井205頁）。

4　不法行為の競合（競合的不法行為）

　基本的不法行為の要件をすべて充たす複数の不法行為が偶然的に競合し（不法行為の競合）、同一の損害を生じさせた場合を「競合的不法行為」などと呼び（平井206頁。このほか、競合不法行為、競合共同不法行為、独立的共同不法行為、独立不法行為競合型などの呼び名がある）、これを§719Ⅰ前段の共同不法行為と区別するのが通説である。広島地判Ｓ54・2・22判時920-19（スモン訴訟）も、国と製薬会社とは、医薬品による被害につき、国は製薬会社の製造販売行為に関与していないから、「共同不法行為者」ではなく、「ただ賠償責任の対象となる損害が、遇々同一であることから、両者の損害賠償債務が不真正連帯の関係に立つものと解されるに過ぎない」と述べ、競合的不法行為と共同不法行為とが異なるものであることを認めている。競合的不法行為の場合も、同一の損害に対して不法行為責任を負う者が複数存在する場合（各自§709により全損害について賠償責任を負っている）であるから、被害者の保護の見地から、各不法行為者は発生した損害について連帯責任（不真正連帯債務）を負わなければならないと解すべきであるが（平井212頁）、各不法行為者間に意思的関与もなければ加害行為の一体性も認められず、基本的不法行為の単なる競合のケースにすぎないから、基本的不法行為の理論がそのまま妥当し、従って、被告が自己の行為と結果との間の事実的因果関係の不存在を立証すれば免責されるし、事実的因果関係が結果の一部にしか存在しないことを立証すれば、減責されることはいうまでもない（この点の立証責任は被告に負わせるべきである）。共同不法行為との区別は微妙であるが、例えば、ＡがＢ自動車にひかれて道路上に倒れていたところを後続のＣ自動車にひかれて死亡した場合、Ａ自動車がＢ自動車と衝突し後続車Ｃに追突された場合、場所的に近接している２戸の高層ビルによって日照妨害を受けた場合は、複数の加害行為が場所的・時間的に近接しており共同不法行為のようにもみえるが、「損害の各部分に対する事実的因果関係の存否が明確に認められる事案」（平井196頁）であるから、加害行為の一体性を欠き、共同不法行為とされるべきではなく、いずれも競合的不法行為である。交通事故で怪我をした被害者が病院で医師の過失により死亡したような場合、これを共同不法行為とするのが判例の傾向であるが（横浜地判Ｓ57・11・2判時1077-

111など)、時間的・場所的近接性に欠けるから競合的不法行為と解されるべきである。従って、以上のいずれの事案においても、事実的因果関係の及ぶ部分を立証して減責の主張をすることが許される（以上、平井209頁、196頁以下）。

以上のような扱いを受ける競合的不法行為の主な要件は、以下のとおりである。

第一に、各不法行為は基本的不法行為の要件をすべて充たしていなければならない。そのようなものであれば、故意不法行為と過失不法行為とが競合する場合でもよい。例えば、Aが書類を偽造し、Bが偽造書類であることを過失によって発見できなかったことによって、Cが被害を受けたような場合である。

第二に、発生した損害は同一でなければならない。損害が別個であれば別個の不法行為として処理すべきであって、競合的不法行為として連帯責任を負わせる根拠を欠く。

注(1) この事案を共同不法行為と解するのが一般であるが、これに対して、以下の点を理由に、共同不法行為とされるべきではないとする見解もある（内田496頁以下）。

　第一に、車の運転そのものは別個独立のもので、互いに利用し合う一体性がない。

　第二に、§719Ⅰ前段は、事実的因果関係のない損害についても賠償責任を負わせるところに特色があり、各加害行為は全損害との関係で事実的因果関係があるから、共同不法行為として扱う必要はない。

　第三に、例えば、A車が交差点で無理な右折をしようとしたため直進車Bに衝突し、B車が歩道に乗り上げて歩行者に衝突したようなケースでは、B車が歩行者に衝突したことについてAの過失が加功していることは、Bにとって責任を軽減する方向で働く事実であって、Bの過失のみで事故が発生した場合よりもBの責任を加重する方向に作用することを認めるべきではない。このことは、ABの一体となった共同の加害行為を観念できる事案ではないことを物語っている。

注(2) 例えば、道路に穴があいていたため、これにハンドルを取られた自動車が歩行者に衝突したというような場合がその例として挙げられるが、本文で述べたのと異なる理由で同じく共同不法行為ではないとする見解もある。例えば内田498頁は、道路管理上の瑕疵と運転手の加害行為とは一体とはいえないし、道路の穴が

原因で損害を生じた以上、道路管理の瑕疵は損害全体との間に事実的因果関係を有し、自動車の運転とともに全損害との間に事実的因果関係を有している以上、共同不法行為として扱うべきではなく、競合的不法行為として、各加害行為の結果に対する寄与割合に応じた責任を負えばよいとする。

注(3)　なお、例えば、複数の企業が汚染物質を排出しているが加害行為の一体性は認められないケースで、損害発生への寄与が著しく小さい企業については§719 I 後段が類推適用されるべきだとしても、寄与度に応じて連帯の免除を認めるべきであって（分割責任）、寄与度に応じた責任の限度で他の共同不法行為者と部分連帯を生ずるにすぎないとする見解が主張されている（内田505頁）。この立場では、§719 I 後段の「亦同じ」は、同項前段が適用される場合の「連帯」と同じ意味ではないということになる。

事項索引

い

慰謝料 …………………………83
　──の本質 ……………………83
　──の算定 ……………………83
　──の機能 ……………………85
　──の補完的機能 ……79,85
慰謝料請求権の相続性 ……123
遺族の損害賠償請求権 ……117
イタイイタイ病訴訟 …………50
一時金賠償方式 ………………59
一律請求方式 …………………78
逸失利益 …………………77,80
一般不法行為 …………………6
違法性論 ………………………29
違法性阻却 ……………………6
医療過誤 …………………23,27
因果関係 ………………………43
　──の一応の推定 …………49
　──の証明度 ………………48
　──の断絶 …………………47
　──の中断 …………………47
インミッシオーン ……………33

う

宴のあと事件 …………………38
運行供用者 ……………………170

え

営業権の侵害 …………………40
疫学的因果関係論 ……………49

お

大阪アルカリ事件 ……………21
大阪空港公害訴訟 ……………79
恩給 ……………………………97

か

外形理論（外形標準説）……155

加害行為抑止機能 ……………3
確率的心証論（因果関係の証明）……………………………50
過失 ……………………………12
　──における注意義務の基準 ……………………………14
　──の一応の推定 …………25
　──の客観化 ………………13
　──の不特定認定 …………26
過失責任 ………………………8
　──と無過失責任との関係 ………………………………2,9
　──主義 ……………………8
過失相殺 ………………………101
過失相殺能力 …………………109
仮定的因果関係 ………………47
環境権 …………………………63
間接被害者 ……………………131
真正── …………………………133
完全賠償主義 …………………71
監督者の責任 …………………143

き

企業損害 ………………………131
危険責任主義 ……………9,152
義務射程説 ……………………71
客観的共同説（共同不法行為） ………………………………187
逆求償（715条） ……………164
休業損害 ………………………85
競合的不法行為 ………………202
共同不法行為 …………………187
　──の要件 …………………190
　加害者不明の── …………196
共同不法行為者間の求償権 ………………………………201
緊急避難 ………………………55
近親者の損害賠償請求権

生命侵害以外の場合 ………126
生命侵害の場合 ……………117
近親者の治療費支出・付添看護 ………………………………130
金銭的評価の基準時 …………89
金銭賠償 ………………………59
雲右衛門浪曲レコード事件…28

け

刑事責任と民事責任の分化 …3
結果責任主義 …………………8
原因競合 ………………………45
権利説（差止請求に関する）65
原状回復 ………………………60
現実の悪意の法理 ……………39
権利侵害 ………………………28

こ

故意 ……………………………10
故意不法行為と過失不法行為 …………………………………11
好意同乗 ………………………109
工作物所有者の責任 …………177
工作物占有者の責任 …………177
工作物の瑕疵 …………………175
　──による火災 ……………176
工作物の要件 …………………174
公正な論評の法理 ……………37
交通事故と医療過誤 ……72,202
国家賠償法1条と民法715条 …………………………………168
国家賠償法2条と民法717条 …………………………………179
「これなければあれなし」（コンディティオ（conditio）公式） ………………………45
個別的損害積み上げ方式 ……78

さ

債権侵害 …………………20, 23
財産的損害…………………43
債務不履行責任と不法行為責任
　の関係 ………………………142
差額説（損害）……41, 76, 80, 91
差止請求権…………………62
山王川事件 …………………188

し

事業の執行 …………………154
自己責任と代位責任 ………149
自己責任の原則 ……………9
自殺といじめ ……………47, 72
事実上の推定………………24
事実的因果関係……………44
死者の名誉の毀損 …………117
死傷損害説…………………76
自然現象に対する避難行為…56
失火責任
　──714条の場合 …………144
　──715条の場合 …………161
　──717条の場合 …………176
自賠法3条 …………………169
　──と民法715条……………169
氏名権の侵害………………39
社会観念上の一体性（共同
　不法行為）…………………194
謝罪広告……………………60
主観的共同 …………………187
受忍限度論 ………………20, 34
消極的損害…………………43
使用者責任 …………………149
　──と運行供用者責任
　　（自賠法3条）…………169
　──と国家・公共団体の
　　責任（国家賠償法1条）
　　…………………………168
　──と使用者の求償権 ……163
　──と被害者の悪意・
　　重過失の影響 …………157
　──と表見代理（民110条）
　　…………………………167

──と法人の責任（民44条）
　…………………………166, 167
──における損害賠償の
　主体 ………………………162
──の要件 …………………152
肖像権の侵害………………39
女子の逸失利益……………41
所得税（損害算定）…………94
所有権の侵害………………32
事理弁識能力（過失相殺）…110
自力救済……………………57
人格権………………………63
信玄公旗掛松事件…………34
身体傷害……………………85

せ

生活妨害 …………………33, 63
制限賠償主義………………71
制裁的機能…………………3
精神的損害…………………43
製造物責任…………………180
正当防衛……………………54
正当業務行為………………56
生命侵害……………………80
責任能力 …………………51, 54
責任能力者の監督者の責任 146
責任無能力者………………51
責任無能力者の監督者の責任
　…………………………143
──の要件 …………………143
積極的損害 ………………43, 82
全部賠償の原則……………92
占有権の侵害………………20

そ

相関関係説…………………29
相当因果関係説 …………44, 66
損益相殺……………………91
損害…………………………41
──の算定（金銭的評価）
　…………………………69, 75
──の公平な分配 …………2
損害事実説 ………………42, 74

損害填補機能 ………………1
損害賠償請求権
　──者の範囲 ………………115
　──の消滅 …………………135
　──の消滅時効 ……………135
　──の短期消滅時効 ………135
　──の長期の除斥期間 …140
損害賠償の範囲 …………44, 66
損害賠償の方法………………59
損失分散機能 ………………2
損失補償 ……………………8

た

代位責任 ……………………149
大学湯事件…………………29
胎児…………………………116
代理監督者…………………145
担保物権の侵害……………20
単式ホフマン式……………81

ち

遅延利息 ……………………114
　──の起算日 ………………115
竹木責任（717条）…………179
中間最高価格………………89
中間責任……………………7
中間利息……………………81
重畳的競合…………………45
注文者の責任 ………………172
懲罰的損害賠償……………3

つ

強い関連共同性 ……………194

て

定期金賠償方式……………59
貞操の侵害…………………35
抵当権の侵害 ……………20, 89

と

統一的要件主義……………12
等価填補の原則…………2, 4, 92
統計的因果関係……………50

事項索引　207

東大病院ルンバール・
　　ショック事件……………48
動物占有者の責任…………186
　　——の要件……………186
動物の間接占有者…………186
動物の保管者………………186
土地工作物責任……………173
特殊不法行為……………7,143

に
新潟水俣病事件………………49
西原理論（人身損害に関する）
　　……………………………77
日照妨害…………………20,33
2倍・3倍賠償………………3
入院付添費……………………87
ニューサンス…………………33

は
賠償額の減額事由……………91
賠償者の代位…………95,132
ハンドの定式…………………14

ひ
被害者側の過失……………111
被害者救済システム…………4
被害者の承諾…………………56
被害者の素因………………106
被用者の逆求償……………164
被用者の責任能力…………160
表見証明………………………24

ふ
不可抗力（工作物責任）……176
富喜丸事件………………66,89
複式ホフマン式………………82

不真正間接被害者…………132
不真正連帯債務…………163,199
不当訴訟………………………40
不法行為制度の目的・機能…1
不法行為成立阻却事由……6,54
不法行為成立の限定的機能…7
不法行為説（差止請求に
　　関する）……………………65
不法行為の一般的要件………6
踏切（717条の工作物の
　　瑕疵に関する）…………175
扶養請求権（扶養利益）の
　　喪失…………………………121
プライバシー権………………38
　　——の侵害…………………38
　　——の侵害と名誉毀損との
　　異同…………………………38

へ
弁護士費用……………………88

ほ
包括請求方式…………………78
報償責任主義……………9,152
法人の責任…………………166
法人の名誉侵害…………38,116
法定の監督義務者（714条）145
保険と損害賠償………………1
保護範囲…………………69,70

み
身分権の侵害……………35,127

む
無過失責任……………………9
　　——と過失責任……………9

　　——と補償…………8,9,10
無償同乗……………………109

め
名目的損害賠償………………3
名誉……………………………36
　　——感情の侵害……………36
　　——権の侵害…………20,36
死者の——の毀損……………37
名誉回復処分…………………60
名誉毀損………………………60

よ
幼児の逸失利益………………94
予見可能性説と回復可能
　　性説との対立………………26
四日市ぜんそく公害訴訟
　　……………………………50,194

ら
ライプニッツ式………………82
落日もゆ事件…………………37

れ
「連帯」（719条）……………199

ろ
労災保険給付（損害賠償との
　　関係）………………………98
労働可能年数…………………81
労働能力喪失説…………76,80

わ
割合的因果関係論……………46

著者略歴

井上 英治（いのうえ えいじ）

昭和27年　愛媛県に生まれる
昭和51年　早稲田大学法学部卒業　司法試験合格
昭和52年　最高裁判所司法研修所（〜同54年）
昭和54年　弁護士登録
現　在　中央大学経済学部教授

主要著書

『現代民法コンメンタール１〜４』（法曹同人、平成４年）
『憲法講義Ｉ・Ⅱ』（同、平成４年）
『財産法概論』（中央大学出版部、平成７年）
『担保法の理論と実際』（法曹同人、平成14年）ほか

現代不法行為論

2002年３月20日　初版第１刷発行
2003年10月１日　初版第２刷発行
2007年３月20日　初版第３刷発行

（検印廃止）

著　者　井　上　英　治
発行者　福　田　孝　志
発行所　中　央　大　学　出　版　部
東京都八王子市東中野742番地１
郵便番号　192-0393
電話042(674)2351　FAX042(674)2354

© 2002　井上英治

印刷・藤原印刷／製本・渋谷文泉閣
装幀・刀称宣研

ISBN978-4-8057-0710-4